Gustav Weiß

Abenteuer
Erde und Feuer
Das Ist Keramik

Gustav Weiß

ABENTEUER ERDE UND FEUER

DAS IST KERAMIK

VERLAG PAUL HAUPT
BERN · STUTTGART · WIEN

───────

Die Deutsche Bibliothek - CIP - Einheitsaufnahme
Weiß, Gustav: Abenteuer, Erde und Feuer: das ist Keramik / Gustav Weiß. - Bern ;
Stuttgart ; Wien : Haupt, 2000. ISBN 3-258-06184-X

Luft

Feuer

Wasser

Erde

DER WEG DAS ZIEL

Urelemente
auf der Spur des Erlebens
nur Du beherrschst sie.

Hans Faber 1983

DER WEG

Wer mit Ton umgeht, der findet spielerisch seinen Weg.

Das Spielerische ist der „Wurzelgrund der Kunst", sagte Herbert Read. Im Wurzelgeflecht der Kunst eine eigene Ansicht zu vertreten, hat etwas von Zivilcourage an sich. Man sollte sich die Freiheit seines eigenen Urteils bewahren und nicht danach schielen, was andere für gut und schön halten.

Im Spielerischen steckt die Widerstandskraft gegen das Gewöhnliche. An ihm erneuert sich die Kultur, wenn sie in Geschmacksnormen zu erstarren droht.

Das Spielerische vermittelt das Gefühl für das Material. Die Finger bekommen es zu spüren, der Verstand es zu begreifen.

So, wie es entstand, fragt das Spielerische nicht nach der Nützlichkeit des Ergebnisses. Es findet seine Befriedigung in dem Weg dahin. Je mehr in unserer Zivilisation die menschlichen Bedürfnisse an ihren feinverzweigten Wurzeln beschnitten werden, desto mehr gewinnt die menschliche Tätigkeit an Bedeutung und ihre Nützlichkeit an sich. Dabei werden unsere Hände immer feiner und fühlsamer, unser Geist immer sinnreicher und gelehriger, die Bedürfnisse unserer Hände und unseres Geistes immer zwingender. Die Freiheit zeigt immer deutlicher, was sie fordert, nämlich das Nützliche. Das ist die Befriedigung der Bedürfnisse von Hand und Geist.

Nützlich ist der glückliche Zustand, aus dem Schöpferisches erwächst. Nützlich ist das Nachdenken über die Möglichkeiten, diesen Zustand herbeizuführen. Vielleicht wird dann eines Tages auch der Berg von Problemen, der sich in unserer Gesellschaft aufgetürmt hat, allmählich abgetragen.

„Die Grundlagen einer Kultur liegen nicht im Bewusstsein, sondern in den Sinnen, und wenn wir die Sinne nicht gebrauchen, nicht entwickeln können, werden wir nie die biologischen Voraussetzungen für das Weiterbestehen der Menschheit schaffen können, geschweige denn einen menschlichen Fortschritt... Mein Vorschlag aber ist, daß jeder ein Künstler sein sollte. Ich mache diesen Vorschlag nicht im Geist des Dilettantismus, sondern als das einzige Vorbeugungsmittel gegen eine ungeheure Neurose, die eine völlig mechanisierte und rationalisierte Zivilisation befallen wird." (**Herbert Read**: „Wurzelgrund der Kunst". Berlin/Frankfurt: Suhrkamp. 1951.)

DAS ERLEBNISFELD

Wissen und Können sind Werkzeuge. Sie müssen gepflegt, geschliffen, vervollkommnet werden. Sie beeinflussen Material und Technik, können Erneuerung und Wandlung bewirken und dadurch Anknüpfungspunkte liefern, an denen sich die künstlerische Entschlusskraft entzündet.

Wer künstlerisch oder technisch auf der Suche ist, betritt einen Weg, von dem er nicht weiß, wohin er führt. Was er sich ausdenkt, mag für den Fachmann abwegig erscheinen. Es kann aber unvorhergesehene Ergebnisse zeitigen. Sie können phantastisch sein und außergewöhnlich, weil sie außerhalb des Wissens liegen. Sie können verrückt sein und Kopfschütteln hervorrufen. Sie können dem dienen, der nicht die Zeit oder Möglichkeit hat, sich mit Experimenten abzugeben. Sie können zeitkonform oder „kunsttherapeutisch" sein.

Während die Industriegesellschaft von den Fortschritten der exakten Naturwissenschaften und der Technik profitiert und voranschreitet – das heißt auch immer, sich vom Urspung entfernt -, ist der Keramiker, der sich nicht wiederholen will, heute, wie zu allen Zeiten, auf Beobachtungen, unermüdlich wiederholte Experimente, Niederlagen und Erfolge angewiesen. Es ist eine Veranlagung ganz anderer Art, eine andere Voraussetzung, unter der Kultur entsteht. Keramik als Mensch-Natur-System ist in ihren Zukunftsperspektiven eine Alternative zum Mensch-Maschine-System des elektronischen Zeitalters. Denn das Erlebnissystem Keramik ist reich an reflexiven Bewusstseinsprozessen, die die Computerwelt nicht bietet.

Man kann häufig feststellen, dass Keramiker glauben, die traditionelle Kultur sei gefährdet, wenn andere Ideen aufkommen als die, die sie in ihrem Leben gewonnen haben. Sie wenden sich gegen den Verfall der Tradition durch Leute, die es neu und anders beginnen möchten, und fordern den tiefergreifenden und fragenden Dialog mit der Vergangenheit. Aber dieser Dialog bleibt ein Selbstgespräch, wenn es an der Erkenntnis der Vergangenheit und auch an der Reflexion der Gegenwart mangelt. Es kommt darauf an, dass man sich öffnet für die Welt – die Tür aufmacht und nicht verriegelt.

Der Umgang mit dem Fremden hat sein Gleichnis in der Keramik, wenn beim Erhitzen sich im Scherben eine Schmelze bildet, und diese immer mehr aus ihrer Umgebung in sich auflöst, dabei sich verändert und vermehrt.

Für das achtzehnte Jahrhundert sprach man noch von Kulturverdrossenheit. Heute, am Beginn des einundzwanzigsten, spricht man von einem Abwehrmechanismus des Individuums gegen das erreichte Niveau. Er äußert sich im Wiederaufleben entwicklungsgschichtlich älterer Erlebnis- und Handlungsweisen. Das abstrakte logische Denken, sagen die Psychologen, tritt zurück zugunsten gefühlsbetonter bildhafter Vorstellungen.

Die Auffassung, dass die Keramik, wie sie hier gemeint ist, ihre Lebendigkeit nicht aus der Wissenschaft bezieht, weist auf etwas anderes als einen Zeitrhythmus hin. Es mag belächelt werden, aber es ist so: Keramik lebt von Erlebnissen. Es sind Entdeckungen, Zufälle, Unwissenheit. Der Keramiker ist kein Ingenieur. Er kann sich nicht auf Gelerntes verlassen, nicht einmal auf seine technische Erfahrung, weil diese beschränkt sein kann. Die handwerkliche Erfahrung ist stets in einen betriebsbedingten Rahmen eingeschlossen.

Im Grunde genommen besteht der Pluralismus des Erlebnisfeldes darin, dass das Begreifliche ebenso existiert wie das Geheimnisvolle. So entspricht es dem Leben, denn wir wissen auf viele Fragen eine Antwort, auf viele auch nicht. Wir machen uns in vielen Dingen Erfahrungen zunutze, die auf anderen Gebieten gewonnen wurden; und wenn wir auch fest in unserer Zivilisation verankert sind, so hören wir doch niemals auf, darüber hinaus originell sein zu wollen. Und dieses Bestreben ist nach allen Seiten offen. Der Geist weht, wo er will.

Erlebnisse sind immer sich wandelndes Geschehen. Wir beziehen uns anhand von etwas Erlebtem stets auf ein schon verflossenes Erleben. (**Ludwig Klages**: „Ausdrucksbewegung und Gestalt." Leipzig 1923.)

„Fahrtwind im Kopf ... Räder auf dem Weg tragen Träume".
Steinzeugplastik von Erich Häberling, 1992. H. 135 cm. Foto Urs Walder.

DER WEG

„Glückspilze" können Ihnen ein unvorhergesehenes Glück bescheren, wenn Sie sie trocknen, veraschen und die Asche in Ihren Glasuren verwenden. Aber, wie es beim Glück immer ist, man kann sich nicht darauf verlassen. Man weiß vorher nämlich nicht, was die Pilze aus dem Boden aufgenommen haben. Meistens ist es Kalium, das das Schmelzen der Glasur erleichtert, aber vor allem sind es Schwermetalle, die die Glasuren färben. Viele Pilze sind auch reich an Phosphor, durch den Steinzeugglasuren weiß werden können.

Aus 15,7 Gewichtsteilen (Gwt.) Pilzasche aus Champignon-Küchenabfall, 17,3 Kalifeldspat, 13 Kalkspat, 11 Quarz, 12 Zinkoxid, 1,6 Zinnoxid, 7,0 Titandioxid und 2,4 Bentonit erhält man eine wunderschöne, kristalline Mattglasur bei 1280 Grad, die zart gelb gefärbt ist.

Rechte Seite:
„Warten auf den Frühling."
Teekanne von Yang Seung Ho, 1989. H. 23 cm.
Foto Straub.

„Tao" ist in der chinesischen Philosophie der Weg, die glückliche Einswerdung mit dem Weltprinzip, das Wirken in Harmonie mit dem Kosmos. Und auch wir sagen oft, der Weg sei uns wichtiger als das Ziel und meinen damit die Befriedigung im Tun.

Glück haben ist nicht dasselbe wie Glücklichsein. Glück haben bezieht sich auf eine gelungene Handlung. Glücklichsein ist dagegen ein Zustand. Wenn uns etwas gelingt, so rechnen wir uns das höher an als etwas Missglücktes, auch wenn das Gelingen eigentlich keine Leistung darstellt. Das Beglückende ist nicht so sehr der Erfolg, als vielmehr die Persönlichkeit selbst, die schöpferische Kräfte spürt und sich ihres gesteigerten Daseins bewusst wird.

Jede selbstständige und unmittelbare Entdeckung ist schöpferisch, auch wenn sich herausstellt, dass der „Fund" schon lange bekannt ist.
Wer das Glück hat, etwas zu entdecken oder zu erkennen, fühlt sich damit zugleich von dem Impuls bewegt, seine Feststellungen anderen weiterzugeben. Der schöpferische Gedanke entspringt zwar im Individuum, sucht aber sofort Verbindung mit der Allgemeinheit, die seine Richtigkeit bestätigt und das Glück der Entdeckung vollendet. Sie versetzt einen in freudige Erregung und gesteigerte Selbstbejahung, auch wenn dabei keine Kulturleistungen entstehen, die wir als Kunst bezeichnen.

„Das Glück", sagt Bernhard Waldenfels, „hat seinen Ort in den Rand- und Zwischenzonen der etablierten Ordnungen, wo Grenzen und somit auch neue Möglichkeiten sichtbar werden." (In „Spielraum des Verhaltens", Frankfurt a.M. 1980.)

Wer sich auf Abenteuer einlässt, darf nicht auf das anvisierte Gelingen bedacht sein. Vielleicht begegnet ihm dafür das, woran er glaubt: das Glück.

DIE NATUR

EIN STERN WIRD GEBOREN

Die ästhetische Verwandtschaft von Naturwissenschaft und Kunst ist eine Analogie zur Bionik, bei der die Technik von biologischen Vorbildern profitiert.

Man würde denken, Kunst und Wissenschaft seien einander entgegengesetzt. Tatsächlich haben sie sich in den letzten hundertfünfzig Jahren verschiedenartig entwickelt. Ihre Gegenüberstellung, die zur Wiederentdeckung einer Verwandtschaft zwischen beiden führen kann, bietet dem, der danach sucht, überraschende Parallelen.

Als erster hat E.M. Hafner einige Gegenstände der Wissenschaft aus ihrem üblichen Zusammenhang gelöst und merkwürdige Ähnlichkeiten mit der Kunst gefunden. Hierbei handelt es sich nicht um die naturwissenschaftliche Begründung technischer Vorgänge, sondern um Beobachtungen, die in einen künstlichen, äußerlich-optischen Zusammenhang gestellt werden. Wie untypisch und unvollkommen dies auch sein mag, kann es für den Keramiker eine Quelle der Inspiration bilden.

So zeigt zum Beispiel die Färbung einer Barium-Zink-Glasur mit Nickel eine frappierende Übereinstimmung mit einer Infrarotaufnahme eines T-Tauri-Sterns. Die Farben dieser Glasur entstanden unter den gleichen physikalischen Gesetzen wie die Farben bei der Entstehung des ganz jungen, neuen Sterns. In seiner Entwicklungsphase strömen Teilchen von ihm aus. Sie bilden eine Hülle um ihn, die sich infolge des Strahlungsdrucks ausdehnt. Die roten Flecken kennzeichnen niedrige Temperaturen, die blauen heiße Stellen.

Bei der Glasur haben die Zinkkristalle das Nickel an sich gezogen, das in dem zinkreichen Milieu blau färbt. In einiger Entfernung davon erlangt das Barium-Zink-Verhältnis jenen bariumreicheren Wert, der zur Rotfärbung führt. Sie ist umso intensiver, je näher sie an den Zinkkristallen liegt, weil hier die Nickelkonzentration noch hoch ist. Ein und dieselbe Glasur bildet also derart unterschiedliche Farben, ver-

Literatur

E.M. Hafner. „The New Reality in Art and Science". Comparative Studies in Society and History 11, 1969, S. 385-397.

16

ursacht durch die Konzentrationsunterschiede infolge Kristallisation. Sie ist eine wärmeabgebende Reaktion wie die Teilchenstrahlung des jungen T-Tauri-Sterns. Kosmos und Glasur entwickeln also je nach den begleitenden Stoffen und deren Konzentration viele verschiedene Farbtöne. Empfindliche Reaktionen auf die vorherrschenden Bedingungen setzen der Berechenbarkeit der Glasuren Grenzen.

Diese Glasur für 1150 Grad ist aus 4,18 Gwt. Zinkborat, 28,15 Gwt. Kalifeldspat, 3,86 Gwt. Kaolin, 23,25 Gwt. Bleimonosilikatfritte, 16,50 Gwt. Quarz, 13,37 Gwt. Bariumkarbonat und 10,70 Gwt. Zinkoxid zusammengesetzt und mit 3% Nickeloxid gefärbt.

Die Geburt eines Sterns (Infrarotaufnahme im oberen Bild) verläuft nach gleichen Voraussetzungen wie die Bildung einer nickelgefärbten Kristallglasur (untere Bilder).

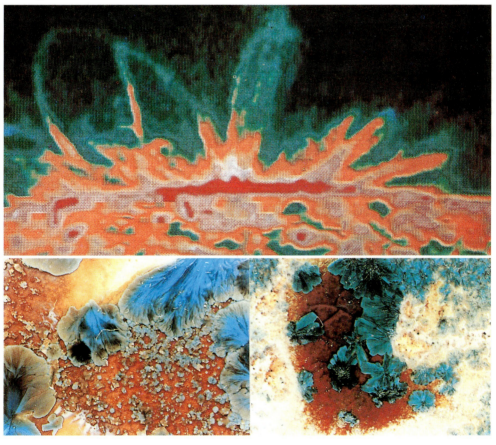

DER GROSSE URANFANG

Beim Yin Yang (= „dunkel"
und „hell") stellt die dunkle
Seite die Erde, das Weibliche,
dar, die helle Seite den
Himmel und das Männliche.
Das Yang wird von der Jade
symbolisiert.

Das Yin Yang der Chinesen symbolisiert die einander ergänzenden und bedingenden Urkräfte des Anfangs. Mit dem geheimnisvollen Yang wird die Jade in Verbindung gebracht – dem grünen Stein, dessen sanfter Glanz mit der Menschlichkeit verglichen wird: seine Härte mit der Gerechtigkeit, sein Klang mit der Weisheit, seine Zähigkeit mit der Tapferkeit und seine Reinheit mit der sittlichen Lauterkeit.

Die Jade gilt in ganz Ostasien als Symbol der Lebenskraft. Die Residenz des Himmelsherrschers ist aus Jade aufgebaut, im Garten des Feenkönigs blüht der Jadebaum. Als Verkörperung himmlischer Mächte besitzt die Jade Heilkräfte. Kein Wunder, dass die Töpfer versuchten, die Jade nachzuahmen. So kamen sie auf die jadefarbenen Seladonglasuren. Dabei half ihnen die Natur, denn die Aschen aus den Hölzern, aus denen diese Glasuren gewonnen wurden, sind mit ein wenig Eisen verunreinigt, das zur Erzielung der zartgrünen Farbe gerade in richtiger Dosis in den Aschen vorhanden ist.

Der als Jade bezeichnete
Nephrit ist ein zähfaseriges
Calcium-Magnesium-Aluminium-Silikat mit der
Mohs'schen Härte 5,5-6.

UR-CHARAKTER FARBE

Der ebenfalls als Jade
bezeichnete Jadeit ist ein
Natrium-Aluminium-Silikat
wie der Natronfeldspat. Er
besitzt eine Härte von 6,5-7
nach Mohs. Er gilt als
Heilmittel bei Nierenkrankheiten. Die färbende Substanz
in der Jade ist, wie bei der
Seladonglasur, das Eisen.

Die Farbe der Jade ist, wie die Farben aller Minerale und Glasuren, auf das Verschlucken eines bestimmten Bereichs des sichtbaren Lichts durch Elektronen zurückzuführen. Diese „Absorption" beruht darauf, dass die Atome der färbenden Metalle wie Eisen, Mangan, Titan, Kupfer, Chrom, Kobalt und Nickel den Atomkern umkreisende Elektronenbahnen besitzen, die nur teilweise mit Elektronen aufgefüllt sind. Diese Elektronen können durch Absorption von sichtbarem Licht, das ist gleichbedeutend mit der Aufnahme von Energie, in angeregte Zustände überführt werden, wodurch Farbe sichtbar wird. Ist die benötigte Energie groß, so wird aus dem Spektrum des sichtbaren Lichts die energiereichere gelbgrüne und violette Farbkomponente des Lichtspektrums verschluckt, und so erscheint der Kristall oder die Glasur rot. Im schwächeren elektrischen Feld wird die energieärmere langwellige Farbkomponente absorbiert; der Kristall oder die Glasur erscheint grün.

Einen entscheidenden Einfluss auf die Farbe hat auch die Wertigkeitsstufe des Elements. Im reduzierenden Brand wird die Wertigkeit herabgestuft, woraus beim Eisen eine grüne Farbe, das Seladon, die Farbe der Jade, resultiert. Bei starker Oxidation verringert sich die Anzahl der Sauerstoff-Ionen als Nachbarn des Eisen-Ions, woraus sich die Farbe in den langwelligeren Bereich verschiebt.

Im Mittelalter glaubte man so fest an die Heilkraft der Minerale, dass man echte Steine als Fälschungen bezeichnete, wenn sie nicht die vorhergesagte Wirkung zeigten.

Seladonschale von Jean-François Fouilhoux, 1995. 32 cm.

DAS LEBEN AUS DEM TONKLOSS

An der Universität von Wisconsin wurde an Kaolinitkristallen, wie sie hier gezeigt sind, Fehlordnungen der atomaren Ordnung in den Schichten festgestellt, die ein Muster ergeben, das von neuen Schichten übernommen wird.

Wir folgen nur allzu gern der Vorstellung, dass „Gott der Herr", wie es in der Bibel heißt, „den Menschen aus einem Erdenkloß" machte, denn das scheint unseren Umgang mit Ton aufzuwerten.

Die Naturwissenschaft nahm bisher an, dass das Leben vor etwa drei Milliarden Jahren durch Urzeugung aus der Ursuppe entstanden sei, wozu eine Uratmosphäre mit Urgewittern nötig war, die es heute nicht mehr gibt, so dass eine weitere Urzeugung ausgeschlossen ist.

Diese Theorie wurde zwar durch Modellversuche erhärtet, doch fand der Amerikaner Cairns-Smith, dass die in den Experimenten erhaltenen organischen Substanzen immer an Teere gebunden waren, von denen sie sich nicht trennen ließen. Cairns-Smith bietet dagegen eine Erklärung an, die nun wirklich den Ton an den Ursprung allen Lebens stellt. Er beruft sich dabei auf den Nobelpreisträger Hermann Joseph Muller (ihm war es gelungen, bei der Taufliege durch Röntgenbestrahlung eine künstliche Mutation zu erzeugen), der über das Erbmaterial gesagt hatte: „Genetisches Material ist jede Substanz, die in einer bestimmten Umgebung – protoplasmatisch oder nicht – die Reproduktion ihrer eigenen, spezifischen Zusammensetzung veranlasst, sich aber nichtsdestoweniger immer wieder ändern – mutieren – kann und dennoch die Eigenschaft beibehält, sich selbst in ihren verschiedenen Formen zu reproduzieren".

Literatur

A.G. Cairns-Smith: „Bestanden die ersten Lebensformen aus Ton?" Spektrum der Wissenschaft, August 1985, S.82-91.

Cairns-Smith geht davon aus, dass sich Fehlstellen im Kristallgitter der Tonminerale (wie sie in realen Kristallen stets vorkommen) beim Anlagern weiterer Schichten im Verlauf des Kristallwachstums dieser Schichtminerale (Kaolinite, Illite) fortpflanzen, dass also eine gewisse Erbinformation kopiert wird. Hierin zeigt sich auch bereits ein Kennzeichen der Evolution, indem nämlich auch Veränderungen (Mutationen) weitergegeben (vererbt) werden. Die Erbanlagen (Gene) konnten sich also vererben wie bei der späteren, sehr viel komplizierteren organischen Selbstverdoppelung von Eiweißen.

Die Entstehung der Tonminerale und ihre weitere Rolle bei der Hervorbringung des Lebens waren eine Folge des Zusammenspiels des Verwitterungskreislaufs der Gesteine mit dem Wasserkreislauf.

Durch Verunreinigungen der wässrigen Lösungen konnte es zu Gen-Überzügen kommen, zu Anlagerungen, die das Haften und das Wachsen beeinflussten. Einige kleine organische Moleküle steigerten die Löslichkeit des Aluminiums, das der Tonkristall neben dem Silizium zu seinem Aufbau benötigt; andere bildeten einen haftenden Überzug, wieder andere schoben sich zwischen die Schichten und wurden zu Strukturelementen des Kristalls. Vielleicht konnten sie dabei schon die Informationen des Wirtskristalls ablesen. Cairns-Smith stellt sich Vorläufer der Eiweißmoleküle vor, die auf diese Weise selber zu replizierenden Molekülen wurden, also zu primitiven organischen Verbindungen, die sich selbst vervielfältigen konnten. Erst als dieser Mechanismus ein gewisses Entwicklungsstadium erreicht hatte, wurde das Tongerüst entbehrlich.

Cairns-Smith meint, die organischen Moleküle übernahmen die Technologie, das Knowhow der Selbsterneuerung, von den Kristallen und wurden deshalb überlegen, weil sie raffiniertere Konstruktionen und feinere Regulationsmöglichkeiten erlauben.

Der anglikanische Bischof James Usher in Westminster berechnete die göttliche Schöpfung auf die Stunde genau: am 23. Oktober des Jahres 4004 v.Chr. um 9 Uhr vormittags. Ende des 17. Jahrhunderts gab es zweihundert verschiedene Zeitangaben für den Schöpfungstag; sie schwankten zwischen 3707 und 6984 v.Chr. Nach dem ältesten Kalendersystem, dem jüdischen Kalender „Luach", wurde die Welt am 6. Oktober 3761, abends um 11 Uhr, 11 Minuten, 20 Sekunden erschaffen.

Wurmförmiger Kaolinitkristall in 1350facher Vergrößerung. Aufn. Keller. Nach Cairns-Smith ist dies ein genetischer Kristall.

DAS CHAOS

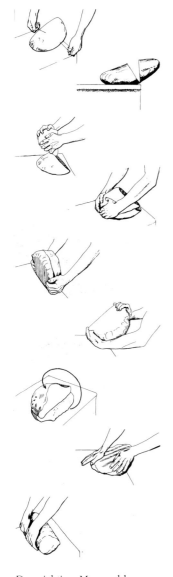

Seit Jahrtausenden hat der Töpfer seinen Verstand darauf gerichtet, Ordnung in der Natur seines Materials und seiner Technik zu erkennen und deren Gesetze zu erfassen. Die Beobachtung, dass sich dabei nichtvorhersehbare Vorgänge abspielen können, hat ihn an eine enge Erfahrung gebunden, die sein Risiko vermindert, aber auch seinen Erlebnisspielraum einengt. Und da Erkenntnis aus dem risiko- und erlebnisreichen Spielen kommen kann, hatte das Töpferhandwerk immer einen Nachholbedarf an Erkenntnissen. Die handwerkliche Erfahrung wurde zur Grundlage des Überlebens. Seitdem wir uns nicht damit zufriedengeben, Wissen einfach zu akzeptieren, stoßen wir immer wieder auf Unerklärtes und finden manches unerklärlich. Nun winkt uns die Chaosforschung mit neuen Einsichten: Kleinste Veränderungen der Ausgangsbedingungen und winzige Störungen können zu total verschiedenen Ergebnissen führen, die ihre Voraussagbarkeit unmöglich machen.

EINE GUTE KERAMIK
ENTSTEHT AUS DEM CHAOS

Als gut soll hier eine Keramik bezeichnet werden, deren Masse sich gut verarbeiten lässt, keine Risse bekommt und nicht deformiert. Eine solche Masse erhält man, wenn man sie „schlägt", das heißt, sie tüchtig durchknetet, sie in einen chaotischen Zustand versetzt. Nach mehreren Schritten entsteht aus der Ordnung ein Chaos, ähnlich wie aus einer laminaren Strömung eine turbulente entsteht.

Eigentlich handelt es sich beim Masseschlagen um einen Mischvorgang, in dem Schichten von hoher Zähigkeit miteinander, aber auch mit Wasser und Luft, die beide eine geringe Zähigkeit besitzen, ver-

Das richtige Masseschlagen besteht im wiederholten Aufschlagen, Zerschneiden, Drehen und Zusammenklatschen des Masseballens.

mischt werden müssen. Die Luft wird nämlich beim Masseschlagen nur dann wirklich ausgetrieben, wenn sie in größeren Blasen vorliegt, die man aufstechen kann. Die meiste Luft jedoch besteht aus kleinen Lufteinschlüssen, die beim erfolgreichen Masseschlagen langgezogen werden, nicht anders als die zähen Tonschichten. Die Ton-Wasser-Suspension, also der plastische Ton, ist nämlich eine zähe Flüssigkeit wie das Magma.

Es liegt auf der Hand, dass sich zähe Flüssigkeiten sehr viel schlechter vermischen lassen als dünnflüssige. Will man also zwei Tone miteinander zu einer Masse vermischen oder einem Ton ein Magerungsmittel zumischen, so ist die wirksamste Methode das turbulente Vermischen des Schlammes. Die Turbulenz erhöht den Mischeffekt. Das gilt übrigens auch für das Brennen im Gasofen. Je turbulenter die Flamme, desto besser mischen sich Gas und Luft, desto besser ist die Verbrennung.

Man sieht hieraus schon, dass das Mischen nicht nur ein mechanischer Vorgang ist, sondern dass dabei auch Diffusionsvorgänge stattfinden.

Die wenigsten Töpfer verfügen über eine Schlämmanlage. Viele begnügen sich mit dem Durchmischen der Masse im Tonschneider (Strangpresse), oder sie verwenden die Massehubel so, wie sie verpackt in den Handel kommen.

Die maschinelle Durchmischung mit rotierenden Schnecken, auch wenn diese beim Tonschneider in Messer unterteilt sind, hat den Nachteil, dass die gleichförmige Rotationsbewegung die Tonteilchen in eine Richtung zwingt, so dass der Massestrang eine spiralige Struktur erhält, die ausserdem durch die Reibung an der Innenwand der Maschine bestimmt wird.

Wirksamer und allein ausreichend ist das Masseschlagen, weil dabei die Fließrichtung der Masseschichten geändert, die Masse gestreckt, gestaucht und gefaltet wird. Das Schlagen verhindert, dass das

Eine Flüssigkeit (1) mischt sich in einer anderen durch Dehnen und Falten, indem sie diffundiert (2) oder zerteilt wird. Ein Teil der gedehnten Substanz kehrt in die Ausgangslage zurück (3). Die nichtmischbaren Tropfen (4) oder Luftblasen können sich später wieder vereinen.

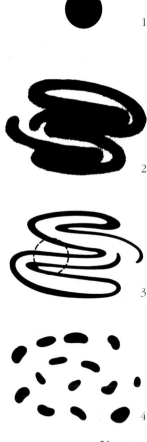

Literatur

Julio M. Ottino:
„Mischen zäher Flüssigkeiten."
Spektrum der Wissenschaft,
3/1989, S. 66–77.

Die Mischung erfolgt dadurch, dass die Schichten senkrecht zu ihrer Grenzlinie gedehnt und gefaltet werden und dass anschließend im rechten Winkel dazu die Falte zusammengedrückt oder zerschnitten wird. Die in verschiedenen Richtungen einwirkende Kraft, ergänzt durch das senkrechte Zerschneiden mit dem Draht, bewirkt beim Masseschlagen die ideale Mischung.

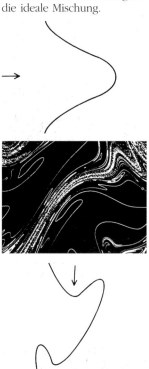

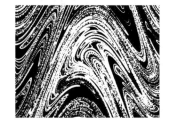

Quellen, das Trocken- und Brennschwinden in verschiedenen Richtungen verschieden groß sind, denn dadurch würden Deformationen und Trocken- sowie Brennrisse verursacht.

Die Fließrichtung verschieden zäher Flüssigkeiten lässt sich im Computer simulieren, um einen Einblick in die Vorgänge zu gewinnen. Man kann die Bewegungen der Schlieren sichtbar machen, die einen chaotischen Zustand darstellen.

Die bewegten plastischen Masseschichten haben eine hohe Zähigkeit, aber eine geringe Trägheit, das heißt, sie stehen nach Aufhören der einwirkenden Kraft sofort still. Anders der Schlicker. Er hat eine hohe Trägheit, bewegt sich also weiter, aber eine geringere Zähigkeit. Gesetzmäßig ist eine Mischung umso erfolgreicher, je höher die Trägheit und je geringer die Zähigkeit ist.

Nun besteht aber das Mischen bei den keramischen Massen nicht nur aus dem Vereinigen von Feststoffteilchen, sondern auch in der gleichmäßigen Verteilung des Wassers, das ja eine sehr geringe Zähigkeit und eine hohe Trägheit besitzt. Trägheit des Wassers bedeutet, dass es die ihm erteilte Bewegung so lange beibehält, solange es nicht durch eine Kraft veranlasst wird, diesen Zustand zu ändern.

Hier geht es einerseits um die Auflösung des zusammengeballten Masseteilchens im Wasser, andererseits um den Tröpfchenzerfall, das heißt, dass das Wasser, und analog dazu auch die Luft, durch Dehnung in Tröpfchen bzw. Bläschen zerfällt, wenn es nicht durch Diffusion in das Material eingeht. Es ist ein ungeklärtes Phänomen, dass als Voraussetzung für eine gute Durchmischung bei dieser Dehnung ein Teil der gedehnten Substanz wieder in die Ausgangslage zurückkehrt. Das ist ein Teil des „Gedächtnisses" des Tones. Auch das bisher rätselhafte Gedächtnis, das sich bei der Formgebung als Rückkehr in die Ausgangslage beobachten lässt, beruht auf der gleichen Erscheinung.

Der Unterschied zwischen Wasser und Luft besteht darin, dass das Wasser eine mit der plastischen Masse mischbare Flüssigkeit darstellt, die Luft aber nicht. Sie kann sich wieder zu größeren Blasen vereinen. Das tut sie auch, wenn sie sich während des Brandes ausdehnt und Poren bildet. Durch möglichst langgedehntes Ausziehen der Luft werden die Blasen kleingehalten. Man erreicht das durch professionelles Masseschlagen.

Eine Massemischung, die auf halbem Weg stehenbleibt, ist die Fladerung oder Marmorierung. Die Natur liefert uns Beispiele in Kieselsteinen, sogar in großen Blöcken, in denen verschieden gefärbte Lavaströme erstarrt sind. Prinzipiell vermischen sich diese Schichten durch Diffusion, doch dazu ist eine Zeit erforderlich, die länger ist als das Alter der Erde.

CHAOSBILDER ALS ANREGUNGEN

Der amerikanische Mathematiker Benoit Mandelbrot hat die Grenze zwischen Ordnung und Chaos mit Hilfe von gebrochenen Dimensionen, die er „Fraktale" nennt, mit dem Computer sichtbar gemacht. Fraktale sind Gebilde, die weder der zweiten Dimension noch der dritten angehören, also weder Linien noch Flächen sind. Wir können sie mit einer handelsüblichen Software auf den Bildschirm bringen, und wir sehen, dass es auch im Chaos Strukturen gibt, die wunderschöne Muster bilden. Sie erinnern an Kristallglasuren oder an Entmischungen in Glasuren, deren Verteilung unvorhersehbar ist. Wir sind natürlich weit davon entfernt, eine Glasurtechnik daraus zu entwickeln, dazu wird es wohl nie kommen. Aber wir sind fasziniert von der Ästhetik der Bilder, die uns wie Kunstwerke erscheinen, die mit keramischen Mitteln zustande gekommen sind. Und wenn wir uns umsehen, finden wir sogar Vergleichstücke, die ohne inneren Zusammenhang überraschende Parallelen zeigen.

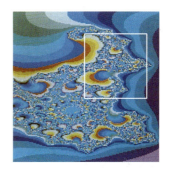

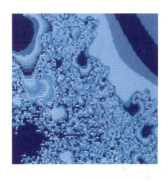

Mit einer Fraktal-Software lassen sich wunderschöne Muster auf den Bildschirm zaubern, ihre Farben verändern und Auschnitte vergrößern. Bei diesem Spiel ergeben sich Strukturen, die Ausscheidungsglasuren ähneln.

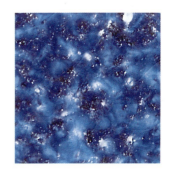

MUTTER ERDE

Als Jupiter beschloss, die Flut über die Erde zu senden, rettete sich – so berichtet Ovid – der gerechte Deukalion mit seinem frommen Weibe Pyrrha allein in einem Kahn. Und als das Wasser zurückwich, landeten sie am hohen Parnass, an dessen Südhang Delphi liegt. Sie gingen zu dem Orakel, um den Rat der Göttin einzuholen, und diese sprach zu ihnen: „Hüllt Euch beide das Haupt und löst die gegürteten Kleider, werft sodann die Gebeine der großen Erzeugerin rückwärts!". Deukalion fand die Deutung: „Unsere Erzeugerin ist die Erde, die Steine im Leibe der Erde sind, denk ich, ihre Gebeine; die sollen wir rückwärts werfen." Sogleich taten sie es, und aus den Steinen, die Deukalion warf, entstanden Männer, und aus den Steinen der Pyrrha wurden Frauen. „So ward die Erde mit neuen Menschen bevölkert."

Mythen, die von den Ursprüngen handeln, sind verstrickt mit Ereignissen, in denen die Welt Gestalt annimmt. Vor ihnen waren Finsternis und Chaos. Mit dem Eintreten der Götter in das Chaos wurde aus ihm der Kosmos, die Ordnung. Ganz anders als das naturwissenschaftliche Bild, das uns die geologische Forschung liefert, fasziniert uns das buntschillernde Kaleidoskop der Mythen, die aus der Selbstversenkung als praktische Pflege der Gemeinschaft mit der Gottheit auf dem Boden des Pantheismus entstanden sind. Beiden liegt die Suche nach der Wahrheit zu Grunde; jeder beantwortet sie nach seiner Erfahrungswelt. Unsere wissenschaftlichen Ansichten kommen vielleicht der Wirklichkeit näher, aber ihr Preis ist die Gefühlsarmut. Umso mehr werden wir von den Verlockungen der Ideen angezogen, die wir bei den Völkern finden, die oft als primitiv bezeichnet werden, oder die vergangen oder fern von uns sind.

Mythen sind keine Erfindungen. In den Welten, in denen sie noch lebendig sind, werden sie als einzig

Literatur

H.W. Stoll: „Die Götter und Heroen des classischen Alterthums." Leipzig: Teubner, 1867.

Adhar Mall Ram: „Indische Schöpfungsmythen." Bonn: Bouvier, 1982.

Matthias S.Laubscher: „Schöpfungsmystik ostindonesischer Ethnien." Basel: Pharos 1971.

Mircea Eliade (Hrsg): „Die Schöpfungsmythen." Darmstadt: Wiss. Buchges. 1980.

Georg Picht: „Kunst und Mythos." Stuttgart: Clett-Cotta 1986.

mögliche Weise angesehen, um Symbole, die das eigentliche Reale versteckt halten, zu entziffern. Und: ohne ein mythisches, kosmisches Erlebnis der Welt kann nichts Großes hervorgebracht werden.

ER SCHUF DEN ERSTEN MENSCHEN AUS DER ERDE

In den Schöpfungsmythen ist ER ein Gott, Chnum oder Elohim, Prometheus oder Upulahatala – ER, der die Menschen aus Erde schuf, hat viele Namen. Die Erzählungen darüber ziehen uns in ihren Bann, als hätte ein ausgezeichneter Public-Relations-Mann sie nach werbepsychologischen Gesichtspunkten zusammengeschneidert.

So erfahren wir zum Beispiel durch den Völkerkundler Matthias Laubscher von den Mythen auf der ostindonesischen Insel Seram: Der männliche Himmel vereinigte sich mit der weiblichen Erde, und diese gebar Upulahatala, dessen jüngeren Bruder Laliwa und die Schwester Sisirine. Upulahatala hatte menschliche Gestalt, war aber viel größer, schwarz und hatte Flügel. Da sie zu wenig Platz hatten, stemmte Upulahatala den Himmel nach oben. Er verursachte ein großes Erdbeben, Feuer sprühte aus der Erde, Bäume und Pflanzen sprossen hervor, Gebirge türmten sich auf. Es war dunkel. Upulahatala formte aus Damarharz zwei große Kugeln und warf sie in die Luft. Aus ihnen entstanden Sonne und Mond. Upulahatala zeugte mit seiner Schwester Sisirine vier Kinder: den männlichen Abendstern, den weiblichen Morgenstern und zwei Töcher, die sich später mit Menschen verheirateten und zu Stammmüttern wurden. Upulahatala schuf auf dem Berg Nusaweie die ersten Menschen aus Erde. Zuerst die Füße und Beine, dann den Leib, die Arme und den Kopf, zuletzt die Zähne und die Zunge. Er blies den Wesen seinen Atem in die Nasen, da wur-

György Fusz:
„Gaia" – Spenderin und Trägerin von Leben und Vegetation.
1992, H. 190 cm

27

den sie lebendig. Und Upalahatala nannte den Menschen, den er gemacht hatte, Topika. Er lehrte ihn das Anlegen von Pflanzungen, das Sagoklopfen, den Hausbau, und er gab ihm Gebote. Topika bat um einen Helfer für die Arbeit. Da schuf Upulahatala aus Erde eine Frau und nannte sie Pinalalini. Dann fuhr Upulahatala mit seiner Schwester in den Himmel, wo er über den Wolken wohnt. Auf einer anderen Insel (Ngadha) schuf Däva die Menschen: den Leib des Mannes aus roter Erde. Sein Fleisch wurde aus der Erde, seine Haut aus Sand, sein Blut aus Wasser gemacht, seine Haare aus Algen und Flechten, seine Augen aus Korallen. Dieser erste Mensch hatte die Größe eines Berges.

Der Ton als Material für das Gefäß ist häufig mit der Frau in Verbindung gebracht. Die erste Frau wurde nach einer Erzählung auf der Insel Sumba in einer Tonschale hergestellt, der erste Mann auf einer Steinplatte. Der von den Himmlischen abstammende Umbu Sebu brachte einer Frau das Töpfern bei, einem Mann das Herstellen von Speeren und Schwertern.

In Ägypten war es der Töpfergott Chnum, der in Gestalt eines Widders in fünf bedeutenden Städten Mittel- und Oberägyptens verehrt wurde. Er schuf den Menschen gewissermassen im handwerklichen Verfahren auf der Töpferscheibe. Im Tempel von Esne in Oberägypten wird es in Inschriften geschildert: „Gruß dir, Chnum-Re, Herr von Esne, ... Bildner der Bildner, Vater der Väter, Mutter der Mütter, der die Wesen von oben machte und die Wesen von unten erschuf, der heilige Widder, der die Widder machte, Chnum, der die Chnumgötter machte, mit kraftvoller Hand, unermüdlich, so dass es keine Arbeit gibt, die ohne ihn vollbracht wird ... Er hat die Menschen auf der Töpferscheibe gebildet ... Du bist der Meister der Töpferscheibe, dem es gefällt, auf der Scheibe zu bilden ... Du bist der Allmächtige ... und du hast die Menschen auf der Scheibe gebildet ... alles hast du auf deiner Scheibe gebildet, täglich, in deinem Namen, Chnum der Töpfer. Du bist der Herr von Esne, der Gott der Töpferscheibe ... die Scheibe ist von ihm, seine beiden Arme sind gerade beim Gestalten, seine Finger lösen die Glieder".

Anders als die Schöpfungsmythen, die in lückenlosen Bildern die Entstehung der Menschen schildern, hat die Evolutionstheorie mit dem Missing Link zu kämpfen, dem fehlenden Zwischenglied zwischen Mensch und Affen. Zur Alternative, Schöpfung oder Evolution, kommt als Drittes die ständige Wiederkehr in den indischen Mythen. Vishnu in der Gestalt des Ebers holt aus der Tiefe des kosmischen Ozeans die Erde, wenn sie wieder mal untergegangen und die Dharma-Ordnung der A-Dharma (der Unrechtschaffenheit) gewichen ist. Er trägt sie auf seinen Armen und spricht zu ihr: „Immer wenn ich diesen Weg dich trage...". Das Universum befindet sich in einem dauernden Zyklus von Erschaffung, Erhaltung, Auflösung und Ruhe. In der buddhistischen Mythologie – das wäre für uns noch zu erwähnen – wird in diesem stets wiederkehrenden Ablauf die aus den kosmischen Wässern emporgekommene Erde durch Feuer, Wasser und Wind abgebaut und nicht, wie im hinduistischen Mythos, von dem Auflösergott Shiva. So gehen die vier Urelemente Erde, Feuer, Wasser, Luft in die zyklische Kosmologie ein.

Dies ist gewissermaßen das Modell des Urgefäßes „aus der durch die Expansionsgeschwindigkeit in Drehung versetzten Scheibe". So beschreibt Stephen Hawking die Anfangsphase des Kosmos nach dem Urknall.

Stefanie Hering hat es in Ton nachgeformt.

Literatur

Stephen Hawking: „Die illlustrierte kurze Geschichte der Zeit." Reinbek: Rowohlt, 1997.

ERDSTRAHLEN

Die heutige „Wünschelrute" ist die Lecher-Antenne des Physikers Reinhard Schneider.

Die Strahlenfühligkeit, Radiästhesie genannt, ist ein Wissensgebiet, das sich mit elektromagnetischer Strahlung beschäftigt, die nicht nur von Wasseradern oder vom menschlichen Körper ausgeht, sondern auch von Kristallen und Tonen.

So heißt es, dass die sogenannte rechtszirkular drehende Polarisation eine positive Wirkung auf biologische Prozesse ausübt, die linkszirkulare hingegen eine negative.

Der Terra sigillata wird eine gute Wirkung zugesprochen, weil hier ausgewählte Tone in einer speziellen Brenntechnik verarbeitet wurden. Die römischen Töpfer sollen ihre Öfen auf Punkten mit besonders guter Strahlung aus der Erde errichtet haben, um dem Brenngut positive Kräfte zu vermitteln.

Einfache radiästhetische Messungen können dies zeigen. In diesem Sinne wäre die Radiästhesie durch Messungen in der Lage, Keramik zu optimieren.

Nun weiß man, dass die radioaktiven Isotope in den Gesteinen Strahlen aussenden, die von unseren Sinnesorganen nicht erkannt werden. Deshalb spricht man von „außersinnlicher Wahrnehmung" von Strahlenwirkungen, die in den Bereich der Parapsychologie gehören.

Um Strahlen geht es auch bei der Solarisation. Das ist die Einwirkung von ultravioletten, aber auch anderen energiereichen elektromagnetischen Wellenstrahlungen auf die Glasuren. Sie können Verfärbungen verursachen, wenn z.B. bemalte Fliesen dem Sonnenlicht ausgesetzt sind. Durch Absorption von Lichtquanten werden Ionenübergangsreaktionen in Gang gesetzt, die die Wertigkeit der färbenden Metalloxide verändern. Dieser fotochemische Prozess kann durch eine Temperaturbehandlung auf 352°C wieder rückgängig gemacht werden.

Literatur

Ewald E. Kalteiß:
„Strahlenfühligkeit." NEUE KERAMIK 12 (1989) S.596.

LÜGENSTEINE

Wie komisch die Vorstellungen der Naturwissenschaftler vom „Leben aus dem Tonkloß" sein konnten, zeigt eine Episode aus dem 18.Jahrhundert.

Die erstaunliche Geschichte, um die es hier geht, hat sich folgendermaßen zugetragen: Johann Bartolomäus Adam Beringer, Leibarzt des Fürstbischofs von Würzburg, interessierte sich für die neue Wissenschaft von den Fossilien, die man damals Petrefaktenkunde nannte. Er mochte nicht daran glauben, dass Fossilien Relikte des Lebens sind, das vor Millionen Jahren existierte. Die meisten Fossilien waren seiner Ansicht nach „besondere Steine", die Gott selbst ausgemeißelt hatte, um herauszufinden, für welche Art von Leben er sich entscheiden sollte.

Der Professor geriet in Ekstase, als sein Helfer begann, Hunderte von Steinen auszugraben, die seine Hypothese unterstützten.

Das Titelblatt des Buches von Johann Bartolomäus Adam Beringer aus dem Jahre 1726. Der Kupferstich stellt seine Entdeckung als Denkmal der Wissenschaft dar.

1726 veröffentlichte Beringer eine gewaltige Abhandlung „Lithographia Wirceburgensis" über diese grandiose Entdeckung. Sie war eindrucksvoll mit Bildern der gravierten Steine illustriert.

Es ist nicht bekannt, was schließlich die Meinung des Professors änderte. Es heißt, er habe einen Stein mit seinem eigenen Namen gefunden. Eine Untersuchung wurde abgehalten, und es stellte sich heraus, dass die Steine von dem Bibliothekar der Universität und einem Geographieprofessor gemeißelt worden waren.

Der vertrauensselige Beringer, dessen Karriere nun zerstört war, wandte alle seine Ersparnisse dafür auf, die Exemplare seines Buches aufzukaufen und zu verbrennen. Das Werk aber wurde so berühmt, dass es 27 Jahre nach Beringers Tod und 1963 in englischer Übersetzung herauskam. Beringer wurde als Opfer eines grausamen Scherzes unsterblich.

Einige der erhaltenen Lügensteine.

DIE ERNEUERBAREN UND NICHT ERNEUERBAREN ROHSTOFFE

Vom Ende des Eiszeitalters bis heute reicht der als Holozän bezeichnete geologische Zeitabschnitt, der früher „Alluvium", das Angeschwemmte, genannt wurde. In Flüssen und Seen lagerten sich plastische Tone ab und wurden an deren Ufern den Menschen zugänglich. Vor etwa 400.000 Jahren lernte der Mensch, Feuer zu machen.

Kulturgeschichtlich folgt auf die Steinzeit die Jungsteinzeit, dann die Bronze- und schließlich die Eisenzeit, in der wir leben.

Eine Million Jahre liegt das Pleistozän zurück, das auch „Diluvium", die Wasserflut, genannt wurde. Es war das Eiszeitalter, in der das Mammut ▲ lebte und in der die Lehme und die fruchtbaren Böden entstanden. In der geologischen Zeitrechnung gehört das Diluvium zum Quartär, kulturgeschichtlich fällt die Altsteinzeit in diese Epoche.

Nach der landläufigen Auffassung hat man es in der Keramik nur mit der mineralischen, anorganischen, unbelebten Natur zu tun. Es ist wahr. Der Keramiker benutzt hauptsächlich die nicht erneuerbaren Materialien aus der unbelebten Natur. Die erneuerbaren, pflanzlichen, haben nur einen geringen Anteil, weil sie zu nicht erneuerbaren Ergebnissen beitragen. Ihre Verwendung bleibt auf die „Einzelstücke" des keramischen Individualisten beschränkt.

DIE TONE

Unserer Verantwortung für die Natur werden wir bewusst, wenn wir zugeben, dass es sich bei den Tonen und allen mineralischen Vorräten der Erdkruste, die wir verbrauchen, um nicht erneuerbare Rohstoffe handelt. Wir nennen sie deshalb so, weil wir ihre Erneuerung nicht mehr erleben werden. Vom Naturgeschehen können wir aber nicht annehmen, dass es in seinem Verlauf Halt gemacht hat, nur weil wir als kaum wahrnehmbare Pünktchen auf der Erdkruste das elektronische Zeitalter eingeläutet haben. Die geologischen Vorgänge haben ihre eigene Ewigkeit.

In den geologischen Zeiten gibt es ein Optimum, aus dem die besten plastischen Tone stammen. Dass es dieses Optimum gibt, liegt an der geologischen Reifezeit. Ältere Tone sind schon zu sehr verfestigt, um noch plastisch zu sein, jüngere noch nicht genug verwandelt, zerkleinert, hydratisiert, um schon plastisch genug zu sein.

Die besten Tone, die wir heute benutzen, stammen aus dem Tertiär. Das war vor 70 Millionen Jahren. Aus ihm stammen die Westerwälder Tone, die Ball Clays in Devonshire und die marinen Tone Norddeutschlands, allgemein rund um die Welt oberhalb des 50. Breitengrades. Ihre Entstehung dauerte 70 Millionen Jahre, das heißt zwischen 70 und 1 Million Jahren vor heute. Da gab es das Mammut noch nicht, sondern erst seinen elefantenähnlichen Vorläufer, das Mastodon. Tone, die älter sind, also in der Zeit entstanden, als die Saurier lebten, sind umso stärker durch Druck verfestigt und umso weniger plastisch, je weiter sie zurückliegen. Tone aus der Kreidezeit zum Beispiel, die 135 Millionen Jahre zurückliegt, 65 Millionen Jahre dauerte und in der der Brontosaurus lebte, sind feuerfeste Tone. Noch ältere, aus Jura und Trias, in denen andere Saurierarten lebten, sind Schiefertone und Tonschiefer, die sich sehr gut zur Verminderung der Plastizität von keramischen Massen eignen. Das geht so zurück bis vor 400 Millionen Jahren.

Jüngere Tone, aus dem Quartär, bilden schon Übergänge zum Lehm, aus dem man Häuser nur durch Stampfen oder aus getrockneten Lehmziegeln bauen kann. Man kann Lehmmauern aber nicht in einem Stück modellieren, wie man es aus Ton könnte.

Das Quartär, aus dem die jungen Tone stammen, reicht bloß 1 Million Jahre zurück. Damals gab es die großen Überschwemmungen, nach denen man dieses Zeitalter auch als Diluvium, Wasserflut, bezeichnete. Es waren die Eiszeiten und die Zeiten des Mammuts.

Auf das Diluvium folgte eine Epoche, in der das Wasser den Ton transportierte und im Meer oder in den Flüssen absetzte. Früher bezeichnete man diese Zeit als Alluvium – „das Angeschwemmte". Das war der Beginn der verbreiteten Bekanntschaft des Menschen mit dem Ton; er lag ihm zu Füßen. Er erkannte seine Brauchbarkeit.

DIE EIGENSCHAFTEN DER TONE

Wer seinen Ton im Garten oder in einer Tongrube graben kann, der kann froh sein, denn er nimmt sein

Vor 70 Millionen Jahren begann nach der geologischen Zeitrechnung die Tertiärzeit, in der unter anderen Tieren das Mastodon ▼ lebte; die Saurier waren bereits ausgestorben. Damals entstanden die heutigen plastischen Tone.

135 Millionen Jahre reicht die Kreidezeit zurück, die 65 Millionen Jahre dauerte und von den Sauriern (Brontosaurus) ▼ beherrscht wurde. Aus dieser Epoche stammen die feuerfesten Tone.

Vor 180 bzw. 225 Millionen Jahren begann die Jura- bzw. Triaszeit, in der der Plateosaurus ▼ lebte und die Schiefertone entstanden.

Noch früher, aus dem Perm vor 270 Millionen Jahren, und sogar bis 400 Millionen Jahre zurückreichend, im Devon, entstanden die heutigen Tonschiefer, die in Steinzeugmassen zum Magern verwendet werden.

Material direkt aus den Händen der Natur. Er braucht es nur auszuprobieren, die Bildsamkeit mit etwas Wasser zwischen den Fingern prüfen und sehen, wie es sich im Brand verhält. Ist der Ton zu fett und zäh wie Fett, wird er ihn mit Sand magern, den man leichter findet. Ist er krümelig wie Lehm, dann kann man ihn mit einem fetteren Ton mischen, und da ein lehmiges Material zumeist kalkhaltig ist, wird diese Masse dann nur bei niedrigen Temperaturen, um 1000 Grad, zu gebrauchen sein.

Der ganze Vordere Orient hat in seiner Geschichte mit solchen kalkreichen Tonen die schönsten Kunstwerke geschaffen.

Ist man darauf angewiesen, den Ton zu kaufen, so muss man damit rechnen, dass der Tonlieferant Naturtone gründlich gemischt hat, um eine konstante Lieferung zu gewährleisten. Das ist dann kein Ton mehr, sondern eine „Masse". Solche Massen sind entweder als „Drehmassen" unversetzte oder gemischte Tone oder mit Schamotte versetzte Modelliermassen, oder es sind Gießmassen, die man entweder flüssig und fertig angemacht oder als Pulver mit einem Verflüssigungsmittel-Zusatz zu kaufen bekommt. Gießmassen sind für das Schlickergießverfahren bestimmt, sie eignen sich aber auch ausgezeichnet zum Modellieren.

Die Massen haben den Vorteil, dass sie auf bestimmte Zwecke abgestimmt, also nach der Verarbeitbarkeit in fette, halbfette und magere Massen gruppiert sind, oder nach dem Brennverhalten als früh- oder spätsinternde Massen angeboten werden. Es gibt Steingut- und Steinzeug-, Weich- und Hartporzellanmassen, und man kann sich die Brennfarbe aussuchen. Das Angebot ist umfangreich und verbraucherfreundlich.

Man sollte sich gründlich informieren, ehe man sich für eine bestimmte Masse entscheidet, und vom Rohstofflieferanten ein Datenblatt anfordern, in dem die Eigenschaften der Masse angegeben sind.

DATENBLATT EINER MASSE

Weiß brennende, schamottierte Steinzeugmasse, Brennbereich 1000-1300°C

Chemische Analyse (geglüht)

SiO$_2$	73,1%
Al$_2$O$_3$	21,8%
TiO$_2$	1,4%
Fe$_2$O$_3$	0,8%
CaO	0,2%
MgO	0,3%
Na$_2$O	0,2%
K$_2$O	2,1%
GV	(4,7%)

Wärmeausdehnungskoeffizienten bei verschiedenen Anwendungstemperaturen in 10^{-6} m/(m · °K)

	1000°C	1100°C	1200°C	1300°C
WAK 20-400°C:	4,6	6,3	6,0	5,2
WAK 20-500°C:	5,1	6,7	6,3	5,5
WAK 20-600°C:	6,3	7,8	7,2	6,1

Die Masse enthält ca. 25% Schamotte der Körnung 0-0,5 mm, 0-1,0 mm oder 0-2,0 mm.

Trockenverhalten

		0-0,5	0-1,0	0-2,0
Schamottekörnung	(mm):			
Anmachwassergehalt	(%):	22,0	22,5	21,5
Trockenschwindung	(%):	5,2	5,6	5,0
Trockenbiegefestigkeit	(N/mm²):	1,6	1,6	1,7

Brennverhalten

		1000°C			1100°C		
Schamottekörnung	(mm):	0-0,5	0-1,0	0-2,0	0-0,5	0-1,0	0-2,0
Brennschwindung	(%):	0,8	0,8	0,5	2,9	3,1	2,4
Gesamtschwindung	(%):	6,0	6,4	5,5	7,9	8,5	7,3
Wasseraufnahme	(%):	13,2	14,1	13,0	6,9	8,9	9,7
Brennfarbe	:	weiß			weiß		

		1200°C			1300°C		
Schamottekörnung	(mm):	0-0,5	0-1,0	0-2,0	0-0,5	0-1,0	0-2,0
Brennschwindung	(%):	4,1	4,5	3,7	5,3	5,5	4,8
Gesamtschwindung	(%):	9,1	9,9	8,5	10,2	10,8	9,6
Wasseraufnahme	(%):	5,0	4,5	4,9	2,6	2,0	2,2
Brennfarbe	:	weiß			weiß/ grau		

WAS KANN MAN AUS DEM DATENBLATT EINES TONES ODER EINER MASSE HERAUSLESEN?

Die *chemische Analyse* gibt die Gewichtsprozente der Oxide an, die im Wesentlichen in der Reihenfolge ihrer Verbreitung in der Erdkruste aufgezählt sind. Man unterscheidet zwischen der Analyse des rohen und der des geglühten Materials. Der rohe Stoff enthält Bestandteile, die beim Brennen entweichen und als „Glühverlust" (GV) bezeichnet werden. Was nicht entweicht, nimmt an der Scherbenbildung teil.

SiO_2, die Kieselsäure, ist stets am stärksten vertreten. Sie stammt zum Teil aus den Tonmineralen, aus Feldspat und aus Quarz. Die Tonminerale sind die einzigen Bestandteile, die plastisch sind. Würden sie allein die Masse bilden, so würde der SiO_2-Gehalt 46,5% betragen. In Wirklichkeit ist der Wert stets höher, weil die Tone und Massen mit Quarz „verunreinigt" sind. Je höher der SiO_2-Wert liegt, desto magerer ist also die Masse. Bei über 70% SiO_2 kann man schon von einer mageren Masse oder von einem Magerton sprechen.

Al_2O_3, die Tonerde, steht stets an zweiter Stelle. Sie stammt in der Hauptsache aus Tonmineralen und weniger aus Feldspat. Je mehr Tonminerale, desto höher der Al_2O_3-Gehalt und desto plastischer ist somit auch die Masse. Würde sie nur aus Tonmineralen bestehen, so wäre der Al_2O_3-Gehalt 39,5%. In Wirklichkeit ist er fast immer niedriger. Je mehr er sich dem Maximalwert nähert, desto feuerfester ist die Masse und gewöhnlich auch plastischer. Man spricht bei dem gewöhnlichen, in der Keramikwerkstatt verarbeiteten Ton bei einem Tonerdegehalt unter 18% von einem mageren Ton, bei 18-22% von einem halbfetten, über 22% von einem fetten Ton.

TiO_2, das Titandioxid, ist nicht immer vorhanden. Wenn es da ist, vertieft es die Färbung durch Eisenoxid.

Fe_2O_3, das Eisenoxid, ist ein färbendes Flussmittel und für das Dichtsintern der Masse mitverantwortlich. Je mehr Flussmittel, desto früher sintert der Ton und desto eher erreicht er eine geringe Wasseraufnahme. Früh wirksame Flussmittel können dazu führen, dass die Masse aufbläht, weil sie schon dicht wird, ehe die gasförmigen Zersetzungsprodukte entwichen sind. Beim Eisenoxid kann das Blähen darauf zurückzuführen sein, dass es über 1000 Grad Sauerstoff abgibt, also ein Gas bildet. Das Eisenoxid färbt die Masse in Gelb- und Rottöne. Kalk im eisenhaltigen Scherben führt zur Gelbfärbung. Daran kann man sehen, ob der eisenhaltige Ton Kalk enthält. Unter 2% ist das Eisenoxid nicht zu merken. Darüber bekommt man keinen weißen Scherben mehr. Das Eisenoxid führt zu den ersten Schmelzen, die das Scherbenglas bilden. Das liegt daran, dass die beim Zerfall der Tonminerale bei 500 Grad freiwerdende reaktionsfreudige Kieselsäure nur die Eisenverunreinigung findet, um mit ihr eine Schmelze zu bilden. Infolge der frühen Scherbenglasbildung kann man aus roten Tonen schon bei 1000 Grad einen hellklingenden Scherben erhalten. Ein roter Ton verträgt auch Temperaturunterschiede im Ofen besser als ein eisenfreier Ton, weil das Eisen die Wärme schnell leitet, so dass Temperaturunterschiede in der Masse schnell ausgeglichen werden.

CaO, der Kalk, beteiligt sich ebenfalls an der Bildung des Scherbenglases, sobald er bei 900 Grad sein Kohlendioxid abgegeben hat. Er geht mit der Kieselsäure eine Verbindung ein, die Wollastonit heißt und eine große Wärmeausdehnung besitzt. Deshalb sollen Rakumassen keinen oder sehr wenig Kalk besitzen. Sonst würden sie den Temperaturschock nicht aushalten. Hingegen ist der Kalk gut für eine niedrig gebrannte Keramik, deren Glasur nicht reißen, sondern dicht schließen soll. Niedrig schmelzende Glasuren haben nämlich eine hohe Wärmeausdehnung und erfordern einen Scherben, der ebenfalls eine hohe Wärmeausdehnung besitzt. Beim Steinzeug und Porzellan vermeidet man hingegen den Kalk, weil er den Sinterbereich verengt, d.h.bei diesen hohen Temperaturen leicht zu Deformationen im Brand führt. Es sei denn, man brennt im Schnellbrandverfahren; dann verwendet man Kalkfeldspat (Anorthit) in der Masse.

MgO, die Magnesia, ist das am stärksten wirkende Flussmittel in Massen. 1% MgO wirkt genauso stark als Flussmittel wie 1,4% CaO oder 1,55% Na_2O oder 2% Fe_2O_3 oder 2,35% K_2O. Sie fördert das Dichtsintern schon bei einer relativ niedrigen Temperatur. Deshalb ist sie für frühsinternde Massen gut. Viel MgO verbessert die Temperaturwechselbeständigkeit, wenn die Masse über 1260 Grad gebrannt wird.

Na_2O, das Natriumoxid, stammt zumeist vom Natronfeldspat-Gehalt des Tones. Viel Natriumoxid führt zu früher Dichsinterung des Scherbens, wie überhaupt ein hoher Gehalt an Flussmitteln in der chemischen Analyse eine frühsinternde Masse anzeigt. Zu den Flussmitteln gehören Fe_2O_3, CaO, MgO, Na_2O und K_2O,

K_2O, das Kaliumoxid, stammt zumeist aus dem Kalifeldspat, aber auch aus dem Tonmineral Illit, das für Terra sigillata günstig ist. Es ist ein willkommenes Flussmittel, weil es zu einem breiten Sinterintervall beiträgt, d.h. die feldspathaltige Masse verträgt Temperaturunterschiede beim Brennen gut, ohne zu früh zu deformieren. Der reinste Kalifeldspat allein hätte nur 16,9% K_2O, das heißt, dass dieser Wert in Massen niemals erreicht wird, denn sie bestehen nur zu einem geringen Teil aus Feldspat. Die Flussmittelwirkung des Kaliumoxids hängt auch vom Anteil der Tonerde ab. Ein als frühsinternd bezeichneter Ton hat mehr als 3% K_2O.

GV, der Glühverlust, kommt von den Bestandteilen, die beim Brennen entweichen. Das ist zunächst das Kristallwasser aus den Tonmineralen, d.h. dass ein hoher Glühverlust auf einen plastischen Ton hinweist. Würde die Masse nur aus dem Tonmineral Kaolinit bestehen, so würde der Glühverlust 14% betragen. Ferner entweicht das CO_2 aus den Karbonaten, die CaO und MgO in die Masse bringen. Auch organische Stoffe wie Humus können im Glühverlust enthalten sein.

Der *Schamottegehalt* macht die Masse weniger empfindlich gegen Formgebungs-, Trocknungs- und Brennfehler. Je plastischer eine Masse ist, desto mehr Schamotte kann sie binden. Mit zunehmendem Schamottegehalt wird die Masse magerer, ihre Trockenschwindung wird geringer und ebenso ihre Trockenbiegefestigkeit. Im Brand und beim Abkühlen kann sie Temperaturdifferenzen besser vertragen. Je gröber die Schamotte, desto weniger Wasser muss man der Masse zugeben, damit sie plastisch wird, und desto geringer ist deshalb auch die Trockenschwindung. Beim Brennen integrieren sich die Schamottekörner in den Scherben. Dieser schwindet umso weniger, je gröber die Schamotte ist.

Wie bewertet man den *Wärmeausdehnungskoeffizienten* (WAK)?
Er wird durch Messung mit einem Dilatometer ermittelt. Je geringer sein Wert ist, desto besser verträgt die Masse Temperaturunterschiede. Der WAK ist für verschiedene Brenntemperaturen und auch in verschiedenen dilatometrischen Messbereichen unterschiedlich. Der Messbereich kann von 20 Grad bis 400, bis 500 oder bis 600 Grad reichen und nimmt auf die Glasur Rücksicht. Der WAK ist nämlich dann von besonderem Interesse, wenn die Glasur beim Abkühlen zu einem festen Körper geworden ist. Der Übergang zum festen Körper findet beim Abkühlen im Transformations-

bereich der Glasur statt. Die Transformation kann beim Abkühlen schon bei 600 Grad vor sich gehen oder erst bei 400 Grad. Ist es eine schwerschmelzbare Glasur, so kann man annehmen, dass sie bereits bei 600 Grad fest wird, eine leichtschmelzbare erst bei 400 Grad. Im Computerprogramm ist jeweils die Transformationstemperatur in der Viskositätskurve einer Glasur angegeben. Die WAK-Angaben im Massedatenblatt lassen ungefähr auf die Gefahr der Haarrissbildung bei niedrigschmelzenden Glasuren (wenn die flussmittelreiche Glasur einen höheren WAK-Wert besitzt als der Scherben) oder auf das Abplatzen der Glasur bei höherer Temperatur schließen (wenn der Scherben einen höheren Wert aufweist als die flussmittelarme Glasur). Die WAK-Werte der gebrannten Masse steigen mit der Temperatur an und fallen dann wieder. Das liegt am Scherbenglas. Bei 1000 Grad ist noch wenig davon vorhanden, bis 1200 Grad vermehrt es sich, und zwar als ein Glas, das vor allem durch Alkalioxide gebildet wird und eine hohe Wärmeausdehnung besitzt. Bei höherer Temperatur löst dieses Scherbenglas Quarzkörner in sich auf und wird dadurch quarzreicher mit einer geringeren Wärmedehnung.

Was besagen die *Schwindungswerte*? Die Schwindungen beim Trocknen und Brennen gehen nur einmal vor sich, während die Wärmeausdehnung reversibel ist, d.h. bei jedesmaligem Erhitzen und Abkühlen erfolgt. Eine hohe Trockenschwindung weist auf eine plastische Masse hin, eine hohe Brennschwindung auf eine stark sinternde Masse. Ein Ton mit weniger als 4% Trockenschwindung wird als mager bezeichnet, mit über 7% als fett. Ein Ton mit 5,5-6% Brennschwindung gilt als dicht.

Der *Anmachwassergehalt* ist umso höher, je plastischer die Masse (d.h. feinkörniger) ist. Sie braucht dann länger zum Trocknen und schwindet dabei stärker. Ein hoher Wasserverlust beim Trocknen kann zu Spannungen führen, wenn die Trocknung einseitig vor sich geht. Trocknungsempfindliche Gegenstände müssen öfter gewendet werden. Die Trocknung soll langsam erfolgen, damit der Wassertransport in den Kapillaren nicht abreißt.

Die *Trockenbiegefestigkeit* ist umso höher, je plastischer die Masse ist. Die Teilchen sind näher aneinandergerückt und die Trockenschwindung demnach umso größer. Eine Ausnahme bildet der mit Zellulosefasern versetzte Paperclay.

Die *Wasseraufnahme* gibt die Dichte des Scherbens nach dem Brennen bei verschiedenen Temperaturen an. Je geringer die Wasseraufnahme ist, desto dichter ist der Scherben. Ein als frühsinternd bezeichneter Scherben besitzt schon bei 1100 Grad eine geringe Wasseraufnahme von etwa 2%, ein spätsinternder erst bei 1300 Grad. Die Wasseraufnahme muss man nach dem beabsichtigten Zweck beurteilen: Ein Scherben gilt schon als frostsicher, wenn er nicht mehr als 6% Wasseraufnahme besitzt (z.B. ein Klinkerton). Für Geschirr soll die Wasseraufnahme nur 1,8% betragen, für Schnapsflaschen und Duftlampen, Springbrunnen nur 1,5%. Außerdem ist ein dicker Scherben eher dicht als ein dünner, weil bei ihm die Poren nicht durchgehen.

Die *Brennfarbe* ist bei weißbrennenden Massen bei niedrigerer Brenntemperatur, solange der Scherben noch porös ist, weißer als bei hoher. Das gilt auch für Porzellanmassen. Bei rotbrennenden Massen ist das Rot bei 900 Grad am intensivsten und umso intensiver, je weniger Kalk vorhanden ist. Farbige Massen sind zumeist mit Eisenoxid gefärbt und mit verschiedenen Zusätzen von Kalk und Titandioxid nuanciert. Schwarze Massen sind nicht mehr mit Braunstein gefärbt, weil dieser als gesundheitsschädlich gilt. Mangantone werden aus diesem Grund auch nicht mehr abgebaut. Jetzt erhält man schwarze Massen mit dem unschädlichen Manganspinell ($MnO_2 \cdot 2MnO$)

BAKTERIEN IM TON

Die allgegenwärtigen Mikroorganismen verbessern die Plastizität und Trockenfestigkeit von Kaolin, wenn man ihn längere Zeit in einer Harnstofflösung lagert. Ein derartiges Mauken in Jauche könnte der Grund dafür gewesen sein, dass die Chinesen in der Tangzeit ein Eierschalenporzellan drehen konnten.

Die Sporen des Schimmelpilzes Aspergillus niger bilden im Ton einen schwarzen Schimmelbelag, dem aber keine entscheidende Bedeutung bei der biologisch bedingten Veränderung der Eigenschaften der plastischen Massen zukommt. Dafür sind vielmehr das Hyphengeflecht (die Pilzfäden) und die Stoffwechselprodukte des Pilzes verantwortlich. Er produziert bei genügendem Nährstoffangebot (zum Beispiel von Glucose) organische Säuren wie Oxal- oder Zitronensäure. Diese schwachen Säuren vermögen silikatische Minerale anzulösen und damit die Korngrößen der Teilchen zu verändern. Durch das Hyphengeflecht des Pilzes, das zu wenigstens 80% aus Wasser besteht, wird das Wasserbindevermögen des Tones erhöht und der Zusammenhalt der Mineralpartikelchen verbessert, ohne ihre Verschiebbarkeit (die Ursache der Plastizität) zu beeinträchtigen. Der Zusammenhalt kann dazu beitragen, dass Risse verhindert werden. Die biologischen Wirkungen sind komplex. Wären sie das nicht, so könnte man auch daran denken, den Tonen nicht erst Mikroorganismen einzuimpfen, sondern gleich deren Stoffwechselprodukte, wie man es zum Beispiel mit Zitronensäure oder Vitamin C vorgeschlagen hat. Solche Versuche ergaben aber nur wenig ermutigende Resultate. Die weiteren Auswirkungen der Mikroorganismen sind überwiegend günstig. Beim Trocknen bleiben die Hyphenkanäle zum großen Teil erhalten. Schwindung und Festigkeit werden auch nach dem Brennen positiv beeinflusst.

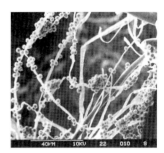

Mit Sporen übersäte Pilzhyphen des *Aspergillus niger.*

Ein sporentragender Fruchtkörper.

Bruchfläche eines getrockneten Tonminerals mit „Rinne", die ursprünglich von einer Pilzhyphe durchzogen war.

Die rasterelektronenmikroskopischen Aufnahmen wurden an der Universität Erlangen-Nürnberg durchgeführt.

DIE ETRUSKER ROCHEN DEN GUTEN TON

Graue Kolonie (*streptomyces griseus*) mit Guttations-tropfen.

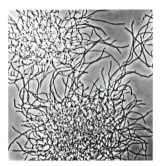

Die Zellfäden der Strepto-myceten sind 1 mm dick.

Der Geruch des Tones ist vielleicht bei den alten Töpfern ein Qualitätsmerkmal gewesen. „Buchero", wie die Etrusker ihre Keramik nannten, soll „duftend" bedeuten. Das Wort erinnert an unsere Bezeichnung Bouquet, die wir beim Wein gebrauchen. Untersuchungen ergaben, dass der typische Tongeruch durch eine Mischung der flüchtigen Ausscheidungen von fadenförmig wachsenden Bakterien entsteht, also tatsächlich ein Bouquet darstellt.

Auch die Inder haben sich für den Tongeruch interessiert und festgestellt, dass er etwas mit dem Regen zu tun hat, ob er nämlich auf trockenen oder nassen Boden fällt. Zuerst entwickelt sich „Petrichor", abgeleitet vom griechischen Wort für „Steinessenz". Es bezeichnet den Geruch von trockenem Ton, auf den der Regen fällt. Später, wenn der Boden schon morastig ist, riecht er nach „Geosmin". Das ist der richtige Erdgeruch. In der Nähe von Lucknow, südlich der nepalesischen Grenze, soll es eine kleine Industrie geben, die sich auf den Geruch indischen Regens spezialisiert hat. In den Monaten vor dem Monsun, im Mai und Juni, werden Tonscheiben ausgelegt, um die Luftfeuchtigkeit aufzufangen. Der Duft wird dann durch Destillation aus den Scheiben gewonnen, in Flaschen abgefüllt und unter dem Namen „Matti ka attar" verkauft. Das bedeutet „Parfüm der Erde".

Um der Frage nachzugehen, ob der Tongeruch ein Qualitätskennzeichen sein könnte, wurden an der TU-Berlin verschiedenerlei Tone, hochplastische und magere, untersucht. Bei den plastischeren Tonen war der Anteil an Streptomyceten wesentlich höher (40 gegenüber 10%).

Streptomyceten (die Hauptlieferanten von Antibiotika) kommen im Boden vor, wo sie vor allem schwer abbaubare Humuskomponenten verwerten. Obwohl

Die verschiedenen Streptomyces-Arten bilden kleine, etwa 5mm grosse Kolonien.

Die Strukturformel des Geosmins ($C_{12}H_{22}O$) aus den Streptomyceten ist:

sie zu den Bakterien gehören, bilden sie wie die echten Pilze reich verzweigte Fadengeflechte (Mycelien). In den fetten Tonproben konnten mehrere Streptomycesarten festgestellt werden. Sie bildeten graue, weiße, gelbliche und bläuliche Polster, entsprechend den verschiedenen Arten der Gattung Streptomyces. Bei einigen waren auch ausgeschiedene Flüssigkeitstropfen zu erkennen. Das Bakterium *Streptomyces griseus* bildet übrigens auch das Antibiotikum Streptomycin. Das flüchtige Stoffwechselprodukt dieser Bakterien ist ein ätherisches Öl, das wegen des Erdgeruchs *Geosmin* heisst. Es gehört zu den Terpenen, die auch viele Duftstoffe der Gewürzkräuter ausmachen. Da sich besonders in fetten Tonen, die höhere Gehalte an Humusstoffen aufweisen, vermehrt Streptomyceten entwickeln, bietet sich die Annahme eines Zusammenhanges zwischen Tongeruch und Tonqualität an.

Aufnahmen am Institut für Biochemie an der Technischen Universität Berlin.

ERDEESSEN

Die Tonminerale, die die Tone plastisch machen, besitzen eine so feine Körnung, dass man sie erst als Minerale erkannte, nachdem das Elektronenmikroskop erfunden war. Vorher sprach man von „Tonsubstanz". Infolge ihrer Feinheit können diese Minerale Gifte an sich binden. Solche Heilerden werden zu medizinischen Zwecken verwendet, aber die Tone werden auch aus anderen Gründen gegessen; aus Hunger oder zur Bekräftigung von Schwüren, wenn man die Mutter Erde zum Zeugen aufruft. Diese Formen des Erdeessens sind in Afrika und Ozeanien verbreitet. Als die afrikanischen Sklaven in Amerika auf den Markt kamen, achteten die Sklavenhändler auf Kennzeichen des Wundstarrkrampfes, der sich als Maulsperre oder Genickstarre zu erkennen gibt. Denn zu den Streptomyceten, die im Ton vorhanden sind, gehören auch die Aktinomyceten, also die Erreger des Wundstarrkrampfes. Man war deshalb schon in der Antike sehr darauf bedacht, die therapeutischen Erden aus größeren Tiefen zu gewinnen, wo sie fast oder ganz steril zu sein pflegen. Andererseits wurden die Erden aus dem genannten Grund oft durch Hitze sterilisiert.

Die neuen Möglichkeiten, Stoffe zu analysieren, haben zur Feststellung geführt, dass das Tonmineral Kaolinit in verschwindend geringen Mengen Dioxin enthält. Die meisten geschichtlichen Zeugnisse des Erdeessens, der Geophagie, stammen aus dem griechischen Kulturraum der Antike. So war schon zu Zeiten Homers die lemnische Erde wegen ihrer antitoxischen Wirkung berühmt, und sie hat ihren Ruf bis heute behalten. Sicher hatte diese Berühmtheit auch kultische Beziehungen. Bei dem Hügel des Dorfes Waros auf der Insel Lemnos, wo die Erde gegraben wurde, brannte einst ein durch ausströmende Erdgase unterhaltenes Feuer, das den Ort zu ei-

Literatur

Herbert Krauß, Professor für Naturmedizin an der Humboldt-Universität Berlin.

Bengt Anell und Sture Lagercrantz: „Geophagical Customs." Upsala 1958.

J. Schomburg: „Produkthaftung und Anwendung von Tonmineral-Rohstoffen mit erhöhtem Dioxingehalt." Keramische Zeitschrift 51 (1999) Nr.12, S.1076-1077. Dort auch weitere Literaturhinweise.

ner Kultstätte für Hephaistos, den Gott des Feuers und der Künste, werden ließ. Über die lemnische Erde erfahren wir Näheres durch Galen (geb. 129 n. Chr.), den wohl berühmtesten Arzt seiner Zeit. Er besuchte die Insel, um die Gewinnung der Erde näher kennen zu lernen. Die lemnische Erde wurde in unterirdischen Gängen gegraben und durch Schlämmen von groben Teilen befreit. Im halbtrockenen Zustand mischte man in einem bestimmten Mengenverhältnis Ziegenblut darunter. Zu kleinen Pillen gepresst, wurde die Erde schließlich mit einem Stempel, dem Bild einer Ziege, versehen. Aus dieser Zeit stammt der Begriff „Siegelerde".

„Da er solches gesaget, spützte er auf die Erde, und machte einen Kot aus dem Speichel, und schmierte den Kot auf des Blinden Augen, und sprach zu ihm: Gehe hin zu dem Teich Siloah, (das ist verdolmetscht: gesandt) und wasche dich. Da ging er hin und wusch sich, und kam sehend. (Ev. Johannis 9,6 und 7).

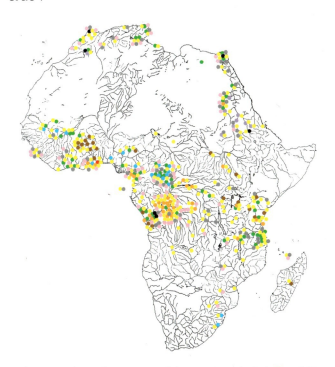

Verbreitung des Erdeessens in Afrika aus Gewohnheit ● und Hunger (vor allem bei Kindern ●), als Medizin bei parasitären Erkrankungen ●, bei Syphilis ● und Durchfall ●, in der Schwangerschaft ●, aus religiösen Gründen: Erde aus einem Heiligtum ● oder Grab ● bei Schwüren, Erde vom Grab eines Heiligen oder Ahnherrn als Medizin, Erde von einem Heiligtum ● oder Grab ● als Medizin. Nach Anell u. Lagercrantz.

Verbreitung des Erdeessens in Indonesien und Ozeanien aus Hunger●, als Naschwerk●, als Medizin● und bei der Anrufung der Mutter Erde bei Schwüren●. Nach Anell u. Lagercrantz.

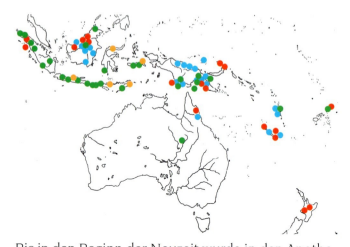

Eine schöne, braune Glasur aus Luvos Heilerde für 1220°C bekommt man aus dem Versatz: 23,6 Luvos Heilerde, 14,6 Kalifeldspat, 20,9 Dolomit, 1,0 Kalkspat, 2,2 Manganoxid, 7,1 Eisenoxid, 1,0 Titandioxid, 19,5 Kaolin, 10,1 Quarz.

Bis in den Beginn der Neuzeit wurde in den Apotheken „Terra sigillata" als wertvolles Heilmittel gehandelt. Galen schrieb der lemnischen Erde eine austrocknende Wirkung zu und wandte diese vor allem bei chronisch entzündlichen Schwellungen an. Als er von Kaiser Marc Aurel in dessen Heerlager Aquileja gerufen wurde, versah er sich zuvor mit 20.000 Pillen lemnischer Erde. Es gelang ihm damit, den Kaiser von einem Magenleiden zu befreien. Als später die Insel Lemnos türkischer Besitz wurde, übernahmen die neuen Herrscher auch die Gewinnung und den Vertrieb der lemnischen Erde. Nach einem festgelegten Ritual wurde einmal im Jahr, am 6. August, im Beisein türkischer und griechischer Geistlichkeit die Erde gegraben. Diese gab es damals in den Apotheken des Orients zu kaufen, und sie galt unter den Diplomaten der Länder als besonders wertvolles Gastgeschenk. Im Mittelalter gaben die großen Seuchen, insbesondere Pest und Cholera, Anlass zur Verbreitung der Heilerden. Dazu brachte die sich entwickelnde Alchimie mit ihren besonderen Interessen für Steine und Mineralien Anregungen auf diesem Gebiet. Im 17. und 18. Jahrhundert gab es in Deutschland viele genutzte therapeutische Erden. Namentlich im Erzgebirge wurde das zwischen Erzgängen anstehende „Steinmark" hierfür genutzt.

STEINE UND GESTEINE

Was wir als steinhart ansehen, sind Steine. Das können monomineralische Steine sein wie der Kieselstein, der nur aus Quarz besteht, oder Mineralgemenge, die eigentlichen Gesteine. Sie sind aus gesteinsbildenden Mineralen zusammengestetzt. Die Gesteine sind gegenüber den Mineralen immer „verunreinigt", und zwar je nach Lagerstätte verschieden, während Minerale überall in der Welt dieselbe chemische Zusammensetzung besitzen. Tone sind Sedimentgesteine; sie haben ihre „Lagen", wie der Wein. Sie enthalten zwar immer Tonminerale, sind aber als Mineralgemenge mit Sand und anderen Mineralen wie Feldspat, Kalkstein, Eisenmineralen verunreinigt. Man kann deshalb von Verunreinigung sprechen, weil sie die Bildsamkeit verringern. Nur die Tonminerale allein sind bildsam.

Sand läßt sich leicht erkennen und überall finden. Auch in den Dolomiten weiß man, dass man auf Dolomitgestein wandert. Aber bei Feldspat und vielen anderen Gesteinen ist man sich nicht sicher, was man vor sich hat. Da gibt es eine Landkarte: „Gebiete mit oberflächennahen mineralischen Rohstoffen", auf der man sieht, wo es umfangreichere Vorkommen gibt, die in Steinbrüchen oder Tongruben ausgebeutet werden, und wo so kleine Mengen vorkommen, dass sich die industrielle Gewinnung nicht lohnt. Auf dieser Karte erkennt man auch, wo sich früher Töpfer angesiedelt haben, die ihren Ton in der Nähe stachen. Zumeist sind solche Vorkommen verlassen, und die kleinen Gruben liegen ungenutzt offen zu Tage.

Eingriffe in die Natur und Landschaft sind nicht gestattet. Den Naturschutz regelt ein Gesetz von 1935 sowie Landesverordnungen. Wer aber einen Stein aufhebt, um damit zu experimentieren, wird kaum Anstoß erregen.

Feuersteine, mit denen man Feuer machte und aus denen scharfe Waffen geschlagen wurden, kennt man als knollige, manchmal durchlöcherte und in dieser Form glückbringende Steine, die aus feinkristallinem Quarz (Chalcedon) und wasserhaltiger Kieselsäure (Opal) bestehen, beim Verwittern aus der Oberfläche Wasser verlieren und weiß werden. Als „Flint" sind sie als Kieselsäure-Rohstoff bekannt. Der Opal stammt aus Kieselpanzern von Diatomeenalgen. Auf dem abgebildeten Feuerstein sind zwei eingeschlossene „fiederige" Diatomeen (Kieselalgen) zu sehen. Feuersteine findet man oft angehäuft an bestimmten Stellen. Diese Steinhaufen sind auf einen alten arkadischen Mythos zurückzuführen. Danach wurde der griechische Gott Hermes (= „der vom Steinhaufen") als Sohn des Zeus in einer Höhle des Berges Kyllene geboren. Steinhaufen am Wege waren ihm heilig. Nach einer alten, nicht nur griechischen Sitte entstehen die Steinhaufen dadurch, dass jeder Vorübergehende einen Stein darauf wirft. Diese heidnische Sitte hat sich bis in unsere Tage bei christlichen Wallfahrern erhalten.

Ausschnitt aus der Landkarte: „Gebiete mit oberflächennahen mineralischen Rohstoffen" 1:200 000 vom Internationalen Landkartenhaus Geocenter, 70508 Stuttgart.

Vom Fichtelgebirge bis hinab nach Regensburg gibt es alles, was man zu einer Steinzeugglasur braucht. Man kann sie nach der 4-3-2-1-Faustregel zusammensetzen aus: 4 Feldspat, 3 Quarz, 2 Kalk und 1 Kaolin.

Auf der Karte sind die Tone und Kaoline rot (T, KaO, Be), die Feldspäte violett (Fs, FsS), die Kalke hellblau(K, Do), die Sande gelb bis orange (KS, Qu). ÖS ist Ölschiefer, N Naturstein, BK Braunkohle.

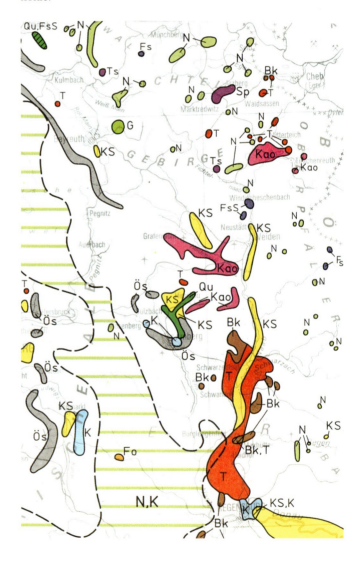

Was kann man mit einem solchen Stein anfangen? Man kann ihn zerkleinern, dem Ton zusetzen oder eine Glasur daraus machen. Anstatt ihn mit einem Hammer zu zertrümmern, erhitzt man ihn im Schrühbrand mit, nimmt ihn bei etwa 1000 Grad mit einer Zange aus dem Ofen (dem Ofen schadet es nicht, wenn er bei dieser Temperatur kurz geöffnet wird) und schreckt ihn in kaltem Wasser ab. Das Zerkleinern durch Erhitzen nennt man Dekrepitieren. Der Stein zerfällt, weil seine Mineralbestandteile verschiedene Wärmeausdehnungen besitzen. Einige dehnen sich stärker aus als andere, und so wird das Gefüge gelockert. Andere zerfallen zu Pulver, wenn ein großer Teil sich aus ihnen verflüchtigt, wie Kalkgestein oder Dolomit oder Muscheln, aus denen das Kohlendioxid beim Brennen austritt. Japanische Töpfer füllen Muscheln mit Ton und legen sie unter die Keramik als Brennstützen. Der Ton brennt hart, während die Muschel zerfällt und als Pulver das Verkleben mit dem Boden der Keramik verhindert. Kennt man die chemische Analyse des Gesteins, so kann man daraus eine Glasur machen.

DAS GLASIEREN VON STEINEN

Granite und Karbonatgesteine (Kalkstein, Marmor, Travertin, Dolomit, Magnesit) zerfallen schon bei 800 Grad und erfordern Glasuren, die möglichst weit darunter schmelzen. Feuerstein besteht aus Chalcedon und Opal, der wasserhaltig ist und durch Verwitterung (Wasserverlust) eine weiße Schicht bildet. Wenn er gebrannt wird, setzt sich diese Verwitterung (Pulversisierung) ins Innere fort. Die weiße Oberflächenschicht kann sich mit einem Flussmittel, z.B. Borax, zu einer Glasur verbinden. Sandstein verhält sich wie ein sandiger, geschrühter Ton und lässt sich, wie auch Kieselstein und die Basalte, gut glasieren. Die Schmelztemperaturen dieser Glasuren können sogar bis 1000°C gehen.

Glasierter Marmor mit einer Glasur bei 700°C, die sich für alle Gesteine eignet. Sie besteht aus 74,6% Bleimennige 21,7% Borsäure 3,7% Quarzmehl +3,0% Lithiumkarbonat +3,0% Kobaltoxid für Blau, Kupferoxid für Türkis, Chromoxid für Spinatgrün, 5% Eisenoxid für Braun, 0,5% Manganoxid für Fliederfarbe, 8% Manganoxid für Schokoladenbraun oder 6-10% Farbkörper für alle möglichen Farben. Gustav Weiß, 1999.

FEUERZAUBER

Hephaistos, der Gott des
Feuers, des Handwerks und
der Künste, auf einem
„Pelike" genannten Typ eines
Vorratsgefäßes, in Athen um
435/430 v.Chr. hergestellt.
Die dem Kleophonmaler
zugeschriebene rotfigurige
Malerei zeigt den hinkenden
Hephaistos beim Einzug in
den Olymp. Das Schicksal
des Hephaistos ist das der
Keramikkunst. Der hinkende
Gott hat das homerische
Gelächter der Götter des
Olymp (heute wären das die
Juroren der „großen" Künste)
hervorgerufen, aber dann
wurde er doch in den Olymp
geholt. Schließlich war er ein
Sohn des Zeus und der
Hera. Die Eltern hatten ihn
aus dem Himmel gestoßen,
weil er lahmte. Er war mit
Aphrodite, der Göttin der
Schönheit, verheiratet. Aber
sie betrog ihn mit dem
unmoralischen Raufbold
Ares. Hephaistos fesselte
beide in einem Netz und
setzte sie dem Gespött der
Götter aus.
(Münchner Museum antiker
Kleinkunst.)

Die Beherrschung des Feuers war nicht nur eine technische Errungenschaft, sondern auch eine kulturstiftende Leistung. Mit dem Feuer begann die bewusste Lenkung vieler Lebensvorgänge, ja vielleicht sogar die geistige Bewältigung der Welt, ursprünglich ein Privileg der Götter. Im Feuer ist Ideelles und Materielles vereinigt.

Die Naturwissenschaft tat sich schwer, das Feuer zu erklären. Umso mehr behielt das magische Bezugsdenken seine Bedeutung. In der Praxis stand die Kraft des Feuers als Energie der Vorstellung von dem Element Feuer gegenüber, die sich hartnäckig bis heute erhalten hat. Der Künstler im Keramiker übernimmt gern die alchimistische Interpretation, obgleich der Techniker in ihm weiß, dass sein Ofen nach nüchternen wärmetechnischen Regeln berechnet werden muss.

Die Geschichte der Erforschung des Feuers ist ein langsames Sich-Entfernen von mythischen Vorstellungen, in denen das Feuer neben Erde, Wasser und Luft zu den Elementen gehörte. Ursprünglich verstand man unter den Elementen die einfachsten Bestandteile, durch deren Zusammenfügen oder Trennen Werden und Vergehen bedingt sind. Empedokles (490-430 v.Chr.), von dem es heißt, er habe sich in den feurigen Ätna gestürzt, vertrat die Ansicht, es gebe kein Entstehen und Vergehen, sondern nur Mischung und Entmischung der vier Elemente Feuer, Wasser, Erde, Luft, und in allen Vorgängen seien Liebe und Hass als die beiden Urkräfte wirksam. Die Alchimisten fußten auf diesen Vorstellungen, und die Religionen verbanden die Elemente mit Dämonen. Paracelsus (1493-1541), der sonst für die Erforschung der Natur eintrat, unterschied die vier Elementargeister: Salamander im Feuer, Gnomen in der Erde, Undinen im Wasser und Sylphen in der

Luft. Es heißt, dass die Sitte, in der Kirche Kerzen anzuzünden oder Lichter auf die Gräber zu stellen, daher stamme, dass man böse Dämonen vertreiben wollte.

Die Kulturgeschichte beginnt meist mit dem Raub des Feuers, was darauf hindeutet, dass es nicht überall selbstständig entdeckt und gezähmt wurde. Das Erzeugen von Feuer durch Reibung eines geraden Holzes im Loch eines anderen Holzes oder – in Ozeanien – das Hin und Herreiben in einer Querkerbe wird von manchen Forschern als etwas Ur-Erotisches gedeutet. Und Sigmund Freud sprach vom unterbewußten Urinieren ins Feuer als einem Symbol der Beherrschung.

Der keramische Brand ist geradezu eine Verwirklichung der mythischen Vorstellung vom „Weltenbrand" (bei den Germanen "Ragnarök"), in dem sich eine Verwandlung vollzieht und aus dem die Welt neu geboren hervorgeht. Aus der Asche entsteht der mythische Vogel Phönix, der das ewige Leben verkörpert – man könnte auch sagen, die dauernd überlebende, gebrannte Keramik.

Das Feuer ist das Gericht, das darüber entscheidet, ob die Arbeit gut war. Im Feuer reinigt sich der Scherben von den flüchtigen Bestandteilen. Der Rauch sei das Exkrement des Feuers, sagten die Alchimisten. Feuer ist auch ein Symbol für geistige Erleuchtung; aus dem brennenden Dornenbusch spricht Gott zu Moses. Zu Pfingsten kommt der heilige Geist in Gestalt feuriger Zungen herab. Die Wissenschaft hat allen diesen phantastischen Bildern nichts ebenbürtig Sinnfälliges entgegenzusetzen. Sie hat sie durch die nüchterne Feststellung, es handle sich um Oxidation, entzaubert, ohne sie aus der Welt schaffen zu können. Was ein einheitliches Element gewesen war, als welches es uns immer noch in seiner Naturgewalt gegenübertritt, zerrieselte der Wissenschaft zwischen den Fingern als Thermodynamik, Thermochemie, kinetische Molekularenergie.

Die Streichhölzer, deren Erfindung man gewöhnlich in das Jahr 1829 datiert, haben ihren frühen Vorläufer bei den Römern, die Feuerstein mit Schwefel bestrichen – eine Art des Feuermachens, die sich bis ins 17. Jahrhundert hielt.

Literatur

Helmut Draxler: „Das brennende Bild". Kunstforum Bd. 87, 1987, S.105.

Die blaue Flamme ist
sauerstoffreich, oxidierend,
und die gelbe sauerstoffarm,
reduzierend. Das blaue Licht
wird vom Kohlenmonoxid
erzeugt, wenn es auf
Sauerstoffatome trifft. Das
gelbe Licht kommt daher,
dass kugelförmige Kohle-
teilchen die Flamme
undurchsichtig machen und
ihr das charakteristische
gelbe Leuchten verleihen.

DIE FLAMMEN

Das Phänomen Feuer bis in seine molekularen Vorgänge hinein zu verstehen, ist uns heute noch nicht
möglich. Feuer ist eine Verbrennung, bei der große,
unregelmäßige Luftströmungen für die Zufuhr der
Verbrennungsluft und den Abtransport der Verbren-
nungsprodukte sorgen. Das Feuer besteht aus Flammen. Es können vorgemischte Flammen sein, wie
beim Gasbrenner, bei dem Gas und Luft vor der Verbrennung gemischt werden, oder Diffusions-
flammen, bei denen, wie bei der Halbgas- oder Pultfeuerung mit Holz, die Komponenten erst in der
Verbrennungszone zusammenkommen.
Holz, aber auch getrockneter Viehdung, sind so kompliziert aufgebaut, dass man ihre Verbrennung wegen ihrer Ungeregeltheit kaum fassen kann. Gas- und
Ölflammen hingegen sind der Erforschung leichter
zugänglich, zumal wenn sie glatt („laminar") strömen
und mit Sauerstoff vorgemischt sind.
Alle brennbaren Stoffe besitzen eine individuelle
Entzündungstemperatur, das heißt, sie müssen entzündet werden. Dabei wird an dem Punkt der Ent-
zündung so viel Wärme frei, dass auch die benach-
barten Regionen auf Entzündungstemperatur gebracht werden. Die Verbrennung ist also eine
Kettenreaktion.
Die Entzündungstemperatur des Propans mit Luft
beträgt 510°C. In keramischen Öfen wird die Flamme in eine Strömung gezwungen. Bei der überschla-
genden Flamme steigt beim Richtungswechsel die
Turbulenz an, und die Wärmeübertragung durch
Konvektion wird größer. Auch bei steigender Geschwindigkeit geht die glatte, laminare Flammen-
strömung in eine turbulente über. Die Teilchen bewegen sich dann nicht nur in der Strömungsrichtung,
sondern auch quer dazu. Je lebhafter die Bewegung
des Gases, desto größer ist die Wärmeübertragung

durch Konvektion. Hochgeschwindigkeitsbrenner (Gebläsebrenner) sind deshalb effektiver als atmosphärische Brenner, und unter diesen ist der Mitteldruckbrenner dem Niederdruckbrenner überlegen. Man kann die Turbulenz der Gasflamme auch durch Prallsteine oder Prallplatten, die schräg über das Brennerloch gestellt werden, vergrößern und erhält dadurch auch eine bessere Wärmeverteilung im Brennraum.

Die Flammenforschung führte zu der Erkenntnis, dass die Moleküle (beim Propan C_3H_8, beim Butan C_4H_{10}) sich in ihre Kohlen- und Wasserstoffatome auflösen und sich mit Sauerstoff zu Kohlendioxid (CO_2) und Wasser (H_2O) verbinden. Aber die Reaktionspartner reagieren nicht unbedingt miteinander, auch wenn sich ihre Wege kreuzen. Die Wahrscheinlichkeit, dass sie reagieren, hängt von der Geschwindigkeit ab, mit der sie aufeinanderprallen – und die Geschwindigkeit entspricht der Temperatur. Somit steigt die Häufigkeit der Reaktionen mit der Temperatur.

Wie die Keime der kugeligen Rußteilchen entstehen, ist noch unklar. Die Rußkügelchen ballen sich zusammen und bilden, indem sie Wasserstoff und Kohlenwasserstoffe abgeben, eine starre Struktur aus, die der Schichtstruktur des Graphits ähnelt. Diese Feststellung ist für den keramischen Schwarzbrand interessant.

Und woher kommen die Farben des Feuers?

Der dunkle Ofen entspricht einem schwarzen Körper, der unsichtbare langwellige Strahlen aussendet. Mit steigender Temperatur wird die Wellenlänge kürzer; Frequenz und Energie der Strahlung steigen an und geraten in den sichtbaren Bereich. Der Ofen beginnt erst rot zu glühen, und mit der ansteigenden Temperatur verschiebt sich seine Farbe allmählich nach dem kurzwelligeren, energiereicheren Gelb und Weiss. Das Himmelblau würde er erreichen, wenn er die Hitze der Sonne hätte, nämlich 5700 Grad.

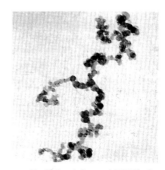

Rußkügelchen, 11000fach.
Foto Stevenson.

Die Farben des Feuers (das Glühen des Ofens) lassen auf die Temperatur schließen:
400 Grad Grauglut
525 Grad beginnende Rotglut
700 Grad Dunkelrotglut
850 Grad Kirschrotglut
950 Grad Hellrotglut
1000 Grad beginnende Gelbglut
1100 Grad Gelbglut
1200 Grad beginnende Weißglut
1300 Grad Weißglut
1500 Grad volle Weißglut.

Auf diesen Strahlungen beruht die Messung mit einem optischen Pyrometer, bei dem ein glühender Draht mit der Glut des Feuers in Einklang gebracht werden muss.

Das Hineinsehen ins Feuer mit ungeschütztem Auge ist schädlich. Feuerschutzgläser entsprechen den Schweißschutzgläsern.

Literatur

William C. Gardiner jr.: „Das chemische Innenleben der Flammen" Spektrum der Wissenschaft, April 1982, S.90-101.

METAMORPHOSE

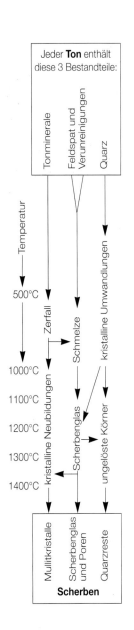

Jeder **Ton** enthält diese 3 Bestandteile:

Tonminerale
Feldspat und Verunreinigungen
Quarz

Temperatur

500°C

Zerfall
Schmelze
kristalline Umwandlungen

1000°C
1100°C
1200°C
1300°C
1400°C

kristalline Neubildungen
Scherbenglas
ungelöste Körner

Mullitkristalle
Scherbenglas und Poren
Quarzreste

Scherben

Die Verwandlung der Rohstoffe, wenn sich aus der Masse im Feuer der Scherben bildet.

Keramiker sprechen gern von Metamorphose und meinen damit eigentlich nur jene Verwandlungen, die im Feuer vor sich gehen. Diese erfahrenen Verwandlungen verführen zum Sinnen über das Sein.

Väter der Metamorphosen sind die Mythen, in denen Menschen in Tiere oder Pflanzen verwandelt werden; dann auch der Grieche Nikandros, dessen inzwischen verlorenen Gedichte „Metamorphosen" aus dem 2.Jahrhundert v.Chr. auf den Römer Ovid mit seinen Verwandlungsgeschichten „Metamorphosen" von der Erschaffung der Welt bis Augustus einwirkte, die jeder Lateinschüler kennt.

Und in der Keramik, was verwandelt sich da überhaupt im Feuer? Von den drei Grundstoffen Quarz, Tonminerale und Feldspat reagieren beim Erhitzen: der Quarz mit Umwandlung, die Tonminerale mit Zerfall und Neubildung, die Feldspäte mit Schmelzen. Das sind die Metamorphosen, die sich in jeglicher Keramik vollziehen. Sie entsprechen im Prinzip den Verwandlungen metamorpher Gesteine, wenn sie unter Druck- und Temperaturbedingungen geraten. Viele wollen aber unter Metamorphose lieber mythologisch das Entstehen neuen Lebens aus der Zerstörung verstehen, wie bei der von den Assyrern als heilig verehrten Phönixpalme, die aus ihrer Asche neu entsteht, oder bei dem mythologischen Phönixvogel der Ägypter, der als Sinnbild des durch den Tod sich erneuernden Lebens galt.

Die Vorsilbe „meta", wörtlich „nach", wird als „jenseits" verstanden, wie Metaphysik, das Übersinnliche, jenseits der Erfahrung. Keramik als Verwandlungskunst liegt vor dem Tor zur Metaphysik. Tritt ein, und dein Wirklichkeitsbereich erfährt die Metamorphose zur Unerfahrbarkeit. Aus dem Sein wird Nichts, aus dem Nichts das wahre Sein der letzten Dinge, die reine Vernunft.

HOLZFEUER UND SCHWARZBRAND

Holz war seit Beginn der menschlichen Kultur bis etwa zur Wende des 18. Jahrhunderts der wichtigste Brennstoff. Es ist ein kompliziert aufgebauter Naturstoff, dessen chemische Hauptkomponenten Cellulose (40-50%), Cellulosan (Hemicellulose) und Lignin (etwa 30%) sind. Aus Lignin bildet sich Holzteer, der krebsverdächtige Substanzen enthält.

Glimmender Sägemehlbrand.

Bis zu Temperaturen von 170°C wird hauptsächlich das gebundene Wasser mit geringen Mengen Essigsäure, Ameisensäure, Kohlenmonoxid und Kohlendioxid freigesetzt. Bei 280°C setzt eine exotherme Reaktion ein, was bedeutet, dass spontan mehr Energie frei wird als zur Aufrechterhaltung der Reaktion benötigt wird. Große Mengen an Essigsäure, Methanol, Teer sowie Wasserstoff, Methan und Ethylen werden gebildet. Die exotherme Reaktion ist bei Temperaturen um 380°C beendet. Durch die Erzeugung noch höherer Temperaturen gehen die Ausbeuten an Gas- und Destillatmengen stark zurück. Es werden zum großen Teil nur noch Methan und Kohlenoxide gebildet. Die exotherme Reaktion kann als Kettenreaktion beschrieben werden, bei der Moleküle gespalten und neue durch Kondensation und Polymerisation gebildet werden.

Untersuchungen der Schwarzkeramik alter Kulturen haben gezeigt, dass Furfural, ein ungesättigtes Aldehyd, das ein Pyrolyseprodukt der Cellulose ist, beim Schwarzbrand in den keramischen Scherben diffundieren kann. Das dort absorbierte Furfural wird durch die katalytischen Eigenschaften des Tones (seiner Al- oder Si-Zentren) polymerisiert. Bei höheren Temperaturen kann das Polymerisat zum Teil zu elementarem Kohlenstoff pyrolysiert werden. Man kann also durch Verbrennung von cellulosereichem Material (z.B. Maiskolben) eine besonders schöne Schwarzkeramik erzielen.

Pyrolyse nennt man die thermische Zersetzung vor allem organischer Stoffe bei höheren Temperaturen.

ÖFEN

Aus der Brenngrube mit darübergebautem Gewölbe entstanden die ersten Öfen als sogenannte stehende Öfen. Die Assyrer haben sie verwendet, die Ägypter, die Griechen, die Römer und auch die Chinesen in Nordchina. Man kam aber bald darauf, dass es vorteilhaft sei, die Flamme länger im Brennraum zu halten, dass man sie also nicht einfach aufsteigen und verschwinden lassen sollte. Sie wird zwar durch den Einsatz abgebremst, aber die Wärmeverluste sind doch größer, als wenn man die Flammen waagrecht durch den Ofen ziehen, möglichst sogar absteigen lässt. In der spätrömischen Zeit und auch bei den Slawen und in Südchina waren liegende Öfen in Gebrauch. Die erforderten aber einen Schornstein, der die Flammen durch den Ofen saugte. Die Chinesen hatten herausgefunden, dass ein Schornstein nicht nötig ist, wenn der Ofen mindestens 30 Grad Neigung besitzt. Da fielen zwar immer wieder einige Töpfe um, aber das freute die Töpfer, denn dann hatte die Natur ihre Hand im Spiel.

Neben dieser Unterscheidung zwischen stehenden und liegenden Öfen kann man auch noch vier Konstruktionen unterscheiden, die auf das Brenngut einen unterschiedlichen Einfluss ausüben:

1. Öfen, in denen die Flammen nur durch ihren Auftrieb aufwärts in Bewegung sind.

2. Öfen mit starker Strömung der Flammengase, weil sie vom Schornstein angesaugt werden. Diese Öfen führen die gasförmigen Zerfallsprodukte aus Brenngut und Brennstoff am schnellsten ab und transportieren auch Asche in den Brennraum. Es bildet sich um die Keramik kein Mikroklima, z.B. aus der Verdampfung der färbenden Schwermetalle aus den Glasuren. Diese Holzöfen sollten, obwohl nur

Stehender Ofen. Außenliegende Feuerung. Die Feuergase steigen, ihrem Auftrieb folgend, durch die Tenne und das Brenngut aufwärts. Das ist auch das Prinzip des späteren Schachtofens.

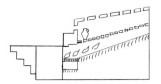

Liegender Ofen. Die Feuergase haben einen längeren Weg und werden dadurch besser ausgenutzt. Sie werden durch den Schornsteinzug durch den Ofen gezogen.

Im Rheinland, wo im Frühmittelalter die Salzglasur erfunden wurde, gab es solche Öfen (hier aus Raeren) mit Lücken im Gewölbe, durch die das Salz eingeworfen wurde. (Nach H. H. Hellebrandt.)

sehr wenig Asche entsteht, einen Rost haben, damit die Verbrennungsluft durch das heiße Rostbett gezogen wird und sich dabei vorwärmt.

3. Öfen mit geringer Strömung der Brenngase. Das sind die Gasöfen, bei denen das Gas in den Ofen durch den Gasdruck hineingedrückt wird. Gasöfen brauchen keinen Schornstein, nur einen Auslass, der verengt werden kann, wenn der Druck im Ofen ansteigen soll, damit man eine Reduktion erreicht. Hoher Druck bedeutet starke Reduktion. Der Brenner soll allerdings ein Mitteldruckbrenner mit 3 bis 12 bar sein. Mit ihm lässt sich der Regelbereich erweitern, und er bekommt auch genügend Luft, so dass es keine Zwangsreduktion gibt.
Dem Gasofen verwandt sind holzbefeuerte Öfen mit Pultfeuerung. Bei ihnen wird das Holz vergast, und das Gas entzündet sich in der Brennkammer, durch die es vom Schornstein gezogen wird. Eine solche Ofenkonstruktion wurde 1880 von Emile Bourry erfunden und vor einigen Jahren am East Sydney Technical College zur Serienreife entwickelt. Daher findet man diese Öfen häufig in Australien.

4. Öfen mit minimaler Strömung. Das sind die Elektroöfen. In ihnen zirkuliert die Brennatmosphäre nur infolge Strahlung von der heißesten Stelle, den Heizdrähten, zu den kälteren Stellen im Zentrum.
Den mit Heizdrähten versehenen Elektroöfen verwandt sind die Mikrowellenherde. In der Mikrowelle Keramik zu brennen, ist nur dann möglich, wenn man hoch wärmedämmende Faserplatten einseitig mit Siliziumkarbid beschichtet, das sich erhitzt und wie eine heiße Wand wirkt. Nicht anders ist es in der handelsüblichen Kapsel für aufzubrennende Abziehbilder (als „Art Box" aus Japan importiert). Ohne diese heiße Wand lässt sich Keramik in der Mikrowelle nur trocknen, denn das Wasser koppelt sich an die Welle an, nicht aber die Keramik.

In diesem Ofen wurde in China (Jin de Zhen) das für den Kaiser bestimmte Porzellan gebrannt.

Mit einem solchen Flaschenofen setzte in England (Stoke on Trent) im 19. Jh. die Industrialisierung ein.

In Japan ist ein solcher mehrkammeriger Brennofen (Noborigma) mit mehrmals auf- und absteigender Flamme verbreitet.

Seltene Ofentypen:

Links: ein senkrecht geteilter Ofen, der sich zu einem Regal öffnet
rechts: eine schräg abgeschnittene Tonne als Rakuofen.

DAS BRENNEN

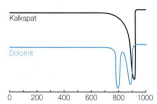

Kalkspat (= Marmormehl, Kreide) und Dolomit zerfallen bei etwa 900°C, wobei sie ihr Kohlendioxid abgeben. Dazu verbrauchen sie Wärme. Die nach unten gehenden Spitzen zeigen eine endotherme (wärmeverbrauchende) Reaktion an. Diese muss im Schrühbrand beendet sein.

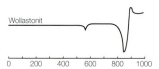

Aus Kalkspat und Quarz entsteht bei etwas über 900°C Wollastonit. Diese Neubildung ist durch eine nach oben gehende Spitze angezeigt. Eine solche Spitze kennzeichnet eine wärmeabgebende (endotherme) Reaktion. Im Scherben muss der Kalk an die Kieselsäure gebunden werden, weil er sonst in einem niedrig gebrannten Steingutscherben als freier Kalk Wasser aufnehmen und sich ausdehnen würde. Man schrüht deshalb das Kalksteingut höher, damit die Wollastonitbildung vollständig ablaufen kann. Die Glasur wird dann bei niedriger Temperatur aufgeschmolzen.

Das Verschrühen bezweckt, 1. den Scherben so zu verfestigen, dass man ihn zum Glasieren gut anfassen kann, 2. aus dem Scherben diejenigen Stoffe zu entfernen, die als Gase entweichen. Die Temperatur liegt bei 900°C, nur bei Kalksteingut bei 1100°C, damit sich der Kalk mit der Kieselsäure verbinden kann. Die geschrühte Keramik muss porös sein, damit sie die Glasur ansaugen kann.

Das Einbrandverfahren verzichtet auf das Verschrühen. Die Keramik wird im lederharten oder im weißtrockenen Zustand glasiert und gebrannt. Für dieses Verfahren ist Paperclay besonders geeignet.

Im Elektroofen ist der Schieber dafür gedacht, die gasförmigen Brennprodukte Wasserdampf und Kohlendioxid durch die Schieberöffnung abzutransportieren. Paperclay muss mit viel Luft gebrannt werden. Seine Abgase sind giftig.

Die Aufheizgeschwindigkeit: Nicht das ganze Wasser im Scherben verdampft bei 100 Grad. Wasserdampf ist die Hauptursache für Brennfehler. Man sollte deshalb vorsichtshalber bis 500 Grad langsam aufheizen.

Das Reduzieren erreicht man am besten, indem man den natürlichen Rhythmus beim Auflegen und Klarbrennen im holzgefeuerten Ofen nachahmt. Man beginnt damit schon bald über 1000 Grad und wechselt halbstündig reduzierende und oxidierende Phasen ab. Dadurch erzielt man eine ins Innere des Scherbens vordringende Reduktion, die unter anderem dazu beiträgt, dass das Eisen seine Flussmittelwirkung im Scherben verstärkt und seinen Sauerstoff, der bei der Umwandlung von Fe_2O_3 in FeO frei wird, schon abgibt, solange er noch entweichen kann. Bei Höchsttemperatur verringert man den Wechsel auf 20 Minuten. Bei manchen Glasuren ist eine Nachoxidation günstig, weil sich dann eine klare Oberflächenschicht bildet, die die optische Tiefe verstärkt.

Beim holzgefeuerten Ofen, in dem gesalzen werden soll, ist ein zu hoher Schornstein für das Reduzieren ungünstig, weil er zu heftig die Luft durch den Ofen zieht. In einigen Töpfereien ist man stolz auf einen hohen Schornstein, bringt aber kein schönes graues Steinzeug zustande.

Im Elektroofen kann man unbeschadet durch Einwerfen von bleistiftstarken Hölzern reduzieren, sollte aber zur Sicherheit nach jedesmaligem Reduzieren mindestens insgesamt 15 Stunden bei 1150°C oxidierend brennen, damit sich die Heizdrähte wieder erholen können.

Man kann auch mit anderen Stoffen reduzieren, die wie das Holz Sauerstoff zu ihrer Verbrennung verbrauchen, also vor allem Propangas, das aber erst über 700 Grad eingeleitet werden soll, damit es gleich verbrennt.

Die Heizdrähte dehnen sich beim Erhitzen aus und ziehen sich beim Abkühlen zusammen. Aus ihrem Inneren diffundiert Aluminium an die Oberfläche, wo es mit Sauerstoff Aluminiumoxid bildet. Beim Reduzieren herrscht Sauerstoffmangel. Der Sauerstoff hat eine höhere Affinität zum Kohlenstoff als zum Aluminium und tritt aus dem Aluminiumoxid zum Kohlenstoff über, der die Reduktionsatmosphäre beherrscht. Während sich aus Kohlenstoff und Sauerstoff das gasförmige Kohlendioxid bildet, bleibt in der Oberfläche der Drähte das Aluminium zurück, das sich mit geringen Spuren Wasserdampf zu Aluminiumhydrat verbinden kann, das bei dieser Temperatur verdampft. Die Folge ist, dass die Oxidationsschicht verschwindet und neu aufgebaut werden muß.

Der Aluminiumvorrat ist nicht unerschöpflich. Er beträgt bei der Legierung Kanthal A1 5,5%. Sinkt er auf 3,5-3,8% ab, ist der Draht unbrauchbar. Man wird gut daran tun, möglichst dicke Drähte zu wählen, weil das größere Volumen mehr Aluminium anbietet.

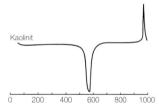

Die Tonminerale, wie hier der Kaolinit, zerfallen bei etwa 500°C, wozu sie Wärme verbrauchen, und bilden nach 1000°C den Mullitkristall. Diese exotherme Reaktion (Kristallisationswärme) wird durch die nach oben gehende Spitze der Kurve angezeigt.

Die Kurven sind Messungsergebnisse der Differenzthermoanalyse, in der die wärmeaufnehmenden und wärmeabgebenden Reaktionen als Kurven angezeigt werden.

Aufgepeitschtes Wasser sieht wie Glas aus. Die Verwandtschaft beider reicht bis ins atomare Netzwerk.

Für den kundigen Keramiker ist es überraschend zu hören, dass Wasser wie die Atome der Kieselsäure (SiO_2) Tetraeder bildet:

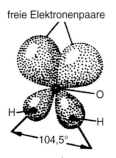

freie Elektronenpaare

Die beiden Wasserstoffatome bilden einen Winkel von 104,5 Grad zum Sauerstoffatom.

„Magisches Wasser" nennt die Amerikanerin Cheri Glaser eine Lösung, die sie an Stelle von Schlicker zum Angarnieren und Zusammenkleben von Teilen verwendet. Sie besteht aus 1 Esslöffel Wasserglas + 1,3g Soda pro Liter Wasser.

DIE UNTERSCHÄTZTE KRAFT

Man ist sich oft nicht dessen bewusst, dass es das Wasser ist, das mit seiner Oberflächenspannung die Kriställchen im Ton und durch seine Kapillarität den Tonballen insgesamt zusammenhält. Die plastische Festigkeit, die beim Trocknen in die Trockenbiegefestigkeit übergeht, spielt beim Drehen insofern eine Rolle, als die Teilchen aneinander haften, wodurch verhindert wird, dass die Masse „fließt". Die Masse muss beim Aufdrehen „stehen" (sie muss, wie es wissenschaftlich heißt, eine hohe „Fließgrenzspannung" haben).

Die Trockenbiegefestigkeit ist ebenfalls eine Folge des Zusammenwirkens von Wasser und feinsten Tonmineralen kolloider Größe (unter 1 Zehntausendstel Millimeter). Sie bilden Gele, die beim Austrocknen zwar wieder rückgängig gemacht werden können, aber als Trockengele sehr fest sind. Je mehr solche feinsten Tonminerale der Ton besitzt, desto plastischer, desto durstiger und desto fester ist er nach dem Trocknen.

Die kolloide Festigkeit des trockenen Tones ist von der Natur eingerichtet worden, um den Ton beim Trocknen nicht zerfallen zu lassen, sondern als Übergang zu dienen, wenn die durch Wasser bewirkte Festigkeit im Feuer in die Scherbenfestigkeit übergehen soll.

Die molekulare Besonderheit des Wassers hat vielfältige Auswirkungen: Dünnste Wasserschichten haften an den Oberflächen von Quarz, allen Oxiden und auch Tonmineralen.

An der Universität Heidelberg hat man festgestellt, dass Wasserschichten an Glasoberflächen erst über 350°C im Vakuum entfernt werden konnten. Das bedeutet, dass der Keramiker bei 100°C noch keineswegs damit rechnen kann, dass sein Produkt wasserfrei ist.

OPTISCHE REIZE DURCH BLASEN

Blasen gibt es im Scherben, wo sie die innere Porosität verursachen. Optische Reize sind dagegen Sache der Glasuren. Freilich spielt dabei auch das Zusammenwirken von Scherben und Glasur eine Rolle.

In Tautropfen eines Spinnennetzes spiegeln sich gelbe Blüten. Foto Skribe.

Die schmelzende Glasur löst die Oberfläche des Scherbens auf, wodurch sich Poren öffnen können, die ihren Inhalt in die Glasur abgeben und Blasen bilden. Diese können in der Zwischenschicht willkommen sein, wenn es sich um eine durchsichtige Glasur handelt, denn dann brechen sich die Lichtstrahlen an den Blasenwänden.

Wie bei einem an der Flaschenwand zur Entspannung gelangenden Mineralwasser oder Sekt, können gewisse Bestandteile des Scherbens, zum Beispiel Pyritkörnchen, eine Entgasung der an Gasen übersättigten Glasur herbeiführen. An diesen Scherben-Verunreinigungen können sich ganze Blasenkolonien bilden.

Auch die in Auflösung begriffenen Quarzkörner bilden eine Anhäufung von Bläschen in der Glasurschmelze. Die kieselsäurereiche Schmelze lässt durch ihre Ausbreitung den Druck auf das in ihr gelöste Gas so stark ansteigen, dass das Gas die Glasstruktur zerreißen und eine neue innere Oberfläche, eine Blase, bilden kann. Der Gasdruck macht die Blasen rund. Sie können sich durch Vereinigung vergrößern. Der Blasenauftrieb nimmt mit dem Quadrat des Radius zu. Deshalb sind oben immer größere Blasen als auf dem Grund.

Die wichtigste Rolle bei der Bildung von Blasen in Glasuren spielt das dreiwertige Eisen, das durch Sauerstoffabspaltung Sauerstoffblasen bildet. Genauso verhalten sich andere Elemente mit mehreren Wertigkeiten, wie zum Beispiel Kobalt, nur dass sie nicht so häufig vorkommen wie das Eisen.

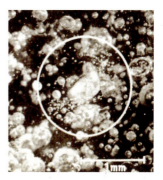

Blasen durch Auflösung von Quarzkörnern in der Glasur.

LEHMWESPEN UND TÖPFERVÖGEL

Die Indianer sollen von den Pillenwespen das Töpfern abgeguckt haben.

LEHMWESPEN

Die Mauerwespe baut ihre Flugröhre in Lehmwände.

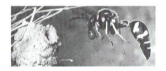

Eine Pillenwespe mit einem Klümpchen Lehm beim Anflug zu dem Lehmtopf, den sie aufgebaut hat.

Die Lehmtöpfe der Pillenwespe sind Vorratsgefäße. Das Ei der Wespe ist an einem Faden über den Raupen aufgehängt.

Alle Wespen, die aus Lehm oder Ton Töpfe bauen, sind Einsiedler, das heißt, sie bilden keine Staaten mit Arbeitsteilung. Alle töpfernden Wespen sind Weibchen, so wie auch bei den Indianern die Frauen das Töpfern besorgen. Die erstaunlichsten Töpferinnen sind die Lehmwespen (*Eumeninae*), eine Unterfamilie der Faltenwespen, die ihre Unterflügel in Ruhestellung der Länge nach falten.

Zu diesen Lehmwespen gehört die Pillenwespe (*Eumenes*), eine wahre Aufbaukünstlerin, die Urnen mit engem Hals und ausladender Lippe aus Lehm oder Ton baut. Diese zierlichen Gefäße bringt sie an Pflanzen oder unter abblätternden Rindenstücken verborgen an, einzeln oder zu zweien oder dreien.

Das Material wird von einer lehmigen Bodenstelle geholt. Da der trockene Lehm zu hart ist, trägt die Töpferin in ihrem Magen Wasser herbei und spuckt es auf den Lehm. Dann kratzt sie die erweichte Masse ab und formt sie zu einer „Pille". Ihre Werkzeuge sind die Vorderbeine, die dazu säbelförmig gekrümmt sind. Die Kiefer arbeiten mit. Das fertige Klümpchen wird zwischen die Vorderbeine genommen und mit dem Kopf abgestützt. So fliegt die Töpferin zu ihrer Arbeitsstelle, wo sie den kleinen Klumpen zu einem schmalen, flachen Streifen auszieht und eine Zone an die andere fügt, bis das Hohlgefäß fertig ist. Es ist für die Wespe ein Vorratsgefäß, in dem sie Larven sammelt. Sie legt ein Ei und heftet es innen oben an die Gefäßwand. Dann schließt sie die Halsöffnung des Gefäßes mit einem Verschlussstein.

Eine andere Lehmwespe, nämlich die Mauerwespe (*Oplomerus*), baut in senkrechte Lehmwände Flugröhren aus Lehm. Sie gewinnt ihn beim Graben ihrer Nistgänge in der Lehmwand, vermischt ihn mit Speichel und setzt die Klümpchen unten an. Manchmal sieht man viele Hundert solcher Flugröhren an einer Lehmwand.

Während die Lehmwespen freistehende Töpfe oder Röhren aufbauen, legt die Töpferwespe ihr Nest im Lehmboden an, denn sie ist eine Grabwespe. Ihr Bau kann bis zu 30 Kammern enthalten.

Der Töpfervogel *Furnarius rufus* ist bis zu 19 cm lang. Sein Gesang gleicht einem hellen, glockenähnlichen Gelächter.

TÖPFERVÖGEL

In den südamerikanischen Tropen leben die Töpfervögel (*Furnaridae*), von denen sechs der 219 Arten wirklich töpfern. Sie tun es das ganze Jahr hindurch außer während der Mauserzeit. Ornithologen berichten, dass der Töpfervogel allein schon durch den Anblick von nassem Lehmboden zum Töpfern gereizt wird. Für ein getöpfertes Nest braucht ein Paar 10 bis 16 Tage. Es wird aus 1500 bis 2500 Lehmbrocken von 3 bis 5 g Gewicht mit Schnabel und Beinen aufgebaut: als erstes der Sockel, der auch ein Ringfuß sein kann, dann die Wandungen. Das ganze Nest wiegt mehrere Kilogramm, im Durchschnitt 4,25 kg. Es ist mehr ein kugeliges „Objekt" als ein Gefäß. Die lateinische ornithologische Bezeichnung *Furnarius* für den Töpfervogel kommt ja auch von *furnus* = Backofen. Dieses Objekt besitzt eine gekrümmte Zwischenwand, die die Vorkammer von der Brutkammer trennt.

Der Töpfervogel magert seine Masse mit Pflanzenteilen, wie es die menschlichen Töpfer seit der Jungsteinzeit ebenfalls taten. Vielleicht hat er es von den Vögeln gelernt. Von der neolithischen Revolution profitiert der Töpfervogel insofern, als er in den Pampas seine Nester gern auf Zaunpfählen und Telegrafenmasten baut, wo er eine gute Aussicht hat.

Töpfervogelpaar beim Wechselgesang auf dem Nest.

Literatur

Karl von Frisch: „Tiere als Baumeister." Berlin: Ullstein 1974.

***Grzimeks Tierleben*,** Bd. 2 und 9. Zürich: Kindler 1970.

Dieser Fisch wird durch „falsche Maserung" unsichtbar.

Karl Scheid steigerte dieses Gefäß durch kontrapunktische Linienführung.

Die Zeichnung der Schlange setzt sich nach allen Seiten fort.

MIMIKRY

Ein Grundsatz, der als Richtschnur für die Verzierung eines keramischen Gegenstandes gelehrt wird, fordert die Unterordnung des Dekors und seinen unaufdringlichen Beitrag zur harmonischen Steigerung der Form.

Auf einen ganz anderen Gesichtspunkt bringt uns die Natur, wenn sie auch völlig andere Ziele verfolgt als der Mensch bei seiner künstlerischen Schöpfung. Wie macht es die Natur in der Tierwelt? Sie arbeitet kontrapunktisch mit „falscher Musterung", damit bestimmte Tiere in ihrer Umgebung überleben.
Bei dem hier abgebildeten Fisch wird die Gestalt durch „falsche Musterung", die durch eine helle Umrandung noch gesteigert ist, aufgelöst und zu einer neuen Plastizität gebracht. Ein keramisches Beispiel dafür finden wir bei Karl Scheid.
Im anderen Fall setzt sich die Zeichnung der Python im richtigen Biotop auf laubbedecktem Boden in seiner Umgebung fort. Das dunkle Muster wird durch die weiße Umrandung noch verstärkt. Der plastische Körper ist in seine Umgebung eingebettet. Er setzt sich optisch in ihr fort.

Philippe Lambercy`s Wandgestaltung folgt dem Vorbild der Schlange: die Linien und Farbformen verbreiten sich an der Wand in die Umgebung hinein.

ZEIGERPFLANZEN

Der Keramiker, der seine Liebe zur Natur bewahrt hat, geht mit ihr um wie ein eingeborener Töpfer, der Spuren zu lesen und Zeichen zu deuten versteht. Er achtet auf die Regenerierbarkeit und ist weit davon entfernt, die Bodenschätze im großen Stile auszubeuten. Er kehrt zu den Quellen zurück, von denen ihn die Zivilisation entfernt hat. Bodenzeiger sind Pflanzen, die auf jenen oberflächennahen mineralischen Rohstoffen wachsen, die Tonerde, Sand und Kalk enthalten, also für keramische Massen und Glasuren gebraucht werden.

Pflanzen gehören zum Nährstoffkreislauf der Natur. Sie bevorzugen bestimmte Nährböden, sind auf sie angewiesen („stete" Arten) oder bevorzugen sie („liebende" Arten). Die Aschen der Pflanzen enthalten nämlich genau jene Stoffe, die sie aus dem Boden aufnehmen, und die Vergärung der Blätter kann dem Keramiker ein Biogas liefern, das ihn von anderen Energien zum Brennen unabhängig macht.

Was uns aber hier interessiert, sind die Böden, die jene Bestandteile enthalten, die die Nährstoffe für die Pflanzen darstellen.

Den Boden selbst brennen zu wollen, wäre meistens vergeblich. Nur ein kompakter Boden mit einem massiven, tonmineralreichen Gefüge käme in Frage. Ein solcher ist der Nilschlamm oder der hellgraue Wattschlick. Ein gewöhnlicher Acker- oder Wiesenboden enthält nur wenig Tonmineral. Wenn es ein guter Boden ist, so ist er krümelig, von Humus und kolloiden Teilchen, Sand und Mikrolebewesen, Makro- und Mikronährstoffen und Spurenelementen durchsetzt.

Das Aluminium der Tonerde ist in stark sauren Böden zunehmend löslich und kann auf manche Pflanzen giftig wirken, die deshalb auf sauren Böden nicht vorkommen.

Lehmzeiger Ackerdistel
Cirsium.

Lehmzeiger Löwenzahn
Leondoton.

Literatur

J. Braun-Blanquet: „Pflanzensoziologie." Wien, New York: Springer 1964.

W.S. Iljin: „Zusammensetzung der Salze in der Pflanze auf verschiedenen Standorten." Beih. Botan. Centralbl. 50, 1, 1932.

Sämtliche Fotos stammen von *Barbara Thiele*.

Lehmzeiger Huflattich
Tussilago farfara.

Lehmzeiger Ackerwinde
Commoloulus arvensis.

Lehmzeiger Waldmeister
Gallinium adoratum.

Lehmzeiger Sternmiere
Stellaria.

Lehmzeiger Wegwarte
Cichorium intybus.

LEHMZEIGER

Für den Tonerdegehalt des Bodens gilt nicht das, was allgemein von den Pflanzen zu sagen ist, nämlich dass ihre Asche das enthält, was im Boden als Pflanzennahrung enthalten ist. Lehmzeiger weisen im Gegenteil darauf hin, dass das Aluminium erfolgreich im Boden festgehalten wird und dass dadurch Alkali- und Erdalkali-Ionen frei werden und in Lösung gehen können. Es handelt sich also um das Phänomen des Ionenaustausches, bei dem an einem Teilchen haftende Ionen gegen andere ausgetauscht werden können. Und dabei haftet das dreiwertige Aluminium-Ion stärker an negativen Teilchen als ein zweiwertiges Erdalkali- oder ein einwertiges Alkali-Ion. Diese werden leichter von der Vegetation aufgenommen. Man kann also aus den Lehmzeigern keine tonderereiche Asche gewinnen, wohl aber von solchen Pflanzen, die hohe Aluminiumkonzentrationen vertragen, nämlich Luzerne, Rotklee und Hafer.
Lehmzeigerpflanzen zeigen also Böden an, in denen das Aluminium-Ion festgehalten wird. Zu ihnen gehört vor allem der Huflattich, dann aber auch lehmliebende Pflanzen wie die Ackerdistel, Ackerwinde, Haselwurz, Klette, Leberblümchen, Löwenzahn, Maiglöckchen, Mohn, Sternmiere, Kamille, Waldmeister und Wegwarte.

SANDZEIGER

Sandböden sind als sauer bekannt. Sie besitzen wenig Mikroorganismen, weil die meisten auf das saure Milieu empfindlich reagieren. Sandzeiger sind also Pflanzen, die mit wenig Bodenorganismen, wenig Spurenelementen, wenig Phosphor und Stickstoff auskommen. Stark saure Böden sind Torfmoore mit ihren Carexgräsern. Das sind aber keine Sandböden, sondern sie sind sauer durch Humus.

Unter den Sandzeigern ist der wichtigste der Schachtelhalm. Er braucht die Kieselsäure, um ein wider-
standsfähiges, steifes Skelett zu bilden. Wenn man
ihn verascht, bleibt das Skelett erstaunlich gut erhalten. Sandliebende Pflanzen sind: Besenginster,
Heidekraut, Heidenelke, Rentierflechte.

Sandzeiger Acker-
schachtelhalm
Equisetum arvense.

KALKZEIGER

Die kalksteten (Kalk benötigenden) Pflanzen brauchen
das leicht lösliche Calzium-Ion, das ihnen Gips-
gestein, Marmorkalk, wie er in der Schwäbischen Alp
vorkommt, Kreidekalk und Kalkmergel liefern. Viele
Pflanzen nehmen viel mehr Calzium-Ionen auf als sie
brauchen und deponieren den Überschuss als
Calziumoxalate. Pflanzen, die nördlich der Alpen als
Kalkzeiger bekannt sind, können, wie Pflanzenso-
ziologen feststellten, in südlichen Weltgegenden auch
auf kalkarmen Böden gedeihen. Das gilt zum Beispiel
für die im Norden kalkstete Ehrenpreisart *Veronica
beccabunga* (Wassersalat), die schon in der Schweiz kein
Kalkzeiger mehr ist. Zu den Kalkzeigern gehören auch
Ackerrittersporn, Buchsbaum, Ehrenpreis, Fransen-
enzian und Wiesensalbei.

Sandzeiger Besenginster
Sarothamnus scoparius.

Kalkzeiger Ehrenpreis
Veronica arvensis.

SODAZEIGER

Die Asche der Sodapflanze *Salicornia herbacea* (die zur
Landgewinnung im Wattenmeer angepflanzt wird)
und anderer Salicornia-Arten dienten den venezianischen Glasmachern seit dem 13. Jahrhundert als
Alkalirohstoff (Soda = Natriumkarbonat) und begründete ihre führende Rolle in der Glasmacherkunst,
während die Waldgläser nördlich der Alpen mit Hilfe
der Farnkrautasche gewonnen wurden, die in Pötten
eingedampft und deshalb Pottasche (= Kaliumkar-
bonat) genannt wurde.

Gipszeiger Fingerkraut
Potentilla arvenaria.

Sodazeiger Bergaster
Aster amellus.

Sodazeiger Strandaster
Aster tripolium.

Sodazeiger Gänsefuß
Salicornia europaea.

Sodazeiger Strandwegerich
Plantago maritima.

Salzböden können Natriumchlorid, Natriumkarbonat oder Natriumsulfat enthalten. Die sogenannte Natursoda, die man an ariden Seen oder auch in der ungarischen Puszta findet, enthält alle diese Natriumverbindungen und muß deshalb erst durch mehrmaliges Erhitzen gereinigt werden, wie es die alten Ägypter taten, als sie aus Wüstensand und Natursoda das Alkaliglas erfanden.

W.S. Iljin und andere Botaniker haben die Salzvegetation auf verschiedenen Böden und Algen aus dem Meer untersucht. Salzböden mit Pflanzen, die hohe Sodagehalte vertragen, findet man am Neusiedler See und in Südosteuropa. Bei uns im Binnenland haben die Salzböden zumeist geringere Salzkonzentrationen. Zu ihrer Vegetation gehört die unter Naturschutz stehende Bergaster *Aster amellus* auf süd- und mitteldeutschen Heidewiesen (die Fotos wurden am Mühlberg gemacht). An der norddeutschen Küste sind die Böden salzreicher. Zu ihrer Vegatation gehören die Strandaster *Aster tripolium*, *die Salicornia europaea* aus der Gattung der Gänsefußgewächse und der Strandflieder *Limonium vulgare* (die Aufnahmen stammen aus Varel am Jadebusen). Die Limoniumarten zeigen nächtliche Ausscheidungen („Salzlauge"), wodurch sich die lebenden Zellen vom schädlichen Überfluß der Salze befreien. Auch auf Schlickböden, die vom Meer abgeschnürt sind, findet sich die *Salicornia europaea*. Der Strandwegerich *Plantago maritima* mit seinen festen Blättern verträgt hohe Sodagehalte; in seinem Wurzelbereich wurden bis zu 0,46% Soda festgestellt.

EISENZEIGER

Eisen ist in der obersten Schicht der Erdkruste noch stärker vertreten als Calziumverbindungen. Es kommt in magmatischen, an Magnesium reichen Gesteinen, in Tonmineralen, ferner in Form von Oxiden, Hydroxiden und Sulfiden vor. Mit organischen Verbindungen bildet es Chelate wie im Blut. Jeder Keramiker kennt die drei Eisenoxide: das Eisen(II)oxid, das Eisen(III)oxid und das Eisen(II,III)oxid, die sich im Brand ineinander umwandeln. Im Boden besorgen das die Eisenbakterien. Sie oxidieren das zweiwertige ins dreiwertige Eisen, das als Oxidhydrat zum größten Teil unlöslich ist und von den Pflanzen kaum aufgenommen wird. Deshalb sind Pflanzenaschen nur mit sehr wenig Eisen verunreinigt. Bei den Eisenzeigerpflanzen genügt dieses wenige Eisen, um ohne weitere Eisenzusätze im Reduktionsbrand aus Aschenglasuren ein Seladon zu bilden.

Auf Bauxitlagerstätten breiten sich besonders reichlich Alant (Inula viscosa) und Wolfsmilch (Euphorbia nicaeensis) aus, die als Eisenvegetation gelten. Während der Alant als Universalarznei verwendet wird und in der Antike auch zum Würzen des Schweinebratens genommen wurde, ist der Saft der Wolfsmilch giftig. Er enthält das Gift Euphorbon, das in die Homöopathie Eingang fand. (Helena hatte einen Alant in der Hand, als sie von Paris entführt wurde; deshalb ist nach ihr eine Alant-Art benannt.)

Eisenzeiger Wolfsmilch
Euphorbia nicaensis.

Eisenzeiger Alant
Inula viscosa.

ZINKZEIGER

In Mitteleuropa ist das Galmeiveilchen *calaminaria* als Zinkspezialist bekannt. Man findet die Galmeivegetation vor allem in der Aachener Gegend, aber auch im Harz. Die Böden enthalten meist auch Blei, das aber von den Pflanzen nur in sehr geringen Mengen aufgenommen wird, wogegen Zink in ansehnlichen Mengen (beim Täschelkraut *Thlaspi calaminare* bis über 20% ZnO) gespeichert wird. Die ebenfalls zur Galmeivegetation zählende Grasnelke *Armeria elongata* wächst auch auf dem Serpentin des Murtales.

Zinkzeiger Galmeiveilchen
Viola calaminaria.

ASCHEN

Herbstlaub: Die Blätter sind besonders kalkreich und magnesiumarm. Das liegt daran, daß der Baum das Magnesium aus dem Chlorophyll in seinen Stoffwechsel zurückführt, wobei sich das Grün gelb verfärbt. Das Gelb kommt durch Karotinoide zustande, deren Farbe bis dahin durch das Chlorophyll überlagert war. Es geht in Karminrot über, das durch Anthocyan hervorgerufen wird. Schließlich kommt es zur Braunfärbung durch Gerbsäure. In diesen Etappen (dem „Enzymfreilauf") zieht sich das Leben aus den Blättern zurück, indem sich der Baum seiner kalkreichen Stoffwechselschlacken entledigt.

Literatur

Hans A. Froebe, Botanisches Institut der NRW Technische Universität Aachen.

W.S. Iljin: „Zusammensetzung der Salze in der Pflanze auf verschiedenen Standorten." Beih. Botan. Centralbl. 50, 1, 1932.

Wenn man von Aschenglasuren spricht, meint man gewöhnlich nicht Knochen- oder Kohlenasche, sondern Aschen aus Pflanzen, vor allem aus Holz. Und viele haben bestimmte Vorstellungen von Aschenglasuren. Man stellt sie sich nicht so glatt und glänzend vor wie Glasuren aus verfeinerten Rohstoffen, sondern man erwartet, erhofft, ihnen anzusehen, dass sie es schwer hatten, eine Glasur zu bilden. Dabei waren die hochverfeinerten Glasuren der Chinesen aus Holzasche, ebenso die Glasuren mit äußerst künstlerischer Malerei. Aber die Chinesen hatten eine ganz andere Kultur im Umgang mit Aschen. Ihre Geheimnisse waren selbst in der Familie nicht bekannt und wurden nur an den ältesten Sohn weitergegeben. Sie brannten sie im offenen Feuer in einer flachen Schale und unterschieden zwischen den Randpartien und dem Zentrum der Schale. Aus diesen Bereichen waren die Aschen für unterschiedliche Verwendungen und Farben bestimmt. Das waren Erfahrungen aus vielen Generationen, über die wir nichts Genaues wissen. So viel Geduld und Feingefühl im Umgang mit dieser Form der Natur ist uns nicht angeboren. Bei uns soll es schnell gehen und zu leichtgewinnbaren Ergebnissen führen. Und wir sind gern bereit, Aschen aus bestimmten Pflanzen Besonderheiten zuzusprechen, weil das unseren Erwartungen entspricht.

Holzaschen. 100 kg Holz liefern bei vollständiger Verbrennung durchschnittlich 0,1 bis 0,6 kg Asche. Sie besteht aus einem Gemisch von Karbonaten, Sulfaten, Phosphaten, Chloriden und Silikaten der Alkali- und Erdalkalielemente. Daneben finden sich noch Eisen- und Manganoxide. Der Hauptbestandteil der Holzaschen ist das Calziumkarbonat ($CaCO_3$), das aus dem Calziumoxalat des Zellsaftes stammt.

Die Schmelztemperatur reiner Holzaschen liegt über 1400°C. Da solch hohe Temperaturen bei der Veraschung nicht erreicht werden, tritt auch keine Schlackenbildung ein.

Freilich gibt es Unterschiede in der Zusammensetzung nach Holzarten, Standort, Vegetationszeit, Lebensklima des Baumes und auch nach Stamm, Zweigen, Blättern und Blüten. Verascht man die abgeworfenen Blätter vom selben Baum und zur gleichen Zeit, so erhält man Ergebnisse, die sich wiederholen lassen.

Soll man nun die Aschen schlämmen? Alle Holzaschen enthalten wasserlösliche und wasserunlösliche Stoffe. Schlämmt man sie in Wasser auf und prüft die Lösung mit einem Lackmusstreifen, so

Die folgenden Aschen brauchen in der Regel nicht geschlämmt zu werden:
Akazie
Buche
Eiche
Esche
Farn
Gerste
Gras/Heu
Hafer
Haselnuß
Kartoffelkraut
Luzerne
Mais
Mirabellenbaum
Pappel
Raps
Reben
Reisspelzen
Schilf
Schlehen
Ulme
Wacholder
Weizen

Einige Aschen, nach den höchsten bei ihnen registrierten Phosphorgehalten angeordnet.

Einige Aschen, nach den höchsten bei ihnen registrierten Eisengehalten angeordnet (Mangängehalte mit Stern).

Die folgenden Aschen sind oft schwefelhaltig und können zu Glasgallen auf der Glasur führen. Sie müssen geschlämmt werden. Hohe Temperatur und reduzierende Brennatmosphäre mildern oder beseitigen ebenfalls die Gefahr:
Buchsbaum
Kiefer
Lärche
Liguster
Mistel
Reineclaudenbaum
Rosskastanie
Stechpalme
Tanne
Zwetschgenbaum
Zypresse

zeigt sich, dass sie eine Lauge ist (mit der man sich verätzen kann). Das heißt, dass die als Flussmittel besonders wirksamen Alkalien in Lösung gehen. Gießt man das Schlämmwasser mehrere Male ab, bis der pH-Wert 7 erreicht wird, so ist jede lösliche Substanz aus der Asche entfernt. Und auf diese Weise wird aus jeder Holzasche so ziemlich das gleiche Produkt, nämlich ein verunreinigter Kalk. Diese Tatsache führt dazu, dass man eine Steinzeugglasur, egal aus welcher Holzasche, nach einer Faustregel zusammensetzen kann, wenn die Asche geschlämmt ist: 40 Feldspat, 40 Asche und 20 Kaolin für 1280°C.

Wunder der Transmutation: Unter dem Elektronenmikroskop zeigte sich, dass sich in einer Glasur aus Fichtenasche fichtennadelförmige Kristalle ausbildeten (Vergr. 500fach), in einer Glasur aus Eichelasche Kristalle in Form von Eichenblättern (Vergr. 1000fach). Hier haben sich die Naturformen der Pflanzen wieder auskristallisiert, so, als würde aus Asche und Feuer die Gestaltungskraft der Natur auferstehen – eine Transmutation jenseits der uns geläufigen Logik, wie sie bisher noch niemals beobachtet wurde. Die Glasurzusammensetzung war 40 Asche, 40 Feldspat, 20 Kaolin, gebrannt bei 1280°C.

Die elektronenoptischen Aufnahmen stammen von *Kurt Hänni*.

Man kann also, überschläglich, in jeder Glasur den Kalkspat im Versatz durch eine Asche ersetzen. Hat die Pflanze aus dem Boden Substanzen aufgenommen, die in unbestimmter Art und Menge in die Glasur gelangen, so bleibt die Glasur deshalb nicht unschmelzbar. Sie wird im Gegenteil durch die „Verunreinigungen" jene Besonderheit aufweisen, die man so gern einer Glasur mit einer bestimmten Asche nachsagt. Aschen von anderen Standorten und mit einer anderen Vergangenheit werden wieder andere Merkmale zeigen.

Was geschieht, wenn man die Asche nicht schlämmt? Einige können Sulfate oder Chloride enthalten, die schädlich sind und durch das Schlämmen entfernt werden müssen. Bei den meisten aber braucht man das nicht. Die wasserlöslichen Alkalien werden mit dem Anmachwasser der Glasur in den Scherben abgesaugt, wo sie beim Verdunsten an die Oberfläche transportiert werden, wobei sie Eisen mitnehmen und um den Saum der Glasur anreichern. Einen solchen eisenroten Saum nennt man „Eisenfuß". Er ist ein Kennzeichen dafür, dass es sich um eine Glasur mit einer Asche handelt, die nicht geschlämmt wurde.

Aschen von Zeigerpflanzen sind variabler als Holzaschen. Sie enthalten die Elemente, die sie zu ihrem Wachstum benötigen oder bevorzugen, in größeren Mengen. Das hat ja auch in der Geschichte dazu geführt, dass man ausgerechnet aus Farnkraut die kaliumreiche Pottasche gewann und aus Sodapflanzen jene natriumreiche Asche, die die Venezianer zum Schmelzen ihres Glases benötigten und die sie überall an den Küsten des Mittelmeeres anbauten. Daher weisen die Zeigerpflanzen auf Besonderheiten der Aschenzusammensetzung hin.

Die Erneuerbarkeit dieser Rohstoffe kann man jedoch nicht ohne Vorbehalt gelten lassen, denn in Wirklichkeit entzieht man auf dem Umweg über die Pflanze dem Boden Nährstoffe und schaltet sie aus dem Kreislauf aus.

Alle Pflanzenaschen sind tonerdearm, weil das Aluminium-Ion bodengebunden ist und Alkali-Ionen freisetzt. Deshalb zeigt der Huflattich wie andere Lehmzeiger Tonerde im Boden an, seine Asche enthält aber dieses Aluminiumoxid nicht. Aus dem Boden, auf dem der Huflattich wächst, lassen sich Lehmglasuren herstellen, nicht aber aus der Asche des Huflattichs. Was den Kalk betrifft, beweisen Aschenanalysen (von W.S. Iljin in mehreren Veröffentlichungen), dass kalkliebende und kalkstete Pflanzen erheblich mehr Calcium enthalten als kalkfliehende Pflanzen, wenn auch in beiden Gruppen große Unterschiede vorkommen. So wurde im Steinkraut (*Alyssum saxatile*) in einem Kubikdezimeter Zellsaft 21,5 mg Ca gemessen, im Blauen Kopfgras (*Sesieria coerutea*) hingegen, obwohl es ebenfalls kalkstet ist, nur 1,2 mg.

Das Calciumoxalat ist in den meisten Pflanzen in Wasser unlöslich. Hingegen ist das in großer Menge im Sauerklee vorkommende Kaliumoxalat wasserlöslich. (Mit dem „Kleesalz" lassen sich Eisenflecken entfernen.) Übrigens sind die wasserlöslichen Oxalate giftig. Sie sind in Sauerampfer, Spinat und Rhabarber enthalten. Kinder mit ihrem empfindlichen Organismus haben instinktiv eine Abneigung gegen Spinat. Kaliumoxalat ist in Mengen über 5 g giftig und wirkt ätzend auf den Magen-Darm-Trakt. Bei allen wasserlöslichen Bestandteilen der Pflanzenaschen muss man sich vor Verätzung hüten. Man darf aufgeschlämmte Aschen nicht mit bloßen Händen umrühren.

Neben den kalksteten (auf Kalk angewiesenen) und den kalkliebenden (den Kalk bevorzugenden) Pflanzen gibt es auch sogenannte kalkfällende Pflanzen, deren Aschen besonders viel Kalk enthalten. Vor allem einige Moose bilden kalkinkrustierte Polster und Teppiche.

Rechte Seite:
Keramik von Tae Won Kim, Korea

DER ERFINDERGEIST

DAS EWIG WEIBLICHE

Literatur:

K. Absolon: „Die Erforschung der diluvialen Mammutjägerstation von Unter-Wisternitz." Arbeitsbericht über das 1.Jahr 1924 (1938)

B. Klima: Dolní Veštonice, 1963.

Jean Perrot: „Archaeologia Mundi." Syrien-Palästina I. Genf: Nagel 1978.

Machtheld J. Mellink u. *Jan Fillip*: „Frühe Stufen der Kunst." Prpoyläen Kunstgeschichte Bd.13. Berlin 1974.

In der letzten Zwischeneiszeit, dem Gravettien, schnitzten Mammutjäger in Südmähren aus Ton, dem sie Mammutknochenmehl beimischten, die Venus von Dolní Veštonice und Köpfe von Wildtieren. Das war die erste Keramik aus einer bewusst zusammengesetzten Tonmasse. Ihr Glanzstück war die Venus. Die Radiokarbonbestimmung ergab ein Alter von 25.600 ± 170 Jahren. Die Kenntnis, aus Ton mit oder ohne einen künstlichen Zusatz einen durch Feuer härtbaren Stoff zu gewinnen, ist also etwa 25.000 Jahre alt.

Weibliche Statuetten sind eine typische Kulturäußerung des Gravettiens. Bisher wurden über hun-

Aus diesem Mammutjägerlager in Mähren aus der Altsteinzeit stammt die erste Venus aus Ton. B.Klima hat es rekonstruiert. Das umgrenzte Lager, das der erste Ausgräber, K. Absolon, 1922 entdeckte, wies, vom Wohngebiet durch eine Sumpfzone getrennt, einen Abfallplatz mit riesigen Haufen aus Mammutknochen, nach Arten getrennt, auf. Im Wohngebiet lag erhöht eine einzelne Hütte, die ihrer Funde wegen als „Haus des Magiers" gedeutet wird. Die Funde sprechen für eine lange dauernde, intensive Besiedlung.

dert solcher Kleinplastiken, vor allem in der Wachau und in Mähren, gefunden, dazu etwa fünfhundert Tierfiguren, aber alle aus Stein oder Knochen. Die häufigen Venusse aus Knochen haben dazu geführt, dass schließlich die Überlieferung entstand, Eva sei aus einem Rippenknochen Adams erschaffen worden. Die Venus aus Dolní Veštonice (Unter-Wisternitz) ist die einzige aus Ton. Sie wurde aus einem mit pulverisiertem verkohlten Elfenbein und Knochen vermischten gelben Ton gebrannt und ist die bedeutendste Tonstatuette der Altsteinzeit. Wie bei den zahlreichen Frauendarstellungen aus anderen Materialien sind auch bei ihr Kopf, Arme und Beine vernachlässigt, während Brüste, Becken und Gesäß betont sind.

Aus der Jungsteinzeit, als es so richtig mit der Keramik losging, fand man im Vorderen Orient mehrere weibliche Tonfiguren; die ältesten, die gebärende Muttergöttin aus Çatal Hüyük II in Anatolien und die „Venus von Tepe Sarab" im Iran, um 6000 v.Chr., eine Frauenfigur mit Tieren aus dem anatolischen Hacilar VI aus dem frühen 6. Jahrtausend, eine weibliche Figur aus Tell es-Sawwan bei Samarra ebenfalls aus dem 6. Jahrtausend und die „Venus von Munhata" in Israel um 4500 v.Chr. Damit sind nur einige der am besten erhaltenen weiblichen Darstellungen aus der Jungsteinzeit genannt. Später wurden sie als Idole, die die Fruchtbarkeit der Felder begünstigen sollten, abstrakt vereinfacht dargestellt. Das älteste bekannte derartige Idol stammt aus Iran aus dem 4. Jahrtausend. Aus dem fernen Osten sind derartige jungsteinzeitliche Funde nicht bekannt.

Spuren von Eisenocker auf Plastiken beweisen, dass diese bemalt waren. Der Gebrauch von Farbstoffen zur Bemalung des Körpers oder von Gegenständen war schon im Altpaläolithikum bekannt, aber erst aus dem Jungpaläolithikum stammen mit Ockerstrichen und -punkten ornamental verzierte Steine.

Die „Venus von Dolní Veštonice" in Mähren aus der letzten Zwischeneiszeit um 25000 v.Chr. H. 12cm. Sie besitzt auf der Oberseite des Kopfes vier Löcher zum Einstecken eines Schmucks. Naturhistorisches Museum Wien.

Die „Venus von Tepe Sarab" im Iran, um 6000 v.Chr. Museum Bastan, Teheran.

Die „Venus von Munhata" in Israel um 4500 v.Chr. Museum Bronfma, Jerusalem.

Diese tiergesichtige Frauenfigur aus Ton stammt aus der
Schlammschicht am Euphrat,
die sich während der Sintflut
im 4. Jahrtausend angesam-
melt hatte. H. 24cm.

Die Werkzeuge, mit denen
man die Zeichen einritzte
oder eindrückte, waren vor
3000 v.Chr. aus Schilfrohr (A),
danach aus Holz (B). Neben
dem Schreibgriffel verwende-
te man zwei besondere
Griffel für Zahlzeichen: ein
kleines Rundholz für kleine
Zahlen, eines mit einem
größeren runden Durchmes-
ser für große Zahlen (nach
S.H. Hooke; The Early
History of Writing. Antiquity
11, 1937, 261).

KERAMIK UND INFORMATION

Will man den Ursprung der Information aufspüren,
so muss man nach Südbabylonien gehen. Da gab es
die Großstadt Ur, das heutige Mugajjar, die im 1. Buch
Moses als die Heimatstadt Abrahams bezeichnet
wird. Sie wurde im 4. Jahrtausend von der Sintflut
heimgesucht. Es war nicht das Alluvium, die große
Regenzeit nach den Eiszeiten, sondern es waren
mehrere Überschwemmungen des Euphrat, die in
der Mythologie zur Sintflut wurden – nicht nur im
Alten Testament, sondern auch in sumerisch-ba-
bylonischen Epen. Das waren Erinnerungen an Zeiten, die bereits belebt waren. Und die „Sündflut" hatte eine bewohnte Siedlung heimgesucht, die später
durch Feuer vernichtet und nach dieser vorgeschichtlichen Periode neu aufgebaut wurde. In der
Schlammschicht von Ur, die der Ausgräber Woolley
mit der Sintflut in Zusammenhang brachte, wurden
sieben 20 bis 24 cm hohe weibliche Tonfiguren gefunden, die Tiergesichter haben.
Tiergesichtige Menschen – diese Vorstellung hatte
auch Picasso inspiriert. Einbruch der Natur in die
Phantasie oder surreal maskierter Realismus? Für das
Neolithikum ist man sich nicht einig, ob die
tiergesichtigen Menschenbilder und Mischwesen des
4. Jahrtausends Naturgottheiten symbolisieren. Das
Mythologische sei, so heißt es, erst später zweifels-
frei nachzuweisen.
In diesem kreativen 4. Jahrtausend entwickelte sich
die babylonische Schrift aus Zählsteinen, die als
Informationsträger das Gedächtnis unterstützten. Als
dann das, was man sich merken musste, immer mehr
zunahm, wurden aus den Zählsteinen Tontäfelchen
mit eingeritzten Zeichen. Solche Zeichen hat man
auch auf Gefäßböden gefunden.
Aus der Neuansiedlung von Ur war Ende des 4. Jahrtausends eine große Stadt geworden, für deren Be-

wohner die Versorgung aus dem Umland und die Tempelwirtschaft organisiert werden mussten, was die Aufstellung von Gütern und Arbeitsleistungen verschiedenster Art erforderte.

Erst später ging es um Informationen über königliche Kriegstaten und um die Verherrlichung politischer Geschehnisse.

Als dann schließlich die Schrift da war, waren diese Durchgangsphasen der Information bereits abgelaufen. Sie sind auch künstlerisch interessant, weil sie auf das Einfachste zurückgehen, ohne Anspruch auf Kunst und ohne Absicht von Kunst.

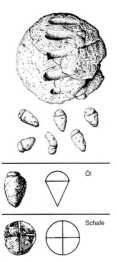

Zählsteine mit schematischen Zeichen aus der Uruk-Schicht IVa (nach A. Falkenstein), und was einige Zeichen auf den Zählsteinen bedeuteten.

Diese Steine wurden beim Handel dem neuen Besitzer in einer hohlen, versiegelten Tonkugel (Bulla) übergeben.

Diese Tontafel enthält einen Keilschrifttext für die Herstellung von Glasuren aus Blei und Kupfer und ihren Auftrag auf die vorbereitete Keramik. Es ist die älteste bisher bekannte Urkunde über Glasuren. Sie wurde in Tell Umar im Irak gefunden, stammt aus dem 17. Jahrhundert v. Chr. und ist 8,5 x 5,2 cm groß. British Museum, London.

Tonplättchen mit Zählzeichen.

Literatur

A. Falkenstein: „Archaische Texte aus Uruk." 1936.

B. Feller: „Die Anfänge der Schrift in Vorderasien." Museum für Vor- und Frühgeschichte und Pädagogischer Dienst. Staatliche Museen Preußischer Kulturbesitz, Berlin 1990.

DER BEGINN DER TÖPFEREI

Für die Annahme, dass das Korbflechten der Gefäßtöpferei vorausgegangen sei, gibt es keinen archäologischen Beweis. Die ältesten Körbe, die bisher bekannt wurden, stammen aus Merimde und Fayum in Ägypten aus einer Zeit, in der diese Siedlungen bereits die Töpferei kannten. Erst aus späteren Epochen sind Kulturen bekannt, in denen die Korbmacherei der Keramik vorausging, so in Mehrgarh im Industal, Peru oder bei den Anasazi im Südwesten der heutigen USA, die mit Ton abgedichtete Körbe verwendeten. Auf den Hebriden hat man noch im 18. Jh. mit Ton verschmierte geflochtene Behälter zum Trocknen von Korn auf den Herd gestellt. Hier diente das Flechtwerk zum Verfestigen des Tones und zur Gewichtserleichterung des Behälters. Wenn die Korbmacherei gelegentlich die Entwicklung der Gefäßkeramik berührte, so war sie nur eine von vielen Einflüssen.

Die Nutzung des Feuers geht in das Altpaläolithikum zurück, ist aber nicht so alt wie die ersten Werkzeuge, die Geröllsteine. Die bisher ältesten Beweise menschlicher Feuernutzung hat man in Vertésszöllös in Ungarn (vor 600.000 Jahren) und auf Java (vor 900.000 Jahren) gefunden. Die hohen Aschenschichten dieser frühen Beispiele sprechen für die Annahme, dass man darauf angewiesen war, das Feuer zu bewahren. Das fortgeschrittenere Stadium, in dem man Feuer durch Schlagen mit Feuerstein und Schwefelkiesknollen selbst bereitete, wird erst dem Mittelpaläolithikum (vor 30.000 Jahren) zugeschrieben. Als drittes Stadium des Feuergebrauchs gilt die Bereitung durch rasches Drehen von Holzstäben, die man erst auf jungsteinzeitlichen Plätzen in Ägypten fand.

Die entscheidende Wandlung von der Alt- zur Jungsteinzeit war der als neolithische Revolution bezeichnete Übergang vom höheren Jägertum zur bodengebundenen, produzierenden Wirtschaftsweise. In der neolithischen Kulturentwicklung, in der Veränderung der Lebensformen zur Sesshaftigkeit, waren die fruchtbaren Landstriche Nordsyriens und Palästinas zu Beginn der Jungsteinzeit am weitesten fortgeschritten. Von dieser Region gehen im 8. Jahrtausend wichtige Neuerungen aus: das Schleifen von Steinwerkzeugen, z. B. Äxten, feststehende Mahlsteine, die Domestizierung der Ziegen, neue Bestattungsriten und das Übermodellieren der Schädel Verstorbener, ein weitreichender Handel mit Obsidian für Pfeil- und Speerspitzen und die Ablösung der in Bodenvertiefungen errichteten Rundhäuser durch Rechteckhäuser.

Im kurdischen Vorgebirge östlich des Tigris, wo einige der ältesten neolithischen Siedlungshügel ausgegraben wurden, fand R.J. Braidwood in Djarmo

Rechteckhäuser aus Tonmauern mit Holztüren und Fußböden aus lehmverstrichenem Schilfrohr aus der Zeit zwischen 5270 und 4630 v.Chr. Mit Ton ausgestrichene Mulden in den Fußböden waren feuergehärtet. Die spätere Stufe dieser Siedlung weist dann schon Töpferei auf. Demnach betrachtet man die absichtlich gehärteten Tonmulden als eine Vorstufe der Gefäßkeramik.Im Allgemeinen wird erst für die zweite Hälfte des 7. Jahrtausends die Benutzung von Keramikgefäßen im täglichen Gebrauch angenommen, obwohl man in Kurdistan Gefäßscherben, vielleicht für Sakralgefäße, schon aus dem 8. Jahrtausend fand. Älter als im Vorderen Orient ist die Keramik der japanischen Jōmon-Kultur. Man hat es lange Zeit nicht für möglich gehalten, aber die Radio-Karbon-Untersuchungen ergaben als ältestes Datum 12.350 ±700 v.Chr. Man ist von der überragenden Schönheit dieser frühesten Gefäße überrascht.

Als Gebrauchsgerät stand die Töpferware in Konkurrenz zu Stein und Holz und wurde zum Teil von diesen zurückgedrängt. Auch der Verfall von Stadtkulturen konnte den Niedergang der Töpferei zur Folge haben. So ist ihre Geschichte keineswegs eine Aneinanderreihung von Fortschritten unter stetiger Expansion. Nach ihrer Erfindung konnte sich die Gefäßtöpferei erst durchsetzen, als sie einer veränderten Sozialstruktur einen Fortschritt bieten, Kapital auf sich ziehen und die Trägheit althergebrachter Lebensgewohnheiten überwinden konnte. Das war erst in den Stadtkulturen selbst der Fall. In ihnen ist die Töpferei zwar nicht entstanden, aber am stärksten entwickelt worden. Die städtische Zivilisation und Menschenkonzentration erforderte und ermöglichte durch Verringerung des Kapitalaufwandes die Massenproduktion und führte auch zur Erfindung der Töpferscheibe schon im 4. vorchristlichen Jahrtausend, die eine Verringerung des Kraft- und Zeitaufwandes beim Töpfern erbrachte.

Gefäß aus der mittleren Jōmon-Periode, 2630-2130 v.Chr. (*J. Edward Kidder*: „Jōmon Pottery." Tokio, New York: Verlag Kodansha 1968.)

FORMEN, FARBEN UND FEUER

Je mehr wir uns unserer kulturellen Wurzeln bewusst werden, umso mehr versuchen wir, den Erfindergeist der Alten für uns zu nutzen. Die Erforschung ihrer Arbeitsweisen und der Erfahrungen, die so nahe an der Natur liegen, sind für uns deshalb keine theoretische Beschäftigung mit Archäologie und Kulturgeschichte, sondern eine Wiederentdeckung und Neubelebung praktischer Erfahrungen.

Das **Formen** von Gefäßen in der Hand – die Japaner nennen sie „Daumenschälchen"– war im Neolithikum in Europa von den Schweizer Seen westwärts und im Nordwesten verbreitet. Das Aufspulen von Tonwülsten von 0,5 bis 5 cm Dicke, das sich an Scherbenquerschnitten nachweisen lässt, war hingegen im Neolithikum in ganz Asien, Osteuropa und Afrika verbreitet. Die Gefäßkeramik vor der Töpferscheibe imitierte natürliche Behälter wie Kürbisse und den Granatapfel, Straußeneier und Bambus oder künstliche Behälter wie Holzschalen, Flechtwerk, Lederbeutel und -flaschen, Schalen aus Gestein oder Walfischknochen.

Bereits in vorkeramischer Zeit haben die Menschen ausgesprochene **Erdfarben** wie Ocker zur Bemalung übermodellierter Schädel oder vermutlich auch zur Körperbemalung sowie zur Höhlenmalerei verwendet. Ocker (α–Fe_2O_3) gehört zu den ersten absichtlich zur Verzierung verwendeten Farben auch auf Tongefäßen.

Die Töpfer haben später, in der Antike in Griechenland, eine rote Malfarbe verwendet, die im Brand porös blieb und sich deshalb nach dem Reduzieren durch Luftzufuhr reoxidieren ließ. Dieses Rot wird, um es von der natürlichen Brennfarbe des roten Tones zu unterscheiden, „beabsichtigtes Rot" („Intentional Red") genannt. Es bestand aus einer Mischung von rotbrennendem Ton mit Ocker.

Literatur

Walter Noll:
„Alte Keramiken und ihre Pigmente." Stuttgart: Schweizerbart'sche Verlagsbuchhandlung 1991.

Das älteste Schwarz trat im Irak im 6. Jahrtausend auf und wurde ebenfalls aus Ocker gewonnen, und zwar in der sauerstoffarmen Brennatmosphäre eines Meilers. Nach der Eisenreduktionsmethode wurden auch die schwarzen Muster auf Samarra-Keramik aus Ocker gemalt, auf Hassuna-Keramik aus rotem Ton und Ocker, auf Ubaid-Keramik aus rotem Ton und Eisenerzzusatz.

Die Halaf-Keramiker des 5./4. Jahrtausends verwendeten als Malschlicker einen rotbrennenden illitischen, also alkalireichen Ton, der eine glänzende Sinterhaut bildete, die die Malschicht gegen den Zutritt von Sauerstoff versiegelte. Diesen Glanzton nennen die Archäologen „Urfirnis" (siehe Seite 84). Er war die Vorstufe zur Terra sigillata.

In Arpachiya, unweit von Ninive im Bezirk Mosul im Nordirak, hat ein begabter Töpfer der Halafzeit das Schwarz nicht durch Versintern der Malschicht gewonnen, sondern durch dickeren Auftrag. So konnte nachträglich einwirkende Luft nur die oberste Partie dieser Schicht reoxidieren, während sie in der Tiefe schwarz reduziert blieb. Die dünner aufgetragenen Farbschichten wurden hingegen völlig reoxidiert und deshalb rot. Auf diese Weise erhielt er die Farben Schwarz und Rot aus ein und demselben Rohstoff in einem Brand.

Es ist interessant, über den Lauf der Geschichte hinweg zu verfolgen, wie die Erfahrungen im Umgang mit dem **Feuer** bis zur hochverfeinerten griechischen Vasenmalerei und zur Massenware der Terra sigillata anwuchsen. Es waren Kenntnisse des Materials und des Feuers.

Man lernte die Unterschiede zwischen den Tonen kennen, man erkannte den Einfluss der Kornfeinheit auf das Sinterverhalten, man nutzte die Farbwirkungen durch eisenhaltige Tone und Ocker, durch Mangan und Kohlenstoff, durch Gips und Kalk. Und man lernte das Feuer zu beherrschen, indem man ihm Luft zuführte oder verweigerte.

Diese dreifarbige Schale aus Arpachiya aus der Halafperiode, 1. Hälfte des 5. Jahrtausends, ist das erhalten gebliebene Meisterstück des Töpfers, der es verstand, allein durch unterschiedliche Auftragsdicken mehrere Farben aus ein und demselben Feinschlamm zu gewinnen.

Adam Winter hat die aus Arpachiya stammende Methode näher untersucht und festgestellt, dass eine kurzzeitige Reduktion unterhalb 800 Grad bewirkte, dass das Schwarz mehrere Millimeter tief eindrang und sich reoxidieren ließ. Reduzierte er hingegen über 820 Grad, so drang die gleiche intensive Reduktion nur um Bruchteile eines Millimeters ein, und das Schwarz ließ sich nicht wieder reoxidieren.

MIT DEM LUXUS
FLORIERTEN DIE ERFINDUNGEN

Alles Grundlegende der keramischen Gestaltung ist in Urzeiten angelegt worden. Auf dieses Wesentliche folgte die oberflächliche, kosmetische Verschönerung – Äußerungen von Pracht und Genialität.

Die Bedürfnisse spalteten die Keramik in eine für den alltäglichen Gebrauch der alltäglichen Menschen und in eine für den gehobenen Gebrauch der Götter und der Herrscher, die sich eine Gesellschaft um ihres organisierten Zusammenhalts willen leisten musste. In dieser Organisation wurde die Keramik zur Trägerin von Informationen. Das Medium wurde zur Botschaft. Keramik sollte an Bauten der Stadtgottheit zur Ehre gereichen und dem Ansehen des Leistungsvermögens des Herrschers dienen. Schon in den vorgeschichtlichen Schichten von Ur fand man Stifte für das Stiftmosaik, die dann im 3. Jahrtausend im großen Stil zum Schmücken von Wänden und Pfeilern an hervorragenden Bauten dienten. Man tauchte die Enden der Stifte in rote, schwarze und gelbe Farbe, die großen Stifte in Bitumen und Gips.

Wann hat es eigentlich angefangen mit dem Bemalen von Keramik? Die älteste bemalte Keramik, von den Ausgräbern S. Lloyd und F. Safar „Archaic painted ware" genannt, ist im nordirakischen Tell Hassuna, Bezirk Mossul, gefunden worden. Sie stammt aus der Zeit zwischen 5600 und 5100 v.Chr. Es sind Krüge und Schalen mit geometrischen roten, oft glänzenden Mustern auf einem hellen Feinton-Beguss.

Nur eine einzige gemalte Gesichtsdarstellung ist aus dem späten 6. Jahrtausend auf einem Flaschenhals gefunden worden.

Unter den Keramikarten gibt es „Glockentöpfe", die in Erdlöchern hergestellt wurden. Sie dienten als Essnäpfe für die vielen Arbeiter und waren sogar noch Mitte des 2. Jahrtausends beim Turmbau zu Babel verwendet worden.

Rekonstruierte Säulen mit Stiftmosaik aus dem Eanna-Heiligtum in Uruk.

Die Mosaikstifte wurden in eine Verblendschicht um das Mauerwerk eingemauert. Durch ihre konische Form konnte man sie gut um runde Pfeiler legen. Ihre Enden wurden in Farben getaucht; ihre Herstellung in so großen Mengen ist nicht geklärt. (nach *D.H. Gordon* und *M.E. Gordon*: Iraq 7, 1940, 8)

Auch die Figurenplastik diente dem Luxus. Schlanke Tänzerinnen setzten sich gegenüber den drallen Mutterfiguren der vergangenen Jahrtausende durch. Hätten in den urbanen Zentren mit ihren lockeren Sitten Misswahlen stattgefunden, so wären aus ihnen vermutlich die Ägypterinnen als Siegerinnen hervorgegangen.

Für das ereignisreiche 4. Jahrtausend scheinen die Papyrusschiffe, die auf den ägyptischen Gefäßen der Naqada-II-Stufe aus der Zeit um 3500 v.Chr. aufgemalt sind (Thor Heyerdahl hatte sie nachgebaut, um mit ihnen den Atlantik zu überqueren), geradezu symbolisch zu sein. Sie brachten die zunehmenden Kontakte der Menschen aus verschiedenen Weltgegenden zum Ausdruck.

Zwischen den beiden Eckpunkten des dicht besiedelten fruchtbaren Halbmondes, Ägypten und Sumer/Elam, entwickelte sich ein reger Handelsverkehr. Man kann sich vorstellen, dass es weitgereiste Menschen gab, die sich in mehreren Sprachen verständigen konnten. An den Stellen, wo die aus allen Himmelsrichtungen ankommenden Waren auf Schiffe umgeladen wurden, um den Euphrat hinab nach Babylon, Uruk, Ubaid, Ur oder Susa zu gelangen, lagen mehrere Handelsstädte, unter denen die befestigte Stadt Habuba Kabira eine bedeutende Station war. Sie wurde Mitte des 4. Jahrtausends gegründet und bestand über hundert Jahre. Ihre Befestigungsanlagen werden als beispielgebende Vorläufer der Stadtmauern des Königs Gilgamesch in Uruk angesehen. Das 4. Jahrtausend war auch kreativ in der Erfindung von Öfen.

Sir Lindsay Scott unterscheidet mehrere Typen von Öfen jener Zeit, also Brennanlagen, in denen das Brenngut in einer Kammer von der Feuerung getrennt war. Solche Öfen setzen voraus, dass die Töpferei nicht mehr nebenbei, sondern als Beruf betrieben wurde.

Papyrus-Schiff mit Tänzerinnen aus Gerzeh in Nordägypten um 3500 v. Chr. H. 40 cm. Hannover: Kestnermuseum.

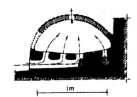

Der rekonstruierte runde Kuppelofen mit Luftkanälen aus Tepe Sialk, 4. Jahrtausend (nach **Lindsay Scott**). Das Gefäß stammt vom selben Ort zur selben Zeit wie der Ofen.

Literatur

L. Scott, In: „A History of Technology", Bd.1, Oxford 1956.

G.E. Mylonas: „Excavations at Olynthus", John Hopkins Univ. Baltimoore, 1929.

L. Woolley: „The prehistoric Pottery of Carchemish". Iraq 1, 1934, S.147.

POLITUR UND FEINSCHLAMM

Frühkykladisches Gefäß, 2600-1800, am Übergang von der Politur zum Urfirnis. H. 7,8 cm.
Der Urfirnis tritt bereits in der Jungsteinzeit in Griechenland auf den Kykladen und auf Kreta auf und wird als neolithischer Urfirnis bezeichnet. Ausdrücklich als „Urfirnis-Keramik" gilt aber erst die über das ganze griechische Festland verbreitete Keramikgattung der frühhelladischen Kultur (2500-1900 v.Chr.). Diese noch nicht auf der Drehscheibe hergestellten Gefäße waren ganz oder teilweise mit Urfirnis bedeckt und gelegentlich mit Ritzmustern versehen. Deren Blütezeit lag um 2300 (Frühhelladisch II). Später, um 2100, wurden sie mit weißen linearen Mustern oder mit Urfirnis auf weißem Grund bemalt und in diesem zuletzt genannten Fall als „gemusterte Urfirnis-Ware" bezeichnet.

Literatur

Walter Noll: „Alte Keramiken und ihre Pigmente." Stuttgart: Schweizerbart'sche Verlagsbuchhandlung 1991.

Es geht um die Erfindungen zur Verfeinerung der Oberfläche.

Man nimmt an, dass man in ältester Zeit eine glatte Oberfläche mit feuchten Tüchern erzielte, deren Spuren man auf neolithischen Scherben zu entdecken glaubt.

Älter als das Polieren ist die Barbotine-Technik, bei der der Tonkörper mit einem Tonschlamm reliefartig bedeckt wurde. Während der Schlammbewurf eher eine Distanz zum bearbeiteten Gegenstand mit sich bringt, identifiziert sich der Töpfer oder die Töpferin beim Polieren mit der Keramik. Sie sind durch die intensive Bearbeitung viel stärker mit dem Werkstück verbunden. Das Polieren hat auch sein eigenes „Gewusst wie". Von den Pueblo-Indianer haben wir gelernt, dass es beim Polieren auf den richtigen Wassergehalt des Poliergrundes ankommt. Sie verwenden (in New Mexico) ein Fett, damit das Wasser nicht zu schnell verdunstet. Beim Nachmachen hat sich auch Niveacreme als günstig erwiesen. Man erhält dann nach dem Brand eine hochglänzende Oberfläche, die einer transparenten, glänzenden Glasur nicht nachsteht.

Die Funktion des Wassers beim Polieren ist dem Haarekämmen vergleichbar. Trocken gekämmtes Haar bleibt locker und luftig; nass gekämmtes wird durch die Oberflächenspannung des Wassers zusammengehalten und bleibt auch nach dem Trocknen wie eine Schicht auf der Kopfhaut.

Gegenüber dem Polieren, das für die Jungsteinzeit typisch war, bedeutete der glänzende Feinschlamm-Beguss eine Steigerung der Arbeitsproduktivität, die – wie stets – mit einem anspruchsvolleren Know-how verbunden war.

Das Schlämmen des Tones zur Gewinnung eines feineren Tonscherbens ist in Ägypten und im Vorderen

Orient im 5. vorchristlichen Jahrtausend nachgewiesen. Das Tauchen des Grundtones in einen Feinschlamm (Slip), dem zur Verstärkung der roten Farbe auch Ocker beigemischt sein konnte, war in Anatolien sogar schon für das 7. Jahrtausend festgestellt worden.

Braidwood fand in Mesopotamien mit organischen Substanzen gemagerte und dann rot geslipte und polierte Scherben schon aus dem 6. Jahrtausend.

Die schlickerbemalte Samarra-Keramik aus dem 6. Jahrtausend v.Chr. wurde, als sie der deutsche Archäologe Herzfeld 1911 ausgrub, für eine jüngere importierte Luxuskeramik gehalten, weil sie durch die überragende Kunstfertigkeit ihrer Bemalung alles bisher Bekannte in den Schatten stellte und man sie nur den Griechen zutraute.

Zum ersten Mal in der Geschichte der Keramik kamen auf den großen, flachen Schalen stilisierte Figuren von Menschen und Tieren vor.

Viele Jahrhundete hindurch beherrschte die mit Feinschlicker bemalte Ware die Luxuskeramik von China bis Griechenland.

Dann, im 3. Jahrtausend, gab es zwei wichtige Neuerungen im östlichen Mittelmeerraum. Das waren der Urfirnis und die Kamares-Keramik. Die mit der Urfirnis-Keramik gelegten technologischen Grundlagen überdauerten die Jahrhunderte bis zum Ende der Terra sigillata, während die Kamares-Keramik eine Episode blieb.

Der Archäologe Adolf Furtwängler, der 1878/79 an Ausgrabungen in Griechenland teilnahm, hat den Begriff „Urfirnis" geprägt. Er bezeichnete damit einen Überzug, der durch alkalische Zusätze zum Feinschlamm zu einer Sinterengobe wurde. Es war eine Vorstufe zur Glasur, die tausend Jahre später in Ägypten erfunden wurde. Die Urfirnis-Keramik bestimmte die ägäische Kultur bis in die späthelladische-mykenische Zeit, die bis 1150 v.Chr. angesetzt wird. Sie bereitete die griechische Vasenmalerei vor.

Schlickerbemalte Samarra-Keramik 5500-5000 v. Chr. Ø 24,7 cm. Irak Museum Bagdad.

Kamares-Keramik aus dem Palast von Hagia Triada, spätminoisch um 1500 v.Chr. H. 16,5 cm. Die Kamares-Keramik gilt als die schönste Gattung der mittelminoischen Kultur. Sie stammt aus der Zeit zwischen 2000 und 1500 v.Chr. und ist durch Bemalung mit weißen und roten Ornamenten auf schwarzem Grund gekennzeichnet. Archäologen bezeichnen sie als die erste „Eierschalenkeramik" und nennen einige Formen „Teekannen". Die Kamares-Keramik bekundet den naturalistischen Stil der Palastzeit auf Kreta. Man fand sie in einer Kulthöhle beim Dorf Kamares in der Südwand des Ida-Gebirges auf Kreta.

DIE ERFINDUNGSREICHEN ÄGYPTER

Die Natur lieferte stets die Voraussetzungen, um Neues zu erfinden. In China wäre der liegende Ofen nicht erfunden worden, wenn es dort nicht das langflammige Holz gäbe, auch nicht die Aschenglasur, wenn die langen Flammen nicht die Holzasche durch den Ofen transportiert hätten. Im Vorderen Orient wären Fayence und Steingut nicht erfunden worden, wenn die Natur den moslemischen Töpfern nicht die Bedingungen verweigert hätte, die sie den Chinesen bot. Am Rhein wäre das salzglasierte Steinzeug nicht erfunden worden, wenn die Natur den Töpfern dort nicht die Steinzeugtone angeboten hätte. In Ägypten wäre es nicht zur Erfindung der Fritte gekommen,wenn es den Wüstensand mit seinen 30% Kalk nicht gegeben hätte, und wenn man zum Brennen nicht auf das weithergeholte Holz und ansonsten auf den kurzflammigen Schafsmist angewiesen gewesen wäre. Und zur Erfindung der Glasuren wäre es nicht gekommen, wenn die Rohstoffe der Erdkruste nicht verunreinigt wären.

Spürsinn war nötig, um herauszufinden, wie es zu alldem kam. Die Ägypter als geniale Erfinder entdeckt zu haben, war das Verdienst des englischen Archäologen Flinders Petrie in Amarna am Nil. Um es zu verstehen, muss man weiter ausholen:

Die feste Materie, der feste Aggregatzustand, kann in zweierlei Formen auftreten: in kristalliner oder in glasiger.

Im kristallinen Zustand sind die Atome in einem *Kristallgitter* fest stationiert. Zur Aufrechterhaltung ihrer Lage brauchen sie keine Energie. Der kristalline Zustand ist daher der energieärmste.

Im glasigen Zustand hingegen bilden die Atome ein bewegliches *Netzwerk*, zu dessen Aufrechterhaltung viel Energie nötig ist. Der glasige Zustand ist der energiereichste.

Um einen Kristall oder ein Kristallgemenge in den glasigen Zustand überzuführen, es zum Schmelzen zu bringen, muss ihm Energie zugeführt werden. Der glasige Zustand hat die Eigenschaft, Energie zu bewahren und sie erst (als Kristallisationswärme) abzugeben, wenn er Zeit zum Kristallisieren hat. Verhindert man die Kristallisation durch schnelles Abkühlen, so bleibt Energie zurück, also ein Material, in dem Energie eingefroren ist. Nach dessen Zerkleinerung und abermaligem Erhitzen addiert sich neue Energie zu der eingefrorenen hinzu. Auf diese Weise lässt sich durch mehrmaliges Erhitzen, Abschrecken, Zerkleinern und Wiedererhitzen des mit Schafsmist verrührten Gemenges stufenweise so viel Energie in das Material einbringen, dass sich die Atome in ihrem Gitter bewegen. Das Atomgitter bricht stellenweise zusammen, die Körner backen aneinander, das System wird zäh und dünnflüssiger, bis man es endlich auf einen Kupferstab (es war die Kupferzeit) aufwickeln kann.

So entstanden die ägyptischen Sandkerngläser, bei denen das Glas um einen Sandkern gewickelt wurde, wonach man den Sand aus dem Hohlraum herauskratzte. Das war die ägyptische Erfindung der **Fritte**: Ein Kristallgemisch wird erhitzt und abgeschreckt. Man erhält Körner, in denen Energie steckt. Die Ägypter gewannen sie aus Wüstensand und Natursoda. Die Fritte war die Voraussetzung dafür, dass man Glasflüsse herstellen konnte, ohne über die sonst nötigen Mengen energiereicher Brennstoffe zu verfügen.

Die ägyptische Frittenkunst verbreitete sich über den ganzen Vorderen Orient, und die Fritte bildete nicht nur den Scherben der ägyptischen Fayencen, sondern auch noch den der spätosmanischen Luxuskeramik. Die von den Ägyptern erfundene Vorrichtung ist als Sinterpfanne in der Hüttentechnik erhalten geblieben.

Eine Erklärung der ägyptischen Fritte-Erfindung findet man in der von Gustav Tammann 1933 angegebenen Temperatur des Trockensinterns, bei dem die Strukturpartikel eines Festkörpers so beweglich werden, dass Platzwechselvorgänge stattfinden können. Die Tammann-Temperatur für salzartige Verbindungen wie die Natursoda beträgt $0{,}57 \cdot T_s$ (= Schmelzpunkt in absoluter Temperatur). In diesem Fall beginnt bei $0{,}57 \cdot 860 = 490°C$ eine Reaktion, in deren Verlauf bei mehrmaligem Erhitzen nach und nach der feine Quarz aufgelöst und ein zähes Glas gebildet wird.

DIE DREI URMUTTERGLASUREN

Die wichtigsten Erze der Kupferzeit (2700-1600 v. Chr.) waren Kupfersulfate. Auf Cypern, nach dem das Kupfer, cuprum, benannt ist, enthielt das „cyprische Erz" neben Kupfer auch Zink, Antimon, Nickel und Blei, jedoch kein Zinn. Das Kupfer mußten die Ägypter aus der östlichen Wüste, vom Sinai oder aus Nubien heranholen, Holz aus dem Libanon oder aus Nubien, Diorit, Alabaster, Lapislazuli, Türkis und andere Steine aus bestimmten Wüstengebieten, aus Äthiopien und Vorderasien bis Afghanistan. Für diese Transporte wurden Expeditionen zusammengestellt, die kleinen Kriegszügen glichen. So wurden z.B. im 38. Jahr des Sesostris I. 17000 Mann in den Wadi Hammamaz geschickt, um Steine zu brechen.

Die Erfindung der Glasuren ergab sich im Westen im Zusammenhang mit Experimenten der Erzverarbeitung, die für die Kupferzeit charakteristisch waren. Im Fernen Osten hingegen entstanden die Glasuren als Folge des Holzfeuers, das Asche in die Brennkammer transportierte.

Die drei Urmutterglasuren, aus denen sich durch Kombinationen weitere Glasuren ergaben, waren: 1. die ägyptische Alkaliglasur in der Mitte des 3. Jahrtausends, 2. die Bleiglasur, die sich um die Zeitenwende von Kleinasien aus verbreitete und 3. die ostasiatische Aschen- oder Kalkglasur aus den West-Chou-Kulturen, 1122-770 v.Chr.

Schon im Altneolithikum, als man Gefäßkeramik herzustellen begann, verstand man es in manchen Gegenden, Kupfer zu verarbeiten. Aber diese Kenntnis verbreitete sich nicht so schnell wie die Verarbeitung von Tonen. Sie trat erst um 3000 v.Chr. stärker hervor. Dabei wurde das Kupfer nicht nur gehämmert, sondern es gab auch schon ein einfaches Gussverfahren, das wahrscheinlich zur Voraussetzung für die Erfindung von Glasuren wurde.

Man schmolz Erze verschiedener Zusammensetzungen in Steatit- oder Sandgefäßen, wobei sich an deren Wänden glasige Oberflächen bildeten. Die ersten Beobachtungen einer solchen Glasbildung beim Verarbeiten von Erzen in feuerfesten Schmelztiegeln und Gussformen werden von John Dayton auf das Ende des 3. Jahrtausends v.Chr. angesetzt, also in die Kupferzeit.

Die Erfindung der ägyptischen Urmutterglasur wird im Alten Reich angenommen, aus dem glasierte, reich verzierte Wandfliesen aus Medinet Habu aus der Zeit Ramses III. stammen. Sir Flinders Petrie fand auf der Nilinsel Elefantine flache Schalen auf drei Füßen, die er als Schmelztiegel für die Bereitung der

Literatur

John Dayton: „Minerals, Metals, Glazing & Man". London: Harrap, 1987.

A. Wertime, Science 182, 875

Hermann Müller Karpe: „Handbuch der Vorgeschichte", Bd.111, Kupferzeit. München: Beck, 1974.

Fritten deutete, aus denen die Sandkerngläser der Amarnazeit, also des frühen 14. Jahrhunderts, hergestellt wurden. Analysen ergaben, dass es sich um Natrium-Kalk-Silikate handelte, wobei das Natrium aus der Natursoda aus den nordägyptischen ariden Seen stammte, das Silizium zusammen mit dem Kalk aus Wüstensand, der 30% Kalk enthält. Hätte er diesen Kalkgehalt nicht, so hätten die Ägypter nur ein wasserlösliches Natriumsilikat, ein Wasserglas, erhalten. Rechnet man von der Analyse der Sandkerngläser zurück auf Wüstensand und Natursoda, so ergibt sich ein Versatz aus beiden Stoffen im Verhältnis 1:1. Die Zusammensetzung liegt in einem Bereich, in dem sich die niedrigste Schmelztemperatur von allen möglichen Kombinationen der beteiligten Rohstoffe befindet. Eine solche niedrigstschmelzende Zusammensetzung nennt man Eutektikum.

Die zweite Urmutterglasur war die Bleiglasur. Sie verbreitete sich im Mittelmeergebiet, und man nimmt an, dass sie aus dem erzreichen Kaukasus stammt. Über die Seidenstraße gelangte sie auch nach China, wo die bleiglasierten Tangkeramiken große Beliebtheit genossen, obwohl es sich um eine fremde Technologie handelte.

Analysen der frühen Bleiglasur ergaben eine Zusammensetzung aus Kieselsäure und Bleioxid, die beim Zurückrechnen auf die Rohstoffe unter Berücksichtigung des Schüttgewichts des Erzes auch hier eine Rezeptur aus Bleierz und Sand = 1:1 (volumenmäßig) und ebenso ein Eutektikum ergab. Auch diese Glasurerfindung steht mit Experimenten mit dem Bleierz in Verbindung.

Die früheste Bleischlacke fand man in Anatolien aus dem 7. Jt. v. Chr. Für den Zusammenhang der Glasurentwicklung mit der Behandlung der Schlacken von Kupfer und Blei ist die Kenntnis der Schmelzpunkterniedrigung durch Mineralmischungen Voraussetzung, denn die erreichbaren Temperaturen in den keramischen Öfen lagen nur zwischen 900 und 1100°C.

Ägyptische Urmutterglasur auf einem Gefäß mit Quarzfrittescherben aus Theben, 1350-1250 v.Chr. Die Form entspricht der Hieropglyphe „hes". Höhe 20,5 cm. Der Quarzfrittescherben ergibt, im Gegensatz zum Tonscherben, eine haarrissefreie Alkaliglasur. Brooklyn Museum New York,

Die Schmelztemperatur des Kupfers von 1083°C wurde nach Wertime um 6000, nach anderen Quellen bereits um 8000 v.Chr. erreicht.

Kanne mit der Blei-Urmutter-glasur aus dem 1. Jahrhundert n.Chr. Sie ist grün – eine Farbe, die in kupfergefärbten Glasuren das Blei verrät. Höhe 15,8 cm. Ashmolean Museum Oxford.

Figur aus der Tang-Zeit mit Bleiglasur („Spinat mit Ei") über wasserabweisenden Wachspunkten – eine Bleiglasur-Auftragstechnik, die die Chinesen erfanden. H. 36 cm.

Es ist kein Zufall, dass in diesen drei oder vier Jahrtausenden sich die Herstellung von Blei, Silber, Eisen, Zinn und anderen Metallen wie Antimon und Wismut gleichzeitig mit der von Glasuren im selben Umkreis entwickelte. Um 1600 v.Chr. erstreckten sich die Absatzgebiete dieser Metalle, wie aus Keilschrifttafeln hervorgeht, schon weit nach Westasien und Europa. Bronze wurde zuerst durch Legierung des Kupfers mit Arsen hergestellt, das von den Phrygern auf dem Balkan geschürft und erst um 2500 v.Chr. durch Zinn ersetzt wurde. In der Bronzezeit wurde Zinn zum kostbarsten und gesuchtesten Metall, das von Asiaten schon um 1500 in Cornwall aufgespürt wurde.

Während die Bleiglasur in der Eisenzeit in China als Laufglasur in drei Farben (grün, gelb/braun, blau) kunstvoll angewandt wurde und man sie am Hof des Kaisers und in Klöstern sammelte, war sie gegenüber der Terra sigillata selten. Gefäße mit grüner Bleiglasur wurden erst in Kleinasien und Italien, später auch in Gallien hergestellt. Im 4. Jahrhundert tritt sie auf groben Gefäßen in Noricum-Pannonien auf. Die ursprüngliche Herstellung scheint aber verloren gegangen zu sein, denn im späten Mittelalter berichten Theophilus (um 950) und Heraclius (vor 1000), dass man Bleisulfid auf die mit Klebstoff versehene Keramik aufgeblasen hat, auf der sie im Feuer eine gelbliche Glasur bildete. Um eine grüne Glasur zu erhalten, mischte man dem Bleisulfid Kupfer- oder Messingfeilspäne bei. Eine grün gesprenkelte Glasur erzielte man durch einige Kupferspäne in der Bleiglasur (wie früher auch in Gmunden in Österreich). Das Auftragen einer glasurbildenden Substanz hat sich in La Borne erhalten, wo man ebenfalls traditionell noch in der vorigen Generation das „Laitier", eine Abfallschlacke aus der Eisenverhüttung, auf das vorher in Wasser getauchte Gefäß aufstreute. Die feingepulverte Schlacke bildete mit dem Scherben eine Glasur. Und das Aufspritzen wiederum erinnert an die Chinesen, die die Glasur durch ein Stück Gaze, das am Ende eines Bambusrohrs befestigt war, aufbliesen.

Die gleiche überraschende Feststellung der am niedrigsten schmelzenden Rohstoffkombination ergaben auch die Analysen der ersten chinesischen Glasuren. Das Archäologische Institut der Chinesischen Akademie fand 1959 bei Ausgrabungen der West-Chou-Kulturen dichte graue Gefäßscherben, die sich als Steinzeug herausstellten. Sie waren mit einer Glasur versehen, die durch Holzasche gebildet war. Es war eine magisch-mystische Zeit, etwa mit dem alchimistischen Mittelalter vergleichbar, denn die Töpfer versuchten, aus der Erde ein edles Material zu gewinnen. Dieses edle Material war die Jade.

In der damaligen Zeit wäre es nirgendwo anders möglich gewesen, ein Mineral dieser Farbnuancen nachzuahmen. Es gehörten dazu eine Asche, die von Natur aus mit der nötigen geringen Dosis von Eisen verunreinigt war, und die Möglichkeit, hohe Temperaturen zu erzielen. Die erforderliche Reduktion, in der sich die Seladonfarbe bildet, ergibt sich im Holzbrand von selbst durch abwechselndes Nachlegen nach jedesmaligem Klarbrennen.

Da die Holzaschen zum größten Teil aus Kalk bestehen, können wir auch von der Kalk-Urmutterglasur sprechen. Diese ergab sich ursprünglich aus dem unmessbaren Anflug der Asche im Ofen. Er führte in Reaktion mit dem darunterliegenden Scherben zu einer Kalk-Tonerde-Kieselsäure-Glasur, die später als synthetische Rohstoffmischung zu den Höhepunkten der Glasurenkunst führte.

Sie lässt sich aus einem Volumenteil Kiefernasche und einem Volumenteil Lehm gewinnen. Diese Zusammensetzung schmilzt theoretisch bei 1170 Grad, aber die Verunreinigungen sorgen für eine niedrigere Schmelztemperatur.

Die Kalk-Urmutterglasur aus Kiefernholzasche bildete die chinesische Yüeh-Ware, die in der Songzeit in das Seladon überging. Deckelgefäß aus dem 6. Jh. H. 34 cm.

ÄGYPTISCHE FAYENCE UND ESELSPERLEN

Zu den bekanntesten Beispielen der Ägyptischen Fayence gehört dieses Nilpferd aus der 12. Dynastie (1991-1787 v.Chr.), das mit Nilpflanzen bemalt ist. Höhe 6,3 cm. Zürich, Sammlung Mildenberg.

Literatur

John Dayton: „Minerals, Metals, Glazing & Man". London: Harrap, 1987.

Wulff, Hans E., Wulff, Hildegard S., und Koch, Leo: „Egyptian Faience". Archaeology 21 (1968) S. 98-107.

Ritter, Sarre, Wunderlich: „Orientalische Steinbücher und persische Fayence-technik." Istanbuler Mitteilungen des Archäologischen Instituts des deutschen Reiches. Heft 3, 1936, S. 16-48.

Jochen Brandt und **Iris Berger**: „Eselsperlen" Neue Keramik Bd 6 (1998), Nr.1.

Ralf Busz und **Peter Gercke**: „Türkis und Azur. Quarzkeramik im Orient und Okzident." Wolfratshausen: Edition Minerva, 1999.

Die Ägyptische Fayence, von den Ägyptern „Tjehenet", das Glänzende genannt, ist mehrmals untersucht und analysiert worden. Es steht fest, dass sie aus einem kieselsäurereichen Kern besteht, der mit einem plastifizierenden Bindemittel zusammengehalten wird. Die äußerste Schicht ist mit Flussmitteln (Natron und Kalk) angereichert und mit Kupfer gefärbt. In englischsprachigen Ländern versteht man unter „Egyptian Paste" eine Keramik, die sich selbst glasiert. Die selbstglasierenden Massen, die als eine von drei Möglichkeiten zur Herstellung der Ägyptischen Fayence gelten, beruhen darauf, dass man einer quarzreichen Masse Soda beimengt, die wasserlöslich ist, deshalb beim Trocknen mit dem Anmachwasser verdunstet und an die Oberfläche gelangt, wo sie eine Sinterhaut, ja sogar eine Glasur bildet. Diese Ausblühung einer wasserlöslichen Substanz nennt man Effloreszenz. Die zweite Möglichkeit besteht darin, diese Glasur als Glasurschlicker aufzutragen. Die dritte Möglichkeit besteht in der sogenannten Zementation, bei der eine quarzreiche Keramik in ein Zementationspulver eingebettet wird, aus dem sich im Brand eine Glasur an der Keramik anlagert. Zementation ist ein Begriff aus der Metallurgie, wo sie zum Härten von Stahl dient.

In allen drei Fällen bedarf es einer wenig plastischen, quarzreichen Masse. Bei der zweiten Möglichkeit, dem Auftragen eines Glasurschlickers, ist die quarzreiche Masse nur nötig, um Haarrisse zu verhindern. Schon 1914 hatten Sir Humphry Davy und nach ihm zahlreiche andere Forscher versucht, hinter das Geheimnis der Ägyptischen Fayence zu kommen. Sie fanden, dass eine Mischung aus Quarzpulver und Soda zum Ziel führte. Nur John Dayton fand darin Kalium, das von Salinen des Toten Meeres oder aus Urin und verfaulten Tierkadavern stammte.

KHAR MOHRE
DIE IRANISCHEN BLAUEN PERLEN

Die Herstellung der persischen Eselsperlen im Zementationsverfahren wurde ebenfalls von mehreren Forschern untersucht. In der Umgebung von Ghum beginnt die große Salzwüste mit vielen offenen Salzpfannen, in denen die natriumreiche Salzpflanze gedeiht, die „Oshnan" genannt wird.

Abul Qasim hat sie 1301 in seinem „Steinbuch" beschrieben. Aus ihrer Asche werden 3 Teile mit ebensoviel Kalk und 2 Teilen Quarzpulver mit Tragant gemischt; dazu wird ein halbes Teil Holzkohle gegeben und zu dem Ganzen etwa 1% Kupferoxid, das vom Kupferschmied des Ortes als Hammerschlag bezogen wird. Die Perlen selbst bestehen aus Quarzmehl, das mit Tragant plastiziert und verfestigt wird.

Zum Brennen wird der Boden eines gewöhnlichen Keramikgefäßes von etwa 33 cm Durchmesser und 18 cm Höhe mit Glasurpulver bedeckt. Darauf folgt eine Lage der vollständig getrockneten Perlen, etwa 100 Stück. Sie werden so angeordnet, dass sie sich nicht berühren. Nun folgt eine Schicht Glasurpulver, das mit der Hand leicht angedrückt wird, dann wieder eine Lage Perlen und so fort, bis das Gefäß mit sieben bis acht Schichten gefüllt ist. 12 Stunden wird bei etwa 1000°C gefeuert.

Nach dem Abkühlen werden die Töpfe umgestülpt und die glasige, zerbrechliche Masse einfach aufgebrochen. Die Kugeln fallen heraus und sind leuchtend und ringsum blau wie Glasperlen.

Damit diese alte Technik am Leben bleibt, wurde 1997 das Projekt „Khar Mohre – Die antiken blauen Perlen des Iran" gegründet. Es wird vom iranischen Aufbauministerium getragen und finanziell unterstützt. Da die Wüstenpflanze unter Naturschutz steht, wurde eine Pflanzenfarm für die Gewinnung der Asche und des Tragants für diese Produktion geschaffen.

Eine englisch/amerikanische selbstglasierende Egyptian Paste hat folgende Zusammensetzung:

40	Feldspat
20	Quarzmehl
15	Kaolin
06	Ball Clay
06	Natriumbikarbonat (NaHCO$_3$)
06	Soda (Na$_2$CO$_3$)
05	Kalkspat
08	feiner weißer Sand
106	+3 Kupferchlorid.

Diese Masse ist bei 950°C selbstglasierend. Anstelle des Ball Clay kann man einen halbfetten Ton, anstelle der beiden Natriumverbindungen kann man auch (mindestens) 10% Soda nehmen.

Nach dem Brennen bei 1000°C lösen sich die blauen Perlen ohne Narben aus der Zementationsmasse. Das Zementationspulver, in das die quarzreichen Perlen eingelegt werden, besteht nach Jochen Brandt aus:

20,5% Soda, kalziniert
35,5% Quarzpulver
44,0% Kalkstein
100,0%
+2,0% Kupferchlorid.

Dass die griechischen Vasenmaler die feinen Linien der rotfigurigen Vasen mit dem Pinsel gemalt haben, zeigten sie auf dieser Schale. Angesichts der Perfektion dieser Linien hat man das lange Zeit nicht für möglich gehalten. (Mus.of Fine Arts, Boston.)

Der Nethosmaler, der nach seiner Amphora mit Herakles, der den Kentauren Nethos tötet, so genannt wird, führte Ende des 7. Jahrhunderts v.Chr. die Ritzlinien in den Figuren und die geritzten Konturen der schwarz-figurigen Vasenmalerei ein.

DIE GRIECHISCHEN VASEN

Um die hervorragenden Leistungen der Athener Töpfer in den historischen Zusammenhang einzuordnen, werfen wir einen Blick auf den Übergang von der Bronzezeit in die Eisenzeit, vom zweiten ins erste vorchristliche Jahrtausend. Die Bronzezeit, in der die kretische Kultur mit ihren berühmten Kamares-Vasen prosperierte, war die Zeit der großen Paläste in Kreta und in Mykene. Sie verfielen gegen Ende des 11. Jahrhunderts, die Städte gingen unter, die Dynastien verloren ihre Herrschaft. Über die Ursachen gibt es viele Vermutungen. Jedenfalls erschütterten große Völkerbewegungen die ganze Welt des östlichen Mittelmeers. Als Folge, nicht als Grund des Zusammenbruchs der hochentwickelten kretisch-mykenischen Kultur, wanderten verschiedene Stammesgruppen der Dorier ein. Ihr Name bedeutet in der Übersetzung „Speerkämpfer". Ihre Einwanderung wurde als „Rückkehr der Herakliden" bezeichnet.

Auf dem Festland folgte auf die Kamares-Keramik (Seite 85) die Mykenische Keramik mit Menschenfiguren, Pferden, Wagen, Stieren verziert, und es entstanden neue Gefäßformen. Sie bereiteten die Erholungsphase und den Aufschwung vor, der um 1000 v. Chr. einsetzte und sich in Athen zu der künstlerischen Höhe der griechischen Vasen des 6. und 5. Jahrhunderts steigerte. Die griechische Vasenmalerei begann mit geometrischen Mustern auf rotem Grund und mit einer verfeinerten Glanztontechnik. Wie bei der Kamares-Keramik wechselte im Verlauf der Entwicklung der Gebrauch der schwarzen Farbe; erst war sie die Malfarbe der Figuren, dann bildete sie die gemalten Flächen des Hintergrundes. Der verfeinerte Ober-flächenglanz war eine technische Errungenschaft, die die Keramik seit dieser archaischen Zeit bis zum Ende der Römerzeit charakterisierte.

Die Führungsrolle in den geometrisch verzierten Vasen übernahm Korinth als wichtiger Umschlagplatz für den Handel an der westöstlichen Hauptstraße Zentralgriechenlands. Die Keramik Korinths endete 550 v.Chr. Weshalb sie endete, weiß man nicht. Es wird vermutet, dass sich die Künstler für die Keramik zu gut waren und zur hohen Kunst überliefen. Jetzt trat Athen an die erste Stelle. Sein schwarzfiguriger Stil bedeutete die Zukunft. Die Gefäße wurden auf der Scheibe schärfer konturiert. Die Binnenzeichnungen wurden in die schwarzen Figuren eingeritzt. Dank Sir John Beazley können wir die Künstler identifizieren. Auch wenn sie nicht selbst als Töpfer oder als Maler signierten, so können die Arbeiten doch bestimmten Künstlern zugeordnet werden.

Die Vasenforschung setzte erst ein, als man zwischen 1828 und 1830 in Vulci dreitausend Vasen entdeckte, wie man überhaupt die meisten griechischen Vasen in etruskischen Kammergräbern fand. Die attischen Vasen haben zumeist mit dem Symposion zu tun. Das war das ausschweifende Trinkgelage nach der Mahlzeit mit Zutrinken, Trinksprüchen und Straftrinken. Auf die griechischen Vasen gehen auch die Bezeichnungen Fuß, Bauch, Körper, Schulter, Hals und Lippe der Gefäße zurück. In der Technik ist man so verfahren, wie es Wedgwood später tat, als ihm die Färbung der Masse zu teuer wurde und er zum Engobieren (dipping) überging. Die Athener engobierten ihre gedrehten Gefäßen durch Tauchen in einen eisenhaltigen Ton, dessen Farbe durch Okker verstärkt wurde. Dieser rote Grund überzog das ganze Gefäß. Er wurde mit einem Schlicker bemalt, der im Gegensatz zum Schwarz beim Brennen porös bleiben musste. Es war das „absichtliche Rot".

Bei den schwarzfigurigen Vasen wurden die Silhouetten der Figuren schwarz gemalt, bei den rotfigurigen malte man hingegen den Hintergrund schwarz. Die schwarzen Figuren erhielten eingeritzte Binnenlinien, bei den rotfigurigen wurden die feinen schwarzen Linien gemalt.

Die weißgrundigen Vasen des reichen Stils waren rot bemalt mit ausfliegenden Konturen.

Nach dem Brand bei 840°C sintert ein durch Schlämmen gewonnener Feinton-Schlicker aus illitischem Ton bereits nach einer Reduktionsdauer von etwa 3 Minuten, ein kaolinitischer Ton erst nach etwa 14 Minuten. Die gesinterte illititsche Malschicht ist der Reoxidation nicht mehr zugänglich und bleibt schwarz (nach Adam Winter). Kaolinit und Illit sind beides Tonminerale. Der Kaolinit ist nur ein wasserhaltiges Aluminiumsilikat, während der Illit außerdem noch ein wenig von dem Flussmittel Kaliumoxid enthält.

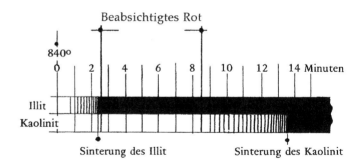

Gebrannt wurde im Dreistufen-Verfahren, also erst reduzierend, wobei alles schwarz wurde, dann oxidierend, wobei die Grundengobe zu rot reoxidierte, während alles, was schwarz bleiben sollte, durch die gesinterte Oberfläche versiegelt war und den Sauerstoff nicht durchließ.

Nach dem schwarzfigurigen Stil mit eingeritzten Binnenlinien und dem rotfigurigen mit aufgemalten Binnenlinien folgte im ausgehenden 5. Jahrhundert v.Chr. der reiche Stil mit kupferroter Malerei auf einer Engobe aus einem weißbrennenden kaolinitischen Ton, dem man wahrscheinlich Pottasche zusetzte. Jedenfalls wurde in ihm ein Kaligehalt nachgewiesen, der sich an der Oberfläche konzentrierte, weil die wasserlösliche Pottasche beim Trocknen mit dem Verdunstungsstrom an die Oberfläche wanderte. Mit Hilfe dieser angereicherten Flussmittel sinterte die Oberfläche und versiegelte das Kupfersulfat, nachdem es reduziert worden war. Das Kupfersulfat war wahrscheinlich das Mineral Chalkanthit aus den nahegelegenen Gruben. In Wasser aufgelöst und aufgemalt, sank die Flüssigkeit in den porösen weißen Grund ein, was zur Folge hatte, dass die rote Malerei keine scharfen Konturen bekam. Das reduzierte und versiegelte basische Kupferkarbonat blieb rot. Für den weißen Grund waren Reduktion und Reoxidation unwirksam. Er blieb weiß.

Die griechische Vasenkunst endete 300 v.Chr.

TERRA SIGILLATA

Wenn es nicht die Logik der Zeitenfolge gäbe, möchte man annehmen, die Römer hätten die Terra sigillata für den Elektroofen erfunden.

Vom Material her gesehen ist sie ein reines Produkt der Erde. Die Gebrauchsfunktion wird nicht durch Undichtigkeit beeinträchtigt, obwohl die Keramik bei niedriger Temperatur oxidierend gebrannt wird.

Die Römer führten auf ihre Weise die Technik des Feinschlamms in ihrer Terra sigillata auf eine neue Höhe. Die Keramik war jetzt ein Massenprodukt, keine Luxuskeramik mehr. Der erste Unternehmer war der orientalische Grieche Marcus Orennius Tigranus um 30 v.Chr. in Arretium (Arezzo). Er beschäftigte über hundert Töpfer und stellte jährlich an die 70.000 Gefäße her.

Als Massenware wurde die Terra sigillata von den Legionären in die Provinzen gebracht und überlagerte dort die bodenständige Töpfertradition.

Diese stammte aus der Kultur der ausgehenden Latènezeit mit einer hochentwickelten Keramik mit schwarzer Politur und geometrischer Bemalung in Weiß und Rot.

Nach den Typen, Reliefstilen und Töpferstempeln kann man das Vordringen der Legionen in den Provinzen verfolgen. Damit ist die Terra sigillata ein Zeugnis historischer Vorgänge.

Sie wurde in augusteischer und tiberischer Zeit von Arretium und Puteoli aus weiträumig exportiert: von England bis Ägypten und in einem Fall sogar bis Indien. Von etwa 20 n.Chr. an war La Graufesenque in Südgallien der wichtigste Produktionsort. Dann folgten im 2. Jahrhundert Lezoux und Rheinzabern, und schließlich splitterte sich die Produktion in viele Kleinbetriebe auf. Zum Schluss tritt im 4. Jahrhundert in den Argonnen ein Zentrum mit Rädchenmustern hervor. In jenem Jahrhundert gab es eine

Formschüssel aus Arezzo. Die formvollendeten Handstempel und Formschüsseln in Arezzo waren in der Feinheit ihrer Form und Ausführung unübertroffen.

Literatur

Adam Winter:
„Die antike Glanztontechnik". Mainz: Philipp von Zabern, 1978.Lexikon der Alten Welt. Zürich und Stuttgart: Artemis, 1965.

hellorangefarbige „Terra sigillata chiara" in Nordafrika. Die schwarze Terra nigra war ein in den Formen abgewandeltes Aufleben der ursprünglichen bodenständigen schwarzpolierten Latène-Keramik.

Gegen das 7. Jahrhundert verschwindet die Terra sigillata aus der Geschichte.

Ihre besondere Technik bestand darin, dass sie auf der Töpferscheibe in eine Formschüssel eingedreht wurde, wobei sich die in die Formschüssel eingedrückten Vertiefungen als erhabene Reliefs abformen. Der oben überstehende Ton wurde frei fertiggedreht.

Formschüsseln hatten schon die Griechen bei ihren halbkugeligen, zumeist tief schwarzen und metallisch glänzenden „megarischen Bechern" benutzt, die um 250 v.Chr. die absterbende figürliche Vasenmalerei ablösten. Sie waren ein Zeichen für die immer stärker in die Keramik eindringenden metallischen Vorbilder. Ihre Herkunft war nicht die Stadt Megara, sondern Athen.

Beim Aufschlämmen des Tones sinkt der unbrauchbare Bodensatz (c) schnell auf den Grund des Schlämmgefäßes;
darüber setzt sich der Arbeitston (a) ab,
darüber die etwas feinere Tonengobe (f), während die ganz feinen Teilchen des Glanztones (b) das darüberstehende Wasser trüben.
Der Arbeitston (a) kann für den Scherben (d) benutzt werden, auf den der Glanzton (b) als Terra sigillata (e) aufgetragen wird.
(f) eignet sich als Engobe.

Nach **Adam Winter.**

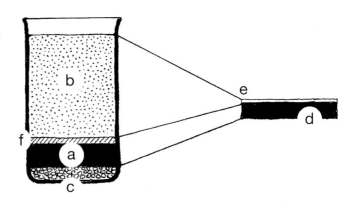

Man kann die rote Terra sigillata auch bei etwa 900 Grad reduzieren und erhält dann die Terra nigra oder die griechische Schwarzkeramik

98

NOT MACHT ERFINDERISCH

Im Mittelalter, das wir oft grau nennen, glänzte der Orient in schillernden Farben und hohem Luxus. Die Kreuzfahrer, die nach Hause zurückkehrten, berichteten nicht nur über die Popsänger, denen in den islamischen Städten die Jugend zuströmte und die in den europäischen Burgen nun den Minnesang modern machten, sondern auch über die Pracht, die Genussfreudigkeit und hohe Kultur, die sie gesehen hatten. Harun ar-Raschid hatte schon im 9. Jahrhundert Karl dem Großen einen Elefanten, ein Zelt aus feinstem Stoff, eine Wasseruhr und zwei Keramiken geschenkt, die im Aachener Dom eingemauert sind.

Von Ausgrabungen in Samarra, das von 836 bis 883 Residenz der Abbasiden war, weiß man, dass man dort kaiserliches Porzellan aus China besaß, das Gesandte als Geschenke gebracht hatten, und es wurden auch Versuchsstücke ausgegraben, die bewiesen, dass die muslimischen Töpfer versuchten, die chinesischen weißen Tangporzellane nachzuahmen. Da sie aber nur über untaugliche Mittel verfügten, strebten sie nach einer Keramik, die wenigsten so aussah wie das Porzellan. Harun ar-Raschid wird als Vater der Fayence angesehen, die im 9. Jahrhundert als neue Luxuskeramik in Erscheinung trat und die weit über dem Niveau der landläufigen Töpfereierzeugnisse stand.

Dreimal haben die chinesischen Vorbilder die konservative Haltung der muslimischen Töpfer durchbrochen und anregungsbedingte Übertragungsketten ausgelöst. Diese Inspirationen waren im 9. Jahrhundert die Tang-Keramiken, im 11. Jahrhundert die Song-Keramiken und im 15. Jahrhundert das blauweiße Ming-Porzellan.

Die Töpfer griffen auf die Fritten- und Glasurerfahrungen der alten Ägypter und Elamiter zurück,

Eine der ältesten Fayencen ist dieser Teller mit kobaltblauer Malerei aus der Khalifenzeit in Mesopotamien. Islamisches Museum Berlin.

Lüsterfayence-Albarello mit Miniaturmalerei aus Ray, Iran, 13. Jh. H. 35 cm. Die Lüsterfayencen entstanden vermutlich aus dem Erfahrungsaustausch der Töpfer mit den aus Ägypten geflohenen Glasmachern in Basra am Persischen Golf.

Literatur

Gustav Weiß: „Ullstein Fayencenbuch", Berlin: Ullstein 1970.

die auch den Gebrauch des Zinnoxids als Trübungs-
mittel kannten. Ob die Erfindung der Fayence aus
der Not der untauglichen Mittel zur Herstellung des
Porzellans allein muslimischen Töpfern zuzuschrei-
ben ist, kann nicht so sicher behauptet werden. Denn
es ist nicht groß bekannt geworden, dass die
abbasidischen Truppen 751 in einer Schlacht am
Talas in Westturkestan ein chinesisches Heer besiegt
hatten und zwanzigtausend Gefangene machten, von
denen einer zugab, dass sie als Sklaven die Fertigung
von Feinkeramik eingeführt hätten. Dazu muss man
sagen, dass man die Fayence in China nicht kannte,
wohl aber über den sechsten Sinn dafür verfügte.
Und die Anregung war keine Einbahnstraße, denn
die Töpfer in China machten es wiederum den muslimischen Fayencetöpfern nach, die als Erste das Kobalt als Malfarbe benutzten und die Aufglasurmalerei
erfanden. Kobalt wurde auch aus Persien nach China geliefert.

Die weiße Glasur gewann man aus einem „Äscher",
den man dadurch herstellte, dass man Blei in einer
Pfanne schmolz und das Zinn einrührte. Das beste
Weiß ergab ein Verhältnis von Blei zu Zinn = 1:1.
Diese Äscherherstellung wurde in Europa noch bis
vor dem 1. Weltkrieg beibehalten.

Die persischen Töpfer trugen die Glasur auf einen
Quarzfrittescherben auf, der aus 10 Teilen Quarzsand,
1 Teil Fritte und 1 Teil weißem Ton zusammengesetzt war. Die Fritte bestand dabei aus 105 Teilen
Quarz und 100 Teilen Pottasche.

Das alles wissen wir von Abul Qasim. Die Masse, die
durch den weißen Ton plastifiziert war, ließ man über
Nacht „gären". Die Stücke wurden auf der Töpferscheibe gedreht, verschrüht und nach dem Glasieren mit
einer blauen Farbe aus Quarz und Kobaltglanz, von
dem es hieß, er sei von König Salomon entdeckt
worden, bemalt. Gebrannt wurde in Tonkapseln mit
Deckel zum Schutz gegen Flugasche. Beim Brennen
sank die Malerei in die weiße Glasur ein „wie Tinte

1301 erschien in Täbriz das
„Steinbuch" des Abul Qasim,
Sohn eines Töpfers in
Kashan, von dem herrliche
Gebetsnischen mit ausgesäg-
ten Kufi-Schriften erhalten
sind; eine davon auf der
Museumsinsel in Berlin.

Das Meißner Porzellan war
erst mit Aufglasurfarben
bemalt. Die Porzelliner haben
niemals zugegeben, daß das
einfacher war als die Unterglasurmalerei, denn man
verfügte über Emailfarben-
Erfahrungen der Wald-
glashütten aus dem 13. bis
17. Jahrhundert. Hingegen
wurde die Kobaltfarbe unter
der Glasur gelöst, weil man
das „Steinbuch" nicht kannte,
in dem ausdrücklich gesagt
wird, daß das Kobalt, um der
lösenden Wirkung der Glasur
zu widerstehen, mit Quarz
vorgeglüht wurde.

auf Schnee". Wir begegnen hier also der ersten Anwendung des Schrühbrandes und der ersten Verwendung von Brennkapseln. Der Brand dauerte eine Woche. Als Brennmaterial dienten in Kashan Wermutstauden und Nussbaumholz, in Täbriz geschältes Weidenholz.

Zu den spektakulärsten technischen Erfindungen der islamischen Keramik zählen die Lüsterfayencen. Die persischen Töpfer verwendeten dazu einen Teig aus gelbem und rotem Arsenik, Silber- und Goldmarkasit, Vitriol und Kupfer, in Traubensirup und Essig aufgelöst. Er wurde auf die fertige Glasur aufgemalt und in einem dreitägigen Brand bei schwachem Rauch aufgeschmolzen. Die abgekühlten Stücke wurden mit feuchter Erde abgerieben und glänzten dann „wie rotes Gold, und leuchteten in der Sonne". Das Verhältnis von Silber zu Kupfer bestimmte die Lüsterfarbe zwischen Gelb und Goldton.

Wieviel Zeit zum Erlernen dieser Kunstfertigkeit für nötig gehalten wurde, zeigt ein Vertrag aus dem Jahre 1507, in dem ein maurischer Töpfer von Calatayud sich verpflichtet, einem Landsmann die Lüstertechnik in viereinhalb Jahren beizubringen.

Eine weitere Erfindung der Muselmanen, die diesmal den türkischen Töpfern zufiel und die dem blauweißen Ming-Porzellan der Chinesen nachstrebte, war das Steingut, das durch eine Malerei unter einer durchsichtigen Glasur gekennzeichnet ist. Dazu mußte der Grund möglichst weiß sein, und die Farben sollten leuchten. Der weiße Grund wurde erreicht durch einen zinnoxidhaltigen Anguss – einer Zinnglasur mit einem hohen Zusatz an weißem Ton. Die Leuchtkraft der Farben wurde durch die hohe Lichtbrechung der Bleiglasur erzielt, die jedoch, damit es keinen gelben Stich gab, mit der Alkaliglasur gemischt wurde.

Alle Erfahrungen aus dem islamischen Vorderen Orient gelangten nach Europa, wo sie neue künstlerische Höhepunkte auslösten.

Die Töpfer in Faenza erfanden die weißgrundige Fayence, die nach der Stadt Faenza „Fayence" genannt wird, weil sie hauptsächlich nach Frankreich geliefert wurde. Dieser Teller mit durchbrochener Fahne ist im „skizzenhaften Stil" blau bemalt, ergänzt durch Gelb und Orange. 2. Hälfte 16. Jh., Ø 25,5cm.

Der aus Meißen „in voller Montur" entflohene Aufglasurmaler Adam Friedrich von Löwenfinck bemalte Fayencen mit seinen mitgebrachten Farben und wurde zum Begründer der Aufglasurfayencen („Faience à petit feu"). Teller von A. F. von Löwenfinck aus Fulda, 1751.

PORZELLAN

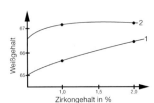

Russische Forscher fanden heraus, dass sich der Weißgehalt von Porzellanen durch Zusatz von Zirkon ($ZrSiO_4$, Kurve 1) oder Zirkonoxid (ZrO_2, Kurve 2) erhöhen lässt.
Ihre Masse bestand aus 42 Kaolin, 7 weißem Ton, 18 Pegmatit, 25 Quarz, 2 Tonerde und 6 Scherbenmehl.

Literatur

Salmang/Scholze: „Keramik." 2.Teil, S.103-111. Springer: Heidelberg 1983.

H. Bulst: „Der Einfluss der Quarzverspannung auf die Erhöhung der mechanischen Festigkeit des Porzellans." Keram.Z. l(1993) S.18-20.

G. Weiß: „Ullstein Porzellanbuch." Berlin: Ullstein 1994 (4.Aufl.)

Durch seine Lichtdurchlässigkeit vermittelt das Porzellan den Eindruck von Zartheit, worin es sich vor allen anderen keramischen Werkstoffen auszeichnet. Dass Porzellan nicht gleich Porzellan ist, hat Ludwig XIV. erfahren, als er von den Persern das als „Persisches Porzellan" bezeichnete Frittenporzellan in Vencennes einführte, das zwar für künstlerische Zwecke, vor allem zum Bemalen, vorzüglich geeignet war, aber nicht für Teetassen. Die zersprangen beim Eingießen des heißen Tees. Es überlebte als *Pâte tendre artificielle*. Das Gebrauchsgeschirr stellte man besser im Hartporzellan Böttgers, der *Pâte dure*, her. Im Laufe der Geschichte hat es mehrere Weichporzellane gegeben; auch das chinesische ist ein solches, allerdings auf Tonbasis, nicht auf Frittenbasis. 1748 erfand der Kupferstecher Thomas Frye im Osten von London das *Knochenporzellan*, *Bone china*, das heute das wichtigste Weichporzellan darstellt, weil es noch am festesten ist, einen hohen Weißgehalt besitzt und infolge seiner niedrigen Brenntemperatur ökonomisch hergestellt werden kann. Der hohe Weißgehalt des Knochenporzellans rührt daher, dass das Eisen im Phosphatglas nicht gelb färbt, sondern weiß. Das Knochenporzellan wird zur Hälfte aus Knochenasche, also einem Phosphat, zu einem Viertel aus Feldspat und zu einem weiteren Viertel aus Kaolin hergestellt. Zur Verbesserung der Bildsamkeit wird noch ein wenig (1%) weißfetter Ton hinzugefügt. Im Vergleich dazu hat das Hartporzellan eine Zusammensetzung aus 50 Kaolin, 25 Feldspat und 25 Quarz. In diesem Silikat färbt das Eisen gelb. Deshalb muss es in reduzierender Atmosphäre gebrannt werden; dann färbt das wenige Eisen eher ins Grünliche, was den Weißgehalt nicht so stark beeinträchtigt wie das Gelb. Außerdem beeinträchtigt das Eisen durch Absorption der Lichtstrahlen die Durchscheinbarkeit.

Das Scherbenglas des Knochenporzellans ist eine Emulsion von Silikat- und Phosphatglas. Die Emulsion verringert durch ihre zahlreichen Tröpfchen (die reflektierende Grenzflächen bilden) die Durchscheinbarkeit. Deshalb soll man beim Knochenporzellan nicht auf Transparenz hoffen.

Für Weichporzellane, bei denen also das Scherbenglas eine wichtige Rolle spielt, ist es interessant zu wissen, dass sich dieses Glas genauso verhält wie eine Glasur, nur dass es anstatt des Scherbens Quarzkörner umhüllt. Es besitzt eine sehr geringe Zugfestigkeit und eine hohe Druckfestigkeit. Deshalb soll es auf Druck beansprucht werden, weil es sonst Risse gibt. Was bedeutet das? Weichporzellane haben viel Feldspat, nämlich 35 bis 40%. Sie bilden ein alkalireiches Scherbenglas, das eine hohe Wärmedehnung besitzt. Je mehr die Masse feinen Quarz enthält, desto mehr kann dieses Scherbenglas davon lösen, wodurch es quarzreicher wird, seine Wärmeausdehnung verringert und unter Druck gerät, indem die verbliebenen größeren Quarzkörner sich beim Abkühlen stärker zusammenziehen als das Glas.

ERFAHRUNGEN BEIM ARBEITEN MIT WEICHPORZELLAN

Alle Weichporzellane haben den Vorteil, dass sie im Elektroofen, also oxidierend, gebrannt werden können. Trotzdem ziehen es manche Keramiker vor, das Weichporzellan im Gasofen reduzierend zu brennen, weil es dann weißer wird. Die Massen sind gewöhnlich sehr plastisch und empfindlich gegen eingeschlossene Luft. Deshalb empfiehlt sich eine Vakuumstrangpresse, wenn man Abfälle aufarbeiten möchte. Die Blasenbildung, die als häufiger Fehler beim Weichporzellanbrand auftritt, kann vermieden werden, wenn man beim Aufheizen bei 920 Grad eine halbe Stunde die Temperatur hält.

Die Mullitnadeln, die bei hoher Temperatur auskristallisieren, verleihen dem Hartporzellan seine Festigkeit. Dieser „Sekundärmullit" ist wirksamer als der körnige „Primärmullit", der bereits bei 1000°C entsteht. Er ist im Bild links oben zu sehen. (Elektronenoptische Aufnahme)

Weichporzellan-Arten:
a) David Leach-Masse: 55 China Clay, 25 Feldspat, 15 Quarz, 5 Bentonit.
b) Segerporzellan: 31 fetter Steingutton, 39 Quarz, 30 Kalifeldspat.
c) Chinesisches Porzellan: 32 Kaolin, 31 Quarz, 19 Feldspat, 18 Kaliglimmer.
d) Japanisches Porzellan: 30 Kaolin, 45 Quarz, 27 Feldspat.
e) Parian (ergibt, mit Salzsäure geätzt, Marmorkörnung): 34 Kaolin, 12 Quarz, 54 Feldspat.
f) Sèvres Pâte tendre: 7 Ton, 33 Quarz, 46 Fritte, 14 Kreide.
Die für die Medici in Florenz tätigen Arkanisten erfanden 1581 ein „Mediciporzellan" aus Tonen Oberitaliens.

Molochit (engl.Molochite) besteht aus 55% Mullit und 45% amorphem Kieselglas und wird in Körnungen zwischen 0,002 und 6,7mm angeboten. Es ist ein bei 1525°C gebrannter weißer China Clay mit einer sehr geringen Wärmeausdehnung von 4,44·10⁻⁶/°K. Dadurch ist die Temperaturwechselfestigkeit sehr hoch, was unter anderem für ein Hochtemperatur-Raku wichtig ist.

Elekronenoptische Aufnahmen des Molochites zwischen Mullitnadeln im Kieselglas.

Bei allen Massen, die infolge eines hohen Flussmittelgehalts mager sind, ist die Trockenschwindung gering, und es gibt praktisch keinen lederharten Zustand. Sie trocknen sehr schnell und brechen leicht. Ihre Festigkeit erlangen sie erst durch das Scherbenglas, das sich beim Verschrühen bildet. Deshalb soll die Verschrühtemperatur nicht unter 950°C liegen. Porzellanmodelliermassen sind mit Kaolinschamotte versetzt. Eine Besonderheit bildet das T-Material, das 50% Molochit enthält. Das billigere Y-Material enthält eine weiße Hartbrandschamotte. In Versuchen hatte das T-Material bei 1250°C nur eine Brennschwindung von 3% und war nicht deformiert. Die mit Molochit versetzte Masse ist auch vor Kühlrissen im Feuer sicher. Beide aus England stammenden Modelliermassen sind für Brenntemperaturen zwischen 1200 und 1300°C bestimmt. Sie sind nicht durchscheinend.

Porzellan mit Hochtemperaturglasuren glasiert, führt zumeist zu Ergebnissen, die dem glasierten Steinzeug überlegen sind.

Man kann aber auch den geschrühten, porösen und saugfähigen Porzellanscherben eine Woche lang in eine Sodalösung legen, damit er sich vollsaugen kann. Danach lässt man ihn wieder eine Woche trocknen. Dann brennt man im Elektroofen, also oxidierend, bei der Temperatur des betreffenden Weichporzellans, wobei das Stück orangefarben wird. Die Soda, die mit dem verdunstenden Wasser an die Oberfläche wandert, transportiert nämlich das Eisen mit, das nur in Spuren im Porzellan enthalten ist. Die wasserlösliche Soda befördert das Eisen beim Trocknen an die Oberfläche. Es ist dieselbe Erscheinung wie beim „Eisenfuß" am unglasierten Saum einer Glasur, die mit einer ungeschlämmten Asche hergestellt wurde. Die äußerst geringe Menge Eisen im Porzellan führt zu dieser Rotfärbung bei oxidierendem Brand.

Rechte Seite:
Keramik/Glas-Objekt von Nica Haug.

NEUE TECHNIKEN DER KUNST

FASERN IM TON

Arbeit aus Paperclay von Margot Spuhler.

Für Plastiken, die eine Spitzenbekleidung erhalten sollen, werden die Textilspitzen in einen Schlicker getaucht, der 30-35% Glattscherbenmehl enthalten soll, damit die Spitzen im Brand nicht zusammenfallen. Man nimmt dazu einen Gardinenstoff mit möglichst weiten Maschen, zieht ihn durch den Schlicker und läßt diesen hängend etwas antrocknen. Im richtigen Augenblick, weder zu hart noch zu weich, legt man den Stoff um die Figur und kittet ihn mit Schlicker an.

Fasern können im Ton verschiedenerlei bewirken:

• Sie können als Stützgerüst für einen Tonschlamm dienen, der an ihnen trocknet und nach dem Brennen ihre Struktur bewahrt. Das ist zum Beispiel beim „Spitzenporzellan" der Fall. Es müssen aber nicht immer Spitzen sein, und es braucht auch nicht immer Porzellan zu sein.
• Sie können als Glas- oder Mineralfasermatten oder -gewebe in die Tonmasse eingebettet sein, den gebrannten Scherben leicht und fragil machen oder dessen Oberfläche mit Rissen und Schründen versehen.
• Sie können als feinste Kaolin- oder Tonerdefasern mit Porzellanmasse wie handgeschöpftes Papier verarbeitet werden und ergeben dann das „Porzellanpapier", das wie übliches Papier oder Karton geschnitten, gefalzt, geklebt werden kann und je nach Kartondicke vor dem Deformieren im Brand durch Fasermatten mehr oder weniger gestützt („Stützwatte") oder in Tonerdepulver eingebettet werden muss.
• Sie können als Zellulosefasern die Eigenschaften des Tones verändern, ihn im trockenen Zustand härter und wasserunempfindlicher machen. Ein solcher „Paperclay" eröffnet dem Keramiker wieder ganz andere, neue Möglichkeiten der Materialwirkung und des Gestaltens.
Glas- oder Mineralfasern im Ton oder solche, die im keramischen Ofenbau eingesetzt werden, verbinden sich beim Brennen mit dem Scherben. Mit Tonschlamm „getränkte" Fasermatten (sie sollen nicht dicker als 2 mm sein) oder in Ton eingebettete, eingedrückte Fasern ergeben Oberflächen, die an rissige Erde oder ausgetrocknete Flussbetten erinnern. Man kann sie als Bildplatten verwenden, bemalen

und brennen, man kann sie aber auch einer unebenen Unterlage, einem Relief oder einer konkaven oder konvexen Gefäßform anpassen, also in oder über einer Gipsform verarbeiten. Wenn man sie bei 1000 Grad verschrüht, lassen sie sich mit kreidigen Farbstiften bemalen, die besonders gut geeignet sind, um pastellartige Wirkungen zu erzielen.

ARBEITEN MIT PORZELLANPAPIER

DIN-A4-große Bögen gibt es in verschiedenen Dicken im Fachhandel. Man kann sie durch Handschöpfen mit Sieben auch selbst herstellen und dabei eine Mischung aus Kaolin und Feldspat (wie beim Porzellan, jedoch ohne Quarz) einarbeiten. Porzellankarton von 3 mm Dicke eignet sich sehr gut für Platten, wenn man z.B. Türfüllungen an Möbeln mit bemaltem Porzellan versehen will. Diese Platten sind sehr leicht und verziehen sich nicht. Porzellanpapier (auch Steinzeugpapier) wird bei Weichporzellantemperaturen gebrannt. Es verträgt aber keinen Schrühbrand. Man muss es also im Einbrandverfahren brennen.

PAPERCLAY

Mit Zellulosefasern vermischter Ton hat eine hohe Rohbruchfestigkeit und Wasserunempfindlichkeit. Aus diesen Gründen bietet sich der Paperclay zum Glasieren im trockenen Zustand an und somit zur Einsparung der sonst für den Schrühbrand erforderlichen Energie. Da diese Massen nur sehr geringfügig schwinden, ergibt sich auch die Möglichkeit zu besonderen künstlerischen Wirkungen durch Einfügen von Scherbenbruchstücken oder anderen starren Teilen in den Ton.Trockene Teile können mit Paperclay-Schlicker zusammengeklebt oder klaffen-

In der Kunst des Origami gefaltetes Porzellanpapier besitzt genügend Gestaltfestigkeit, um im Brand zu bestehen, wenn die Objekte nur etwa 5 cm hoch sind. Zum Arbeiten mit Porzellanpapier braucht man außer dem Papier selbst noch einen Wasserglas-Kleber und Stützwatte. Die Ränder können durch aufgeklebte Streifen verstärkt werden.

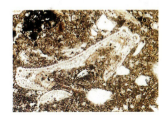

Das Rathgen-Forschungsinstitut in Berlin untersuchte die im alten Ägypten seit dem dritten Jahrtausend v.Chr. verwendeten Tone: den Nilschlamm und einen Mergelton. Während dieser kalkhaltig war und ungemagert verwendet wurde, enthielt der Nilschlamm Pflanzenteile, die bei 75facher Vergrößerung als faserige Pflanzenreste mit Stützzellen identifiziert werden konnten. Diese Keramik wurde üblicherweise bei 800°C gebrannt.

Kreidige Farbstifte zum Bemalen von faserversetzten Oberflächen kann man selber herstellen, indem man Porzellanmasse mit Farbkörpern oder Oxiden vermischt: 80 Teile rote oder gelbe Farbkörper mit 20 Teilen Porzellanmasse für rote oder gelbe Farbe, je nach dem Farbkörper.
50 Teile Chromoxid mit 50 Teilen Porzellanmasse für Spinatgrün.
80 Teile Kupferkarbonat mit 20 Teilen Porzellanmasse für Kupfergrün.
Brennen bei 900 Grad zur Verfestigung dieser Kreiden.

Ein Tonmineralkristall ist etwa 0,5 Zehntausendstel Millimeter groß, eine im Ton vorkommende Bakterie 1 Zehntausendstel Millimeter. Eine Zellulosefaser hat einen Durchmesser von etwa 0,5 und eine Länge von höchstens 6 Tausendstel Millimeter. Zellulosefasern sind also in der Breite kleiner als die Ton-Bakterien und passen zwischen die feinsten Partikel, die den Ton aufbauen. Diese Maßangaben sind Mittelwerte innerhalb eines Größenbereichs von Länge und Breite.

Dadurch, dass die Fasern kreuz und quer in der Masse liegen, ist deren kapillare Saugkraft eingeschränkt. Infolgedessen kann man Paperclay mit Wasser ausbessern und auch trocken zusammenmontieren. Das gilt auch für Polypropylenfasern.

de Risse, auch in gebrannten Stücken, ausgefüllt werden. Runde oder kantige Stäbe oder horizontal vorgefertigte Platten lassen sich nach dem Trocknen wie Holzbretter zusammenkleben.

Paperclay hat eine hohe Rohbruchfestigkeit und eine sehr geringe Trockenschwindung. Die Fasern legen sich über die Tonpartikel und verketten sie gewissermaßen. Dazu würden Fasern genügen, die 1mm lang sind, denn diese können bereits hundert von den etwa ein Hundertstel Millimeter großen Partikeln verketten. Da sich die Fasern überdies in jeder Richtung einlagern, verändern sie die Rissausbreitung, d.h., dass eigentlich nicht die Festigkeit erhöht wird, sondern der Bruchwiderstand.

Die Zellulosefasern nehmen im Gegensatz zu anderen Fasern Wasser auf; sie quellen und schrumpfen. Volumenänderungen des Tones können in sie ausweichen, weil sie sich zusammendrücken lassen. Der Tonmasse ist der Fasergehalt nicht anzusehen. Sie lässt sich sogar polieren.

Die Veränderungen der Trocknungs- und Brennwerte sind von Menge und Art des Tones und ebenso der Fasern abhängig. Nach dem Brennen ist Paperclay genauso glatt und einwandfrei wie ein gewöhnlicher Scherben. Auch der Klang ist nicht gedämpft. Das gilt auch für Polypropylenfasern. Die verbrennenden Fasern (sie verbrennen zwischen 200 und 250 Grad) hinterlassen, wie alle organischen Fasern, nicht nur Mikroporen, sondern auch eine Asche, die bei der weiteren Temperaturerhöhung mit den Scherbenbestandteilen reagiert und zur Bildung des Scherbenglases beiträgt, das durch seine Oberflächenspannung die Poren zusammenzieht, wodurch die Klangfarbe beim Anschlagen erhöht wird.

Zerfluste Rohrkolben, die die Töpfer in Mexiko und Litauen zu ihrem „Paperclay" verwenden, haben gegenüber dem aus Papier hergestellten Papierschlamm den Vorteil, dass sie keine Klumpen bilden und sich leichter in den Ton einkneten lassen.

WIE GEHT MAN VOR?

Zellulosefasern gewinnt man gewöhnlich aus zerrissenem Toilettenpapier, in heißem Wasser mit einem elektrischen Küchenquirl aufgequirlt, dann durch ein Küchensieb abgesiebt, um den Klebstoff aus dem Papier auszuwaschen. Im Sieb drückt man das Wasser aus und erhält somit eine lockere, wasserarme Masse wie eine feuchtgewordene Watte. Die Fasern schließen sich nicht vollständig auf, sondern bilden Flocken. Die Zellulosefasern bringt man nun mit dem Ton, der Steinzeug- oder Porzellanmasse zusammen. Man kann sie einkneten oder als Masseschlamm vermischen: ein Drittel Volumen Faserschlamm zu zwei Dritteln Volumen Masseschlamm oder bei einem mageren Ton 5 Gewichtsprozent Fasern auf 100 Gewichtsprozent Tonpulver, bei einem plastischen Ton 10 Gewichtsprozent. 1 Liter trockene Faser (in ein Messglas gestopft) wiegt 86-90 Gramm.

Hat man das Vermischen von Fasern und Ton mit Schlämmen vorgenommen, so muss das Gemisch bis auf plastische Konsistenz am besten auf einer Gipsplatte eingetrocknet werden. Um diese Zeit zu verkürzen, kann man an Stelle des Tonschlammes einen Gießschlicker nehmen.

Der aufgeschlämmte Ton hat nämlich 40-60% Wasser, ein Gießschlicker nur 23-28%, bei Porzellan 28-30%, das heißt, nur um etwa 2% mehr Wasser als die plastische Masse. Man kann dem Tonpulver auch 0,8% Wasserglas zusetzen, ehe man die 25% Wasser dazugibt. Beim Brennen des Paperclays muss der Ofen reichlich Sauerstoff erhalten. Die Abgase können gesundheitsschädlich sein.

Polypropylenfasern anstelle von Zellulose klumpen nicht und verringern die Trocknungszeit. Man braucht dann höchstens 7,5 Gew.-% Fasern, mit denen Trocken- und Brennschwindung bereits gegen Null gehen. Das kann für Engoben wichtig sein (Seite 161).

Handelsübliche Zellstoff-Fasern (oben) sind trocken und locker wie Watte und lassen sich trocken oder nass verarbeiten. Aus zerrupftem Papier hergestellter Faserbrei (unten) wird in einem Sieb ausgewaschen und braucht nicht getrocknet zu werden, denn er wird ohnehin im feuchten Zustand eingeknetet oder als Faserschlamm mit dem Ton vermischt.

Literatur

Rosette Gault: „Paperclay. Ein neues Material und seine Verwendung." Bern: Verlag Paul Haupt, 1998.

Gustav Weiß: „Neues von Paperclay." NEUE KERAMIK Heft 5 (1998) und Heft 10 (1999).

METALLE IM TON

In Porzellan eingebettetes Geflecht aus Kupfer sprengt die Oberfläche, und die Kupferschmelze dringt aus den Rissen in unregelmäßigen Flecken aus.

Verzinktes Eisengitter, das Porzellanschollen tragen soll, verzundert und wird brüchig.

Die mexikanischen Töpfer sind für ihre Lebensbäume berühmt. Ihre Besonderheit sind die auf eingesteckten Eisenstiften befestigten Kugeln, Sterne, Blüten. Durch sie wird der Lebensbaum „entmaterialisiert" – ein Begriff, der für das Strebewerk der gotischen Dome aufkam. Der Masse wird ihre Schwere genommen. Was ist zu beachten, wenn man Metalle, die ja ihre individuellen Wärmeausdehnungen besitzen, in Ton einbetten oder mit Ton verbinden will? Bei den niedrig gebrannten Lebensbäumen gibt es keine Probleme. Der Ton schwindet bei diesem Brand nur wenig, gerade genug, um die Eisenstifte festzuklemmen, ohne auszubrechen. Das Eisen hat zwar eine höhere Wärmeausdehnung als die Terrakotta, das macht sich aber nicht bemerkbar. Es hält sehr hohe Temperaturen (1540°C) aus, würde aber bei höherer Temperatur verzundern und brüchig werden. Edelstahl wäre hingegen auch bei höherer Temperatur brauchbar, denn er ist zunderbeständig. Silberdraht würde schon bei 960 Grad schmelzen, Kupfer bei 1084, Zink gar schon bei 419 und Aluminium bei 658 Grad. Es kommt also von den üblichen Metallen nur Edelstahl in Betracht, wenn es darum geht, bei höheren Temperaturen Zwischenräume zwischen Tonteilen durch Metall zu überbrücken. Der Keramiker ist jedoch gewohnt, mit Heizleiterlegierungen wie Kanthal umzugehen, die als Drähte oder seltener als Bänder in den Handel kommen. Kanthaldrähte für Elektroöfen sind aber mindestens 3.24 mm dick und deshalb nicht für alle Zwecke brauchbar. Wenn man feine Drähte haben möchte, nimmt man gewöhnlich Edelstahl oder Platin, das erst bei 1769 Grad schmilzt. Die Metalle haben eine im Durchschnitt anderthalbmal größere Wärmeausdehnung als die Keramik. Die Wärmedehnungsverhältnisse spielen eine besondere Rolle, wenn man Metallgewebe in Keramik ein-

Flechtwerke aus verschiedenen Metallen ergeben auf einer weißen Glasur grobe Strukturen und farbige Ränder. Im oxidierenden Brand sind die Metallränder zu Metalloxiden oxidiert und färben entsprechend grün (Kupfer, Bronze, Messing), gelb oder braun (Eisen) je nach Konzentration, d.h. Entfernung vom Geflecht. Das Aluminiumnetz (in der Plattenmitte) bläht die Glasur auf.

betten will. Beim Trocknen, wenn das Metall starr bleibt und nur die Keramik schwindet, bilden sich Risse, die man aber vermeiden kann, wenn man an Stelle von gewöhnlichen Massen Paperclay nimmt. Im Brand dehnt sich das Metall stärker aus als die Keramik, und es kommt zu Rissen, die für bestimmte Effekte erwünscht sein können. Das ist zum Beispiel der Fall, wenn man eine Wandung erreichen möchte, die nur außen zerklüftet ist, im Inneren aber dicht. Das eingelegte Metallgeflecht muss dann näher an der Außenwand eingebettet werden. Besteht es aus Kupfer oder einem anderen leicht schmelzenden Metall, so dringt die Metallschmelze aus den Rissen und Schründen der Wandung und bildet ein Muster, das sich allein aus dem natürlichen Ablauf ergibt. Keramiker lieben solche Möglichkeiten, die ein in Gang gesetzter Zufall bietet.

Ewen Hendersen arbeitet mit Paperclay-Masse, in die er Metallnetze einbindet. So erreicht er die schrundigen Oberflächen, die seine Werke auzeichnen. H. 64 cm.

Metalle verbinden sich auch mit der Keramik, wenn man zum Beipiel ein Netz aus verzinktem Eisen auf einen Porzellanscherben auflegt und mitbrennt. Solche Möglichkeiten werden aber selten genutzt. Sie erfordern eine intensivere Beschäftigung mit den ästhetischen Keramik-Metall-Kombinationen. Wer sich aber damit befasst, wird zu Ergebnissen kommen, die weit über den schnellen Erfolg hinausgehen, den man erzielt, wenn man zum Beispiel, wie es mitunter geschieht, einen Kupferdraht oder Kupferspäne in eine weißdeckende Glasur einbettet. Das Kupfer färbt die Glasur grün. Dieser Effekt, mit Kupferspänen erzielt, ist charakteristisch für die traditionelle Gmundener Keramik in Österreich. Mit einer weißen Glasur als Grundlage lassen sich mit Metalldrähten und -geflechten auch andere Farben und Wirkungen erzielen.

TON UND GLAS

Die Kombination von Ton und Glas erfordert die Einhaltung der zur fehlerfreien Deformation, dem Glas-Fusing, angegebenen Temperaturen.

Die beiden Materialien werden in der Regel getrennt erhitzt und kalt zusammengekittet. Man kann das abgesenkte Glas wie ein Fundstück (Ready made) betrachten.

Gut geeignet sind Glasfläschchen, aber auch alle möglichen Glasabfälle und Flachglas.

Das Hohlglas sackt im Brand zu einem Kuchen zusammen, dessen Form man durch die Anordnung im Ofen oder durch eingelegte Gegenstände beeinflussen kann.

Aufrecht stehend ergibt ein Fläschchen einen voluminösen Glaskörper, liegend einen flachen.

Klares Glas kann man durch Oxide, Farbkörper oder Glasmalfarben färben.

Glasscheiben senkt man über einer hügeligen Unterlage aus Gips ab, wenn man sie in eine bestimmte Form bringen will.

Das Gipsbett wird mitgebrannt und bedarf keiner Trennschicht. Ansonsten legt man das Glas auf eine Schüttung aus Kalkspat oder Talkum.

Man kann das Glas auch auf eine fertig gebrannte Keramik absenken, muss aber dann eine Trennschicht aufbringen, weil sich beide Materialien verschieden stark ausdehnen.

Erhitzen und Abkühlen müssen sehr langsam erfolgen. Die Temperaturen: Aufheizen 2 Stunden bis 550°C, weiter in 30 Minuten bis zur Endtemperatur von 840°C. Diese Temperatur 15 Minuten halten. Beim Abkühlen zwischen 540 und 500°C 30 Minuten halten („Tempern").

Zwei ineinander verschmolzene Glasflaschen scheinen über den Keramiksäulen zu schweben. Nica Haug, H. 45 cm.

Da das Glas mit der Keramik kalt verkittet wird, kann man auch Plexiglas nehmen wie Jon M. Middlemiss: „Licht wird zu Form", 1993, H. 46,1 cm.

113

NIEDRIGTEMPERATUR-TECHNIKEN

Brillierende Farbenfreude ist das Kennzeichen der glasierten Niedrigtemperatur-Keramik.

• *Brillanz* ist eine Folge von Lichtbrechung und Reflexion der Glasuroberfläche. Sie ist umso größer, je schwerer das Atomgewicht der an der Glasur beteiligten Elemente ist. Demnach verleihen die schwersten Atome, Blei und Barium, den Glasuren die höchste Brillanz. Da sich aber die Flussmittelwirkung der Bariumrohstoffe erst bei höherer Temperatur auswirkt, bleibt Blei jener Stoff, der bei niedrigen Temperaturen in der Brillanz von keinem anderen übertroffen wird. Die optischen Eigenschaften reichen jedoch nur in den seltensten Fällen als Rechtfertigung aus, um Bleiglasuren zu verwenden. Das Blei verdampft aus den Glasuren bereits ab 400 Grad, und die Verdampfung erreicht, unabhängig davon, ob das Blei aus Mennige oder aus der Monosilikatfritte stammt, bei 500 Grad einen Maximalwert von 20 mg/cm², den sie bis zum Ende des Brandes beibehält. Die Bleidämpfe lagern sich im Ofenmauerwerk ab und verdampfen beim nächsten Brand von da wieder auf den Ofeneinsatz zurück. Unter den Oxiden hat das Kupferoxid die niedrigste Schmelztemperatur (1148°C), dann folgen Eisen (1420 bzw. 1505°C), Mangan (1780°C), Kobalt (1805°C) und Chrom (2265°C). Man sollte also Bleiglasuren nur dann brennen, wenn man keine Gebrauchskeramik herzustellen beabsichtigt. Das Blei lässt sich durch Borsäure und Strontium ersetzen.

• Die *Farbpalette* ist bei niedrigen Temperaturen deshalb am umfangreichsten, weil viele färbende Stoffe (Oxide und Farbkörper) höhere Temperaturen nicht vertragen oder für bestimmte Farbwirkungen leichtschmelzende Glasuren erfordern. Die Malfarben sind nichts weiter als Farbkörper, also Pigmente, die zum besseren Malen mit einem Klebstoff versetzt sind.

Eine Bleiglasur aus 76,5 Gew.-% Bleimonosilikatfritte, 18,14 Kaolin und 5,80 Quarz hat nur 1% Blei-Löslichkeit und bedeckt einen Scherben aus 40 Gew.-% Ton, 40 Quarz und 20 Kalkspat bei 950°C haarrissefrei. Sobald die Glasur jedoch mit Schwermetalloxiden gefärbt ist, steigt die Bleilöslichkeit stark an. Um das zu verhindern, soll sie mit Farbkörpern gefärbt werden.

Die Amsterdamer Keramikerin Maggi Giles weiß in ihren phantasievollen Skulpturen die Farbmöglichkeiten der Niedrigtemperatur-Keramik zu nutzen. „Der Reiter auf dem Regenbogen", 1982. H. 40,5 cm.

FEUERSPUREN

„Wir Japaner haben, um das Ideal der Schönheit, die durch Armut geadelt wird, zu beschreiben, das Wort *Shibui*. Man benutzt diesen Begriff, um ein tiefes, sich bescheidendes und ruhiges Fühlen auszudrücken." (*Soetsu Yanagi*: „The Unknown Craftsman." Tolyo: Verlag Kodanska 1972, deutsch: „Die Schönheit der einfachen Dinge. Mingei - Japanische Einsichten in die Harmonie." Bergisch Gladbach: Gustav Lübbe 1999.)

Immer schon nahmen die japanischen Töpfer alle Merkmale auf ihren Gefäßen dankbar an, die auf Wirkungen der Natur schließen ließen. Und sie dachten sich verschiedene Methoden aus, um zufällige Spuren der Natur hervorzulocken. In Europa fand diese „Naturphilosophie der Keramik" erst in neuerer Zeit Eingang, denn die Holzöfen in freier Natur gab es vorher für Einzelkünstler kaum. Sie verbreiteten sich erst mit der sogenannten Studio Pottery, die Bernard Leach in St. Yves in Cornwall einführte. „Studio Pottery" meinte ein künstlerisches Schaffen, frei von ökonomischen Zwängen des Handwerks und der Industrie. Es fand nicht nur im Studio statt, sondern der Freilandofen, der Freibrand überhaupt, war ein wichtiger Bestandteil dieses neuen Weges, der die Keramikkunst revolutionierte. Der Ofen, den Leach gemeinsam mit Shoji Hamada 1920 in St. Yves baute, war der erste Freilandofen in japanischer Art in Europa, ein Hangofen mit ansteigender Ofensohle. Mit ihm leitete Leach eine Revolution ein, die sich nicht auf die Brenntechnologie beschränkte, sondern die Einstellung veränderte, wie der Töpfer sich und sein Werk bis dahin betrachtet hatte. Seine Arbeit sollte nicht selbstgefällig auf hohem Ross daherkommen, sondern durch „absichtsvolle Unauffälligkeit" gewürdigt werden, wie es Leachs erster Schüler, Michael Cardew, ausdrückte. Was den Ofen und das Brennen betrifft, ist es bis heute eine Revolution mit Hindernissen, denn in Ländern mit strengen Umweltgesetzen und mit umweltbewussten Nachbarn gibt es erhebliche Beschränkungen. So blieb es nicht aus, dass der Erfindergeist auf Möglichkeiten sann, mit geringeren Umweltbelastungen zu ähnlichen Zielen zu kommen. So sind wir heute in der Lage, auch ohne einen holzbeheizten Freilandofen Feuerspuren zu erzielen.

116

Bei den Feuerspuren handelt es sich zumeist um eine unglasierte Keramik, bei der die Schwarzfärbung durch Einlagerung von Kohlenstoff erfolgt.

Ein anderes Verfahren besteht in der Zementation, d.h. im Übergang eines leicht beweglichen Ions (zumeist des Natriums) aus einem Stoff, der mit der Keramik in Berührung steht, auf die Keramik. Dieser Übergang wird durch Chlor bewirkt. Es reißt infolge seiner energischen Verdampfung das Natrium mit sich und begünstigt sein Eindringen in den Scherben. Daher haben die Japaner in der Momoyama-Zeit des 16./17. Jahrhunderts die Keramik mit Strohhalmen umwickelt, die mit Kochsalz oder Meersalz, also einem Natriumchlorid, getränkt waren. Die Japaner nennen diese Strohhalme „Tasuki", aber es können auch mit Kochsalz getränkte Textilschnüre („Hidasuki" = „Feuerschnüre") sein oder auch Seetang. Dieses Verfahren lässt sich auch im Elektroofen in einer Kapsel anwenden. Bei ihm mobilisiert das Chlor das Eisen, das rote Striche bildet.

Im Kapselbrand lagert sich Kohlenstoff ein und färbt die Keramik an jenen Stellen schwarz, die durch besondere Maßnahmen das Reduktionsmittel partiell einwirken lassen. Gefäß von Gabriele Koch, H. 44 cm.

DER KAPSELBRAND

Mit Kapseln sind abgeschlossene Behälter innerhalb eines größeren Brennraumes gemeint. Das können Schamottekapseln oder Büchsen aus Eisenblech oder auch im Ofen gemauerte „Muffeln" sein. Die Kapsel sollte ursprünglich die aufwendig bemalte Keramik vor den verunreinigenden Feuergasen schützen. Beim Kapselbrand, der nur bei 900°C erfolgt, hat die Kapsel die umgekehrte Aufgabe: während im Brennraum eine saubere Verbrennung herrscht, soll die Keramik in der Kapsel anderen Einflüssen ausgesetzt werden, die dem Funkenflug gleichzusetzen wären. In die Kapsel wird die Keramik zusammen mit einem brennbaren Reduktionsmittel (zumeist Sägemehl) eingesetzt. Die unglasierte Keramik soll sich durch den entstehenden Kohlenstoff schwarz färben. Man kann sie vorher mit

In Salzwasser getränkte und um die Keramik gewickelte Strohbänder ergeben im oxidierenden Brand rote Feuerspuren auf einer unglasierten Keramik aus Bizen, H. 35,8 cm.

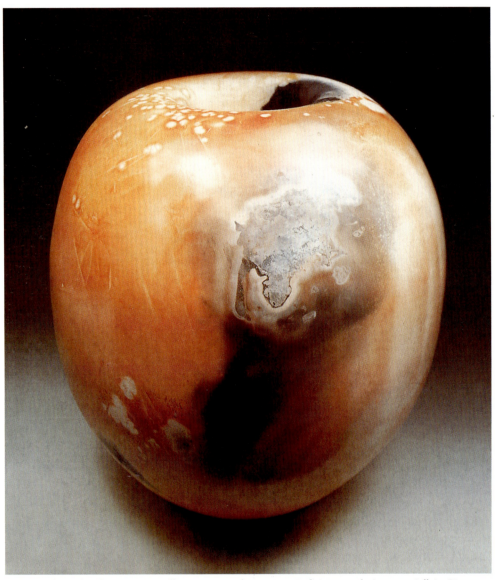

Im Kapselbrand reduziertes Porzellan von David Joy. Das Gefäß ist unglasiert, partiell in Sägemehl eingebettet, eingesetzt worden. 32,5 x 45 cm.

Oxiden einreiben oder polieren oder mit einem Feinschlamm wie bei der Terra sigillata bedecken, teilweise abdecken oder einbetten oder den Verlauf der Schwärzung durch Schräglage oder durch Sandschichten im Sägemehlbett bestimmen. Ist die Oberfläche poliert, so setzt sich Glanzkohlenstoff auf der Politur ab. Die Schwärzung wird durch Zusatz von Vermiculit zum Sägemehl intensiviert.

Man dichtet die Keramik mitsamt dem Reduktionsmittel in der Kapsel ab, indem man eine 5 cm dicke Sandschicht darüberlegt.

Bei einer glasierten Keramik, die in einem zusätzlichen Brennvorgang reduziert werden soll, besteht das Problem darin, dass sich der Kohlenstoff nicht in die Glasur einlagern darf, weil sie sonst verdirbt. Dieses Problem ist nur durch die Temperaturhöhe zu beherrschen. Sie muss so abgepasst werden, dass die bereits glattgeschmolzene und erstarrte Glasur in einem nachträglichen Brand gerade schon wieder genügend reaktionsfähig ist, um ihren Sauerstoff abzugeben. Dieser Zustand entspricht der Nachreduktion beim Raku, wo er beim Abkühlen, nicht beim Wiedererhitzen, erreicht wird. Die erforderliche Temperatur liegt knapp über dem Transformationsbereich, der als Erstarrungstemperatur in der Viskositätskurve des Glasurenprogramms vom Computer angezeigt wird.

Eine Abart des Kapselbrandes ist das Brennen unter Wasserdampfdruck. Die chemischen Reaktionen hängen nämlich nicht nur von der Temperatur ab, sondern auch vom Druck. In der gasdichten Kapsel, in der sich Wasser in einem Schälchen befindet, kann der keramische Scherben schon bei einer um 300 Grad niedrigeren Temperatur dicht werden als ohne diesen Wasserdampfdruck. Hat man keinen speziellen Ofen dafür, muss man mit einer Kapsel aus dichtgesinterter Masse arbeiten, die man mit Glasur abdichtet; sie muss danach zerschlagen werden.

Vermiculit (engl. Vermiculite) bezeichnet eine Gruppe von Glimmer-Mineralen, die sich beim Erhitzen wurmförmig (daher der Name) auf das 25- bis 50fache aufblähen. Da sie eisenhaltig sind, ergeben sie im Kapselbrand, unter das Sägemehl gemischt, schwarze Flecken wie in dem Beispiel auf Seite 118.

ERLEBNISBRÄNDE

Brenngrube von Bob
Anderson mit seitlichen
Luftröhren.

Wer Keramik im Freien in einer Grube oder in einem primitiven Ofen brennen will, beabsichtigt weder Produktion noch Kunst, sondern nur ein Erlebnis, an dem auch andere teilhaben sollen. Wenn die Absicht auch bescheiden ist, brauchen die Ergebnisse nicht unansehnlich zu sein.

Das wichtigste, worauf man achten muss, ist der Schutz des Brenngutes vor einseitigem Erhitzen und Abkühlen. Der Ton soll rotbrennend und schamottiert oder sandgemagert sein. Das Brennen in der Grube kann in einem ausgehobenen Erdloch erfolgen. Bei solchen Vertiefungen ist es allerdings schwieriger als auf ebener Erde, das Feuer in Gang zu setzen und für den Zutritt der Verbrennungsluft zu sorgen. Deshalb ist es vorteilhaft, wenn man an den Seiten Luftröhren anbringt.Wichtig ist bei allen derartigen Feuerstellen, dass die Stelle nicht feucht ist. Eine ungefähr 5 cm dicke Bodenschicht aus trockener Asche ist zur Isolation immer vorteilhaft.

Brennstellen der Pueblo-
Indianer in San Juan:

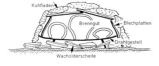

mit Kuhfladen über einer
Abdeckung aus Blechplatten

oder mit Holzbohlen über
einem Drahtgeflecht.

Ist es eine versenkte Feuerstelle, so legt man über die Aschenschicht eine etwa 10 cm dicke Schicht aus feinem, festgestampftem Sägemehl, das später als glimmende Unterlage die Hitze länger halten soll. Dann folgt eine Lage Feldsteine, zwischen denen sich die Verbrennungsluft verzweigen kann. Die Seitenwände im Erdreich sollen mit Steinen, Borken und dickeren Ästen ausgelegt werden, wobei man einen Gang in der Höhe der Feldsteine freilässt, durch den man den Brand entzündet und durch die Verbrennungsluft über der Bodenschüttung eintreten kann. Auf die Feldsteine legt man Zweige, die den Brennstoff locker halten, damit er Luft bekommt. Schließlich bedeckt man alles mit Grassoden und lässt ein Abzugsloch frei. Es soll so groß sein, dass man den Ofen mit einem Fidibus anzünden kann. Ist das

Gerhild Tschachler-Nagy hat diesen Lehmofen mit zwei Feuerungen gebaut, den sie „Amadeus-Ofen" nannte, weil er im Mozartjahr entstand.

Keramik aus dem „Amadeus-Ofen" von Gerhild Tschachler-Nagy.

geglückt, kann man das Abzugsloch wieder einengen, damit das Feuer nicht davonläuft.

Eine extreme Form des Grubenbrandes bildet das „Pitfiring", das man in Australien und auch in Kalifornien antreffen kann. Dabei wird das Brennen in großen, über 1 Meter tiefen und ebenso breiten, 3 und mehr Meter langen Gräben vorgenommen, die Brennstoff und Brenngut enthalten. Der Graben ist mit Wellblech abgedeckt. Die Töpfer arbeiten daran in Wärmeschutzanzügen und heben die Wellbleche mit langen Stangen an, je nachdem, wie das Feuer reguliert werden muss. Im Pitfiring entstehen große Gefäße mit Feuerspuren.

Bei den Pueblo-Indianern in New Mexico erfolgt der „Grubenbrand" auf dem ebenen Boden in einer Eisenkiste, die vor einseitigem Erhitzen schützt. Um die Kiste wird der Brennstoff aufgehäuft. Da alles ebenerdig verläuft, hat die Verbrennungsluft gut Zutritt.

Als eine weitere Abart dieses Brennens kann man das „Selffiring" ansehen, bei dem der Ton mit Brennstoff vermengt ist, der in Brand gesetzt wird. Auf diese Weise können aus kleineren Klumpen oder Zie-

Sägemehl-Tonne mit einge-
setzter Keramik.

Gut polierte Keramik mit
einpoliertem Eisenoxid aus
dem Sägemehlbrand gleicht
poliertem Ebenholz. Schale
von Lutz Göbel.

geln große Skulpturen aufgeschichtet werden, die brennenden Fackeln gleichen. Zwischen die Klumpen muss noch Brennstoff gestopft werden, denn in der Masse bekommt er zu wenig Luft zum Verbrennen. Um den Brand in Gang zu bringen, entzündet man rund um die Standfläche ein offenes Feuer, das an den Wänden hochzüngelt. Beabsichtigt man ein Werk, das stehenbleiben soll, so kann man es mit Borax, dem man etwa 3% Kupferkarbonat beimischt, bestreichen. Dann ist es ein blauglasiertes Monument. Eine besondere Gruppe von Primitivöfen bilden die Tonnen für den Sägemehlbrand, weil darin die Verbrennung nicht von unten nach oben, sondern von oben nach unten erfolgt. Es ist deshalb auch kein richtiges Feuer, sondern ein Glimmen, das sich nach unten durchfrisst. Dieser Vorgang dauert ungefähr eine Woche. Die Wärmedämmung ist hierbei nicht so wichtig, denn die in der Tonne am Rand liegende, festgestampfte Schicht aus feinem Sägemehl und die entstehende Asche wirken wärmedämmend. Man kann also auch eine gewöhnliche Öltonne verwenden, und es ist nicht nötig, irgendwelche Verbrennungsluftlöcher oder Rohre einzubringen. Auf dem Boden und an den Wänden nimmt man feines Sägemehl, das man mit der Faust feststampft. Im Inneren kann das Sägemehl gröber sein, die einzelnen Körner müssen jedoch Kontakt haben. Man setzt zuunterst die schwereren Stücke ein und stopft die Zwischenräume mit Sägemehl voll. Oben sollen die leichteren Stücke liegen, denn im Verlauf des Brandes sackt der Einsatz zusammen, weil das Sägemehl zu Asche wird. Der Einsatz soll aus rotem Ton, poliert und geschrüht sein, denn die Temperatur reicht nicht aus, um eine zufriedenstellende Scherbenfestigkeit zu erzielen. Je besser die Stücke poliert sind, desto glänzender wird das Schwarz. Man kann auch rotes Eisenoxid einpolieren (in der Glasindustrie wird es als „Polierrot" bezeichnet). Mit einer gut polierten Keramik erreicht man im Sägemehlofen eine optische

Qualität wie poliertes Ebenholz. Will man Stellen abdecken, so genügt es nicht, einfach eine Aluminium-
folie aufzukleben. Vielmehr muss man diese Stellen
mit Schlicker bedecken, den man nach dem Brand
abschlägt. Enthält der Schlicker Metallsalze (Nitrate)
und Kochsalz oder besteht er ganz und gar aus rotem Ocker und Kupferkarbonat, so erhält man an
diesen Stellen einen Goldlüster. Enthält der Ocker
Silbernitrat und Wismutnitrat, so erhält man einen
grünlichblauen Lüster. Primitive Öfen können nach
dem Muster des dänischen Hasseris-Ofens aus dem
5. Jahrhundert (als es im Rheinland schon liegende
Öfen gab) gebaut werden. Er ist in den Erdboden
mit einer Stufe eingelassen, wobei die Keramik auf
der oberen Stufe steht; die untere bildet das Feuer-
loch. Der Ofen hat ein Gewölbe mit einer Rauch-
abzugsöffnung, das aus Weidenruten gebogen, dann
mit Sackleinen belegt und mit einer dicken Lehm-
schicht abgedeckt wird.

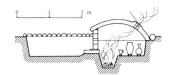

Der in Hasseris, Dänemark,
gefundene Ofen aus dem
5. Jahrhundert.

DER PAPIEROFEN

Die Idee hatte 1983 die Schweizer Keramikerin Aline
Favre. Sie kam darauf, als sie einen Keramikkurs für
140 Kinder in einem Sommerferienlager im Schweizer Jura betreute. Die Kinder sollten am Bau eines
primitiven Ofens beteiligt werden, in dem sie ihre mo-
dellierten Stücke brennen konnten. Sie sollten zu
Hause erzählen, was sie da erlebt hatten, und ihre
fertiggebrannten Arbeiten vorzeigen. Da in dem Lager kein weiterer Ofen zur Verfügung stand, wurden
die Stücke unverschrüht eingesetzt. Aline beschäftigte sich weiter mit diesem Verfahren, und im Juni
1984 waren es schon 22 Papieröfen in diesem Feri-
enlager. Andere Keramiker griffen die Idee auf und
machten weitere Versuche. Ihre Ergebnisse wurden
in einer Ausstellung „Das Abenteuer Papierofen" in
der Elebor Galerie in Romainmotier ausgestellt.

Papierofen, der auf einem
Rost aufgebaut wird.

Der Rost steht auf vier
Pfeilern aus Ziegelstapeln,
zwischen denen sich die
Feuerstelle befindet.

Der Unterofen kann aus einem alten Keller-Belüftungsgitter vom Schrottplatz bestehen. Aline setzte es auf vier Beine aus je vier Ziegelstapeln und machte dazwischen ein offenes Feuer. In dem Maße, wie das Feuer abbrannte und ein dickes, glühendes Aschenbett hinterließ, wurde das Gitter, Ziegel für Ziegel entfernend, auf das glühende Aschenbett herabgelassen. Damit war der Papierofen entzündet und brannte so lange, bis der Papiermantel durchgebrannt war.

Man kann einen Papierofen auch über einer Lage von Ziegeln errichten, die als Rost dienen. Soll die Grundfläche rund sein, so kann man die Ziegel im Umkreis mit einem Radius von 3 Metern so aufstellen, dass sechs Feuerzüge radial in die Mitte führen. Man braucht dazu insgesamt 36 Ziegelsteine. Die Feuerzüge sollen 45 cm lang mit freien Spalten dazwischen, 15 cm breit und eine Ziegelbreite hoch sein. Die Feuerzüge müssen mit Schamotteplatten, ebenfalls mit einigen freien Spalten dazwischen, abgedeckt werden, so dass der Papiermantel nicht schon von unten Feuer fängt, dass aber das Feuer, das man durch diese Kanäle schickt, über das Abzugsloch im Papiermantel in den Brennraum hineingesaugt wird. Man entzündet den Ofen also möglichst gleichzeitig über die sechs Feuerungslöcher, entweder mit Gasbrennern oder mit brennenden Stangen. Hat der Brennstoff zwischen dem Brenngut Feuer gefangen, verengt man die Abzugsöffnung, damit das Brennmaterial nicht zu schnell verbrennt.

Über dem Belüftungsgitter oder dem Ziegelrost wird die Keramik, am besten aus rotem Ton poliert, zusammen mit dem Brennstoff eingesetzt. Brennstoff kann Holz, Holzkohle, Sägemehl oder Hobelspäne sein, auch Zweige und Kuhfladen, am besten alles durcheinander. Die Holzkohle legt man in die Nähe der Feuerzüge, damit sie als erste entzündet wird, dann alle die aufgezählten Brennstoffe im Zentrum des Ofens, alles umgeben von dicken Brettern oder

Ästen, die mit Hühnerdraht zusammengebunden werden. So entsteht ein kegel- oder zeltförmiger Ofen, der als Grundform für eine Papierofenplastik dienen kann.

Der Ofenmantel, der um diesen Kegel gelegt wird, besteht aus Papierblättern, die auf einem Tapeziertisch mit einem dicken Pinsel mit Tonschlamm bestrichen worden sind. Am günstigsten ist dickes Hochglanzpapier aus Illustrierten, denn es enthält selbst schon Kaolin und ist, ohne zu reißen, fest genug, um Lage auf Lage auf den hölzernen Kegel aufgelegt zu werden. Es sind etwa zwanzig Lagen übereinander anzubringen. Der Ton dient als Schutz des Papiers vor dem vorzeitigen Verbrennen. Oben im Ofenmantel lässt man im Papier eine Öffnung, in die man eine große Gurken-Konserven-Büchse ohne Boden als Schornstein setzt. Er soll das Feuer durch den Ofen ziehen, wenn der Ofen in Gang gesetzt wird. Danach soll das Feuer gedrosselt werden durch Verengung der Feuerzüge und des Schornsteins mit Hilfe eines Verschlusssteins, den man teilweise auf die Konservenbüchse legt.

Man kann den Papierofenmantel als Papierskulptur gestalten und bemalen, mit Hörnern oder Geweih versehen oder Ähnliches.

Die Temperatur, die man im Papierofen erreicht, beträgt etwa 800 Grad. Man hat verschiedene Möglichkeiten, das Ergebnis zu beeinflussen: 1. Einsatz von polierter Keramik ohne oder mit einpoliertem Eisenoxid. 2. Einsatz von vorgeschrühter Keramik ohne oder mit aufgestrichenem oder aufgespritztem Borax mit etwa 3% Kupferkarbonat, um eine bläulich glasierte Keramik zu erhalten. 3. Vermischen des Sägemehls mit Metalloxiden und Kochsalz, um farbige Anflüge zu erhalten. Dazu muss die Keramik in das Sägemehl eingebettet sein. Da die Brennatmosphäre sauerstoffarm ist, ergeben sich immer Feuerspuren an den Stellen, wo die Keramik vom Brennstoff berührt wird.

Beim Papierofen, der zu ebener Erde errichtet wird, werden zuerst Ziegel radial aufgelegt.

Darüber wird der Ofen aufgebaut...

und mit Papierlagen, die mit einem Tonschlamm bestrichen sind, abgedeckt. Der Ofen kann figürlich gestaltet werden.

RAKU

Dieses Kapitel ist in folgende Abschnitte gegliedert:

a) Konventionelles Raku: Das Raku der ersten beiden Perioden
     - der Ton,
     - die Glasur,
     - Öfen und Brennen,
     - Nachreduktion(Schwarzfärbung,
       Craquelierung und Irisierung);
b) Raku-Innovationen: Das Raku in seiner dritten Periode
     - nacktes Raku,
     - Soda-Raku,
     - dichtes Raku,
     - Hochtemperatur-Raku.

Raku – ein Zauberwort für erlebnishungrige Keramiker, die „frei und leicht" (so die Bedeutung von „Raku") mit dem Feuer umgehen möchten. Im Rakuverfahren stecken viele ungenutzte Möglichkeiten. Mit ihm lassen sich die wunderbarsten Überraschungen des Materials erzielen.

KONVENTIONELLES RAKU:
RAKU DER ERSTEN BEIDEN PERIODEN

Die Keramik wird in einem einfachen, zumeist gasbeheizten Ofen, dessen Brennraum gut zugänglich ist, auf helle Rotglut erhitzt und mit einer Zange glühend herausgenommen. Danach wird die nächste Charge in den heißen Ofen eingesetzt.
- Das ursprüngliche japanische Raku besteht aus einem roten Scherben, der infolge seines Eisengehalts dicht wird. Es ist mit einer durchsichtigen Bleiglasur glasiert, die den Scherben benetzt und ihn deshalb

Rakugefäß von Martin
Mindermann, 1992.
30 x 40 cm

leuchtend rot erscheinen lässt, während die unglasierten Stellen blass sind. Das Raku kann schwarze Kohlenstoffflecken unter der Glasur haben. Die
entnomme Keramik lässt man an der Luft abkühlen.
- Das amerikanische Raku, das inzwischen auch viele Japaner übernommen haben, besteht aus einem
porösen Scherben mit einer beliebigen Glasur. Dieses Raku wird nachreduziert, das heißt, man steckt
die glühende Keramik in etwas Brennbares, zumeist
in Sägemehl. Dieses möchte verbrennen, der
Sauerstoffvorrat reicht aber zur vollständigen Verbrennung nicht aus, und es gibt nur einen Rauchbrand.
Der Kohlenstoff-Rauch setzt sich in die Poren und
färbt die Keramik schwarz, was beim ursprünglichen
Raku nicht der Fall ist.
Das Raku der ersten Priode wurde Mitte des 16. Jahrhunderts von dem Töpfer Chôjirô (gest. 1592) in Kyoto
erfunden und ist heute noch in traditioneller Art in
der Raku-Familie in Kyoto gebräuchlich. Kenkichi

Literatur

Herbert H. Sanders und
Kenkichi Tomimoto:
„Töpfern in Japan." Bonn-
Röttgen: Hörnemann 1977.

Tomimoto beschreibt die Herstellung folgendermaßen: Die Teeschalen werden mit rotem Ocker engobiert, dann in einer Wanne aus feuerfestem Ton, deren Boden durchlöchert ist, erhitzt. Wenn die Flammen durch die Löcher hochzüngeln, wirft man Holzkohlestücke zwischen die Schalen. Dadurch lagert sich Kohlenstoff in die Ockerschicht ein und bildet schwarze „Schattenmuster". Die so vorbehandelte Keramik wird mit einer Zange in Wasser getaucht, um den überschüssigen Kohlenstoff abzuspülen. Nach dem Trocknen wird die transparente Bleiglasur, der als Klebstoff Seetang-Sud („Funori") beigemischt wird, in drei bis vier Schichten aufgetragen. Die Keramik wird auf einem Gestell über dem Ofen vorgewärmt und, wenn der Ofen auf Rotglut gekommen ist, eingesetzt. Der Brand dauert für die erste Charge 40, für die folgenden je 25 Minuten. Kontrolliert wird durch ein Schauloch. Glänzt die Glasur, so ist der Brand beendet, und die Stücke werden mit einer langen Zange aus dem Ofen genommen und abgekühlt. Damit der Kohlenstoff tief in den porösen Scherben eindringt, muss er etwa 500 Grad heiß sein. Dann kann man auch verschiedene organische Stoffe einbrennen: Federn, Blätter, Fäden.

Für die amerikanische Variante des Raku (seine zweite Periode) gilt Paul Soldner als Vater. Er war es, der als Erster eine glühende Keramik in einen Laubhaufen steckte und zu seiner Verwunderung sah, welche Wirkungen diese Nachreduktion hatte. Soldner machte daraus eine Philosophie, die uns heute noch begeistert. Es war die Befreiung der Keramik durch das „Creative Limbo", wie er es nannte. Er meinte damit eine schöpferische Beweglichkeit, in der es weder Lehrer, Gurus oder Kunstkritiker noch eine anerkannte Weisheit gibt. Neues, sagte er, entstehe nur dort, wo die unberechenbaren Kräfte des Zufalls wirken, wo Gefahren lauern, aber in dem auch ungeahnte Glücksmomente verborgen sind. Für ihn steckten diese unkrollierbaren Kräfte vor allem im Feuer,

Paul Soldner:
Sockelstück „90-07", 1990
69 x 76 x 28 cm.
Sammlung
Fred und Estrelle Marer.

das die Ästhetik der Keramik ausmacht.

DER RAKU-TON

Das Wichtigste beim Raku-Ton ist seine Schock-
resistenz, die als Temperaturwechselbeständigkeit
(TWB) bezeichnet wird.
Der Raku-Ton soll mit 30-50% Schamotte mittlerer
Körnung (0-3 mm) gemagert sein und eine geringe
Wärmeausdehnung (WAK) besitzen. Diese Angaben
kann man vom Tonlieferanten bekommen. Ein niedriger WAK-Wert liegt bei 4-5 (die Dimension ist
10^{-6} m/m°C). Kalk (CaO), Kieselsäure (SiO_2) und die
Alkalien (K_2O, Na_2O) erhöhen die Wärmeausdehnung des Tones. Also muss man einen kalkfreien
oder kalkarmen, möglichst auch kieselsäure- und

129

Als Rakumasse kann man auch eine Porzellanmasse nehmen, weil diese keinen Kalk besitzt. Dieses „Rakuporzellan" erreicht aber beim Niedrigtemperatur-Raku nicht die für das Porzellan typische Durchscheinbarkeit. Es bleibt porös und lagert bei der Nachreduktion wie jeder andere poröse Scherben Kohlenstoff ein und wird schwarz.

Man kann „Rakuporzellan" jedoch auch so verstehen, dass man einen dichten Scherben anstrebt, der allerdings nicht durchscheinend ist. Das geht nur mit Molochite, indem man zu 50 Gewichtsteilen (Gwt.) Molochite 20 Gwt. plastischen Ton und 30 Gwt. Porzellanmasse gibt. Zusatz von 5-10 % einer Borfritte (Nabofritte) oder Zinkborat ergibt ein borhaltiges Scherbenglas mit geringer Wärmeausdehnung, das den Scherben verdichtet.

Mit Lithiumkarbonat, Quarz und Kaolin kann man eine plastische Masse zusammensetzen, die sogar einen negativen Ausdehnungskoeffizienten aufweist, also beim Erhitzen kleiner, beim Abkühlen größer wird. Eine Masse aus 13,2 Gewichtsteilen (Gwt.) Lithiumkarbonat, 46,1 Gwt. Kaolin und 40,7 Gwt. Quarz hat bei 400 Grad die Ausdehnung Null. Der Brenntemperaturspielraum ist jedoch sehr eng.

alkaliarmen Ton wählen, das heißt einen gut plastischen, und diesen also zusätzlich mit Schamotte magern, denn die Schamottekörner machen den Scherben porös und erhöhen seine Widerstandsfähigkeit gegen Temperaturschocks. Der käufliche Rakuton ist nach diesen Gesichtspunkten zusammengesetzt. Wieso haben Kalk, Kieselsäure, die Alkalien, die Schamotte und die Poren diese Wirkungen?

Der *Kalk* verbindet sich im Ton mit Kieselsäure und bildet im Brand ein Kalk-Kieselsäure-Mineral, das Wollastonit heißt (Seite 56). Dieser Wollastonit besitzt einen sehr hohen Wärme-Ausdehnungs-Koeffizienten mit dem Vergleichswert 12 (die Dimension ist die selbe wie oben). Ein Ton mit 6% CaO in der chemischen Analyse ist bereits kalkreich. Dieser Analysenwert soll also möglichst weit unterschritten werden.

Die *Kieselsäure* erhöht in der Rakumasse den Wärme-Ausdehnungs-Koeffizienten ebenfalls. Sein Vergleichswert ist etwa so groß wie der des Wollastonits, nämlich 10,3 bis 12,3, je nach dem Brennfortschritt im Scherben. Der SiO_2-Gehalt des Tones sollte nicht über 75% in der chemischen Analyse liegen.

Die *Alkalien* ($Na2O$, $K2O$) bilden ein Scherbenglas mit hoher Wärmeausdehnung; ihr Gehalt in der chemischen Analyse soll deshalb nicht hoch sein, nämlich nicht höher als 2,5% Na_2O+K_2O.

Die *Tonminerale* haben eine günstige Wirkung. Sie zerfallen bei 500 bis 700 Grad in Kieseläure und einen Rest, aus dem sich Mullit bildet (Seite 52), der eine sehr geringe Wärmeausdehnung besitzt und dem Scherben eine gute mechanische Festigkeit verleiht. Den Anteil an Tonmineralen erkennt man am Al_2O_3-Gehalt in der chemischen Analyse. Der Rakuton soll mindestens 25% Al_2O_3 enthalten. Die Tonminerale sind es, die den Ton plastisch machen; also ist ein plastischer (fetter) Steinzeug-Ton, der nicht zu früh sintert und der zudem noch mit Schamotte gemagert ist, für das Raku günstig. Die *Schamotte* macht den Ton porös. Die Porosität trägt zur Temperaturwechselbeständigkeit bei, indem sie die Wärmespannungen erheblich verringert, nämlich bei 20%iger Porosität auf die Hälfte, bei 50%iger auf ein Drittel gegenüber dem dichten Scherben. Die günstige Wirkung der Schamotte beruht außerdem darauf, dass die Schamottekörner andere Körner oder Bereiche trennen, die eine verschiedene Abkühlung und Wärmeausdehnung haben. Würden sie aneinander stoßen, würden sie die Wärmespannungen und damit die Rissegefahr vergrößern.

Eine besonders günstige Schamotte ist als „Molochite" (Seite 104) in Körnungen von 0,002 bis 6,7 mm im Handel. Das ist ein bei 1525°C gebrannter weißer China Clay aus 55% Mullit und 45% amorphem Kieselglas; er hat eine Wärmeausdehnung von nur $4{,}44 \cdot 10^{-6}$ m/m°C. Mit 50% Molochite ist das in England und USA verbreitete „T-Material" schamottiert.

Andrea Müller:
Rakugefäß mit gekrochener
Glasur, 1998.
Foto H. Massenkeil.

DIE RAKUGLASUREN

Das japanische Glasurrezept, das Bernard Leach um 1920 nach Europa brachte und das aus 90% Bleifritte („Shiratama") und 10% Kaolin bestand, wurde in Europa zunächst allgemein angewandt. Nach Tomimoto bestand die japanische Rakuglasur aus 10 Shiratama, 100 Bleiweiß und 35 Quarz.

Die Amerikaner hatten jahrzehntelang für Rakuglasuren das Gerstleyborat verwendet, dessen Vorkommen bereits erschöpft ist. Es lässt sich durch jede borhaltige Fritte ersetzen. Je mehr Alkalien und weniger Borsäure diese Fritte besitzt, desto eher erhält man ein Rissenetz. Beim Raku soll alles einfach und effektiv sein. Man kann irgendeine Fritte nehmen, sie mit 10% Kaolin sämig machen und als Glasur verwenden. **Das Blei** ermöglicht niedrigschmelzende Glasuren mit einer umfangreichen Farbenpalette.

Eine ausgefallene Mattglasur nannte Robert Piepenburg „Patena". Es war eine 4-3-2-1-Glasur, nämlich aus 4 Gwt. Gerstleyborat, 3 Gwt. Nephelinsyenit, 2 Gwt. Knochenasche und 1 Gwt. Kupferkarbonat. Er brannte sie vor dem Ausnehmen aus dem Ofen eine Minute lang reduzierend (durch geringfügiges Zudrehen der Primärluftschraube am Gasbrenner) und reduzierte sie nach dem Ausnehmen in Heu und Sägemehl. Diese Glasur wirkte trocken wie eine Ausgrabung und hatte eine interessante Oberflächenstruktur.

Das Gerstleyborat kann man ersetzen durch 75 Gwt. Calciumborat + 25 Gwt. Nephelinsyenit.

Horst Kerstan: „Teezeremonien-Schale vom Ido-Typ". Zartgelbes Raku mit Zierflecken.

Eine weiße Glasur, die gut craqueliert, kann man nach folgendem Rezept erhalten: 75,5 Gewichtsteile (Gwt.) Calciumborat, 18,9 Gwt. Nephelinsyenit, 4,6 Gwt. Kaolin, 1 Gwt. Zinnoxid. Sie kann interessant gefärbt werden, vor allem mit 1% Wolframverbindungen (graublau), Vanadinverbindungen (grünlich) oder Silberverbindungen (gelblich).

Beim Raku, das nicht für Gebrauchsgeschirr bestimmt ist, kann man die Verwendung von Blei in Glasuren tolerieren. Der Verbraucher wird nicht gefährdet, aber der Hersteller, der mit dem bleihaltigen Material umgeht, muss sich vorsehen, damit es nicht mit Schleimhäuten in Berührung kommt. Auch der Ofen nimmt die Bleidämpfe auf und gibt sie beim nächsten Brand wieder ab.

Das Raku brennt man gewöhnlich nur so hoch, bis die Glasur glänzt. Das ist zumeist eine helle Rotglut, die bei etwa 950 Grad erscheint. Es steht aber einer höheren Temperatur nichts im Wege.

Den ungeschützten Blick ins Feuer darf man jedoch in seiner Gefährlichkeit nicht unterschätzen. Eine Brille mit Schweißerschutzgläsern bewahrt die Augen vor dem Star. Rakuglasuren sind zumeist Niedrigtemperaturglasuren, die auf stark wirksame Flussmittel angewiesen sind: auf Blei, Bor oder Alkalien. Die niedrige Brenntemperatur erlaubt viele Färbungen, schränkt aber manche Möglichkeiten ein. So kann man **Kristallglasuren** nicht gewinnen, weil die Zeitspanne zwischen Schmelzen und Erstarren beim Abkühlen zu kurz und die Temperatur zu niedrig ist. Deshalb ist es ratsam, eine Kristallglasur erst bei 1100-1250°C auf einem porösen Scherben zu brennen, danach im Rakubrand wieder zu erhitzen und nachzureduzieren, wobei der Scherben schwarz wird.

Der am weitesten verbreitete Rakuofen ist gasbeheizt und besitzt eine abnehmbare Haube. Die Haube dieses Ofens ist mit Feuerleichtsteinen isoliert und läßt sich vergrößern und verkleinern. Der Brenner soll ein Mitteldruckbrenner für 0,3 bis 1,5 bar sein. Er ergibt ein besseres Gas/Luft-Gemisch als ein Niederdruckbrenner und einen weiten Regelbereich, sodass man in einem solchen Ofen auch schrühen kann. Außerdem ist er für das reduzierende Brennen auch bei höherer Temperatur geeignet, wobei es nicht zur ungewollten Reduktion kommt. Die Zwangsreduktion ist einer der Nachteile von Gasöfen mit Niederdruckbrennern.

RAKU-ÖFEN UND BRENNEN

Raku-Öfen sind meistens transportabel. Man kann sie im Studio aufstellen, gewöhnlich aber brennt man mit ihnen wegen des Qualms beim Nachreduzieren irgendwo im Freien. Wenn sie mit Propangas aus einer Gasflasche beheizt werden, soll man darauf achten, dass die Gasflasche so weit wie möglich vom Ofen entfernt ist. Freilich gibt es auch gemauerte stationäre, zumeist holzbeheizte Raku-Öfen. So kann man das Erlebnis des Feuers mit dem Abenteuer des Ofenbauens verbinden.

Transportable Öfen sollen leicht sein. Zumeist bestehen sie aus einem aus Feuerleichtsteinen aufgestapelten Unterofen und einer faserisolierten Haube, die zylindrisch oder kubisch sein kann. Zum Beschicken des Ofens und zum Herausnehmen der Stücke hebt man die Haube hoch. Im Deckel bleibt ein Schauloch zum Beobachten des Brandes; man kann aber die Temperatur auch mit einem Pyrometer messen. Das Brennen erfolgt Charge für Charge. Dem Ausnehmen folgt sogleich das Beschicken mit neuen Stücken, die dazu vorgetrocknet sein müssen. Es gibt auch eine Möglichkeit, nasse Keramik einzusetzen. Dazu muss sie aber so nass sein, dass das Was-

Eine Haube aus Fasermatten läßt sich leicht hochheben.

133

Haubenöfen mit Gestell zum leichten Hochheben der Haube mit Hilfe eines Gegengewichts.

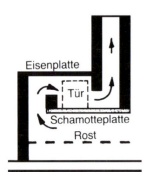

Ein selbstgebauter, holz-beheizter Rakuofen braucht einen Schornstein und besitzt einen seitlich zugänglichen, backröhrenartigen Brennraum mit Tür sowie eine Schamotteplatte als oberen Abschluss. Auf ihr kann die Keramik vor-getrocknet werden.

ser sich auch außerhalb der Poren befindet, von der Oberfläche verdampft und das Porenwasser nachzieht. Das ist bei glasierter Keramik nicht möglich.

Bei dem Haubenofen bildet der Unterofen den Feuer-raum, in den die Flamme hineinstrahlt. In ihm liegt auf drei Schamotte-Stützen eine Schamotteplatte als Ofensohle. Die Gasflamme soll unterhalb der Sohlen-platte gegen einen Prallstein prallen, um sich zu ver-zweigen.

Einen einfachen Rakuofen kann man sich aus einer Öltonne bauen: Eine 200-Liter-Tonne wird in 60 cm Höhe abgeschnitten und erhält unten ein Brenner-loch von 10 cm Durchmesser. Aus dem abgeschnitte-nen Teil schneidet man einen flachen Deckel ab und versieht ihn in der Mitte mit einem Schornsteinloch von 10 cm Durchmesser. Der Deckel und die Tonne werden mit einer Fasermatte mit Kanthaldraht und Tonknöpfen wie beim Tapezieren befestigt. Die Faser-matte soll „Superwool" bis 1250°C sein, denn diese ist nicht krebserregend. Sie ist 3,66 m lang, 61 cm breit und 5 cm dick. Sie steht oben 1 cm über den Tonnen-rand. Den Rest der Matte nimmt man zum Auslegen des Ofenbodens und zum Unterfüttern des Deckels, wobei man das Schornsteinloch aus der Matte mit ei-nem Teppichmesser ausschneidet. Auf den Faser-boden legt man eine Schamotteplatte von 45 cm Durchmesser und auf diese drei 12 cm hohe Ofen-stützen sowie einen Prallstein zum Zerteilen der Flam-me. Auf die Ofenstützen kommt die Bodenplatte.

Stationäre, gemauerte Raku-Öfen werden als lie-gende Öfen gebaut, bei denen von einer Stirnseite ge-feuert wird, über der sich der Schornstein befindet. Die Brenngase werden also gezwungen, den Ofen in einer Schleife zu durchziehen, in der eine Brenn-kammer mit Tür angeordnet ist, aus der man wie aus einer Backröhre das Brenngut entnimmt. Dieser Ofen hat den Vorteil, dass man auf ihm die Stücke gut vor-wärmen kann. Seine Einsatzmöglichkeiten sind aber durch die Größe der Backröhre begrenzt.

DIE NACHREDUKTION

Während man beim Steinzeug und beim Porzellan im Ofen eine sauerstoffarme Atmosphäre herbeiführt, erfolgt diese Reduktion beim amerikanischen Raku außerhalb des Ofens im Anschluss an das Brennen. Die Keramik wird im glühenden Zustand mit einer langen Zange aus dem Ofen genommen und in ein brennbares Material gesteckt.

Maika Korfmacher beim Nachreduzieren.

135

Marie Geiger-Ho:
„Gewölbter Raku-Korb" 1997.
Irisierende Glasur aus
42,5% Nephelinsyenit,
42,5% Calciumborat,
10% Knochenasche,
4,4% Kupferkarbonat,
0,8% Kupferoxid
und 0,8% Zinnoxid.

Rechte Seite:
Christine Fabre, Tragedose
Raku, 1998. H. 53 cm.

Der Behälter zur Nachreduktion soll gut verschließ-
bar sein, entweder durch einen Deckel oder indem
man auf ebener Erde das Reduktionsmittel aufhäuft,
die Keramik hineinstellt und einen Eimer darüber-
stülpt. Nasse Tücher verhindern zusätzlich die Rauch-
bildung. Im Rauchfeuer bildet sich das Kohlenstoffschwarz, indem sich der Kohlenstoff in die Poren ein-
lagert. Dieses Schwarz wird matt und tief. Poliert man
den Scherben vorher oder bedeckt ihn mit einem
Terra-sigillata-Schlamm, setzt sich im Rauchbrand auf
der Oberfläche der Keramik Glanzkohlenstoff ab, und
sie wird schwarz glänzend wie Ebenholz.

CRAQUELIERUNG UND IRISIERUNG

Die Spielräume der Nachreduktion bestehen:
• in der Zeitverzögerung zwischen Entnahme aus dem
Ofen und der Reduktion. Verzögerung bedeutet Abkühlung. Je stärker die Keramik abkühlt, ehe sie in
das Reduktionsmittel getaucht wird, desto feiner ist
das Craquelé-Netz und desto eher ergeben sich irisierende Lüstereffekte. Das beruht darauf, dass die
Keramik im heißen Zustand gleichmäßig erwärmt ist.
Wird sie kurz abgekühlt (25 Sekunden), ist die Diffe-
renz zwischen Außen und Innen gering; es gibt einzelne große Risse. Bei 35 Sekunden wird der Unterschied zwischen dem stark abgekühlten Äußeren und
dem noch heißen Inneren mit seiner geringen
Wärmeleitfähigkeit größer. Die Risse werden dichter
und feinmaschiger. Wartet man länger, so kühlt die
Keramik zu stark ab, und das Nachreduktionsmaterial
kann die Risse nicht mehr schwärzen. Die Irisierung
wird durch eine sehr dünne Oberflächenschicht hervorgerufen, die eine andere Lichtbrechung besitzt als
die untere Schicht. In eine bereits zu stark abgekühl-
te Glasur kann die Reduktion nicht tief genug eindringen; sie erfasst nur die Oberfläche. Der reduzierte Oberflächenfilm verschwindet mit der Zeit und kann

137

Ungewöhnliche Craque-
lierung durch zeitverzögertes
Einstecken in Drechselspäne
als Reduktionsmittel.
Karin Schmidt, 1995,
Länge 17 cm.

auch abgeschrubbt werden.

• Einen weiteren Spielraum gewährt die Natur des Reduktionsmittels. Das kann sein: Sägemehl verschiedener Körnung, Papier, Blattwerk, Heu, Tannennadeln oder Öl. Beim Sägemehl spielt die Holzart (der Harzgehalt) neben der Feinheit (ob es mit einer feinen oder groben Säge erhalten wurde) eine Rolle. Es soll nicht zum zweiten Mal, im verkohlten Zustand, verwendet werden. Feines Sägemehl klumpt zusammen und enthält weniger Lufteinschlüsse als grobes. Es ist also effektiver zum Reduzieren. Papier, Laubwerk, Heu enthalten viel Luft; die Reduktion fällt nicht so stark aus. Tannennadeln enthalten ätherische Öle, die zum Lüstern (Irisieren) der Glasur beitragen.

• Schließlich lässt sich der Spielraum beim Nachreduzieren auch durch partielle Reduktion erweitern, indem man nur einen Teil der Keramik der Reduktion aussetzt. Das kann dadurch geschehen, dass man um die Keramik nach dem Ausnehmen einen ölgetränkten Lappen legt, wodurch man an dieser Stelle ein feines Rissenetz erhält. Ähnlich ist die Wirkung auch beim Bespritzen mit Wasser oder Öl. Stellt man die glühende Keramik auf eine Holzplatte oder in ein Häufchen brennbaren Materials, erfasst der aufsteigende Dampf nur die untere Partie, während die herausragenden freien Stellen unreduziert bleiben.

RAKU-INNOVATIONEN: DAS RAKU IN SEINER DRITTEN PERIODE

Das japanische Raku-Verfahren brachte Bernard Leach 1920 nach Europa. Das war das Raku in seiner ersten Periode. Leach hatte es 1911 in Japan auf einer Gartenparty kennen gelernt. Aus den Vierzigerjahren stammt die erste Kunde von Raku mit Nachreduktion aus Amerika. Soldner experimentierte bereits mit farbigen Niedrigtemperatur-Anflugglasuren. Das war das Raku der zweiten Periode. Die dritte

Periode bezieht Techniken mit ein, die aus den frühen Hochkulturen stammen.

SODA-RAKU

Das Soda-Raku ist durch eine Anflugglasur aus Sodadämpfen charakterisiert, indem man (mit Sägemehl und etwas Kochsalz vermischt) Soda in einer Schale in den Ofen stellt, wobei sich die Sodadämpfe auf der Keramik niederschlagen. Dazu wird sie unglasiert, nur mit einem Kupferoxid-Schlamm, dem man etwas Eisen- oder Kobaltoxid beimischt, besprüht. Im Sodadampf verfestigt sich diese dünne Oxidschicht und bildet auf der Tonoberfläche eine dünne Glasur, die in der Nachreduktion perlmuttartig schillert. Da der Sodadampf den ganzen Ofen verglast, kann man sie auch von innen aus der Keramik heraustreten lassen, wie das die alten Ägypter mit der Soda und die alten Griechen mit der Pottasche taten. Pottasche hat chemisch die gleiche Wirkung wie Soda, sie ist jedoch 3,4mal leichter in Wasser löslich. Das heißt, dass sie beim Trocknen konzentrierter an die Oberfläche transportiert wird. Man kann nun die mit Soda oder Pottasche versetzte Keramik mit einem färbenden Oxid, z.B. Kupferoxid, besprühen, das dann im Brand durch die Selbstglasur befestigt wird. Was für Soda und Pottasche gilt, gilt auch für Borax. Der Masseversatz besteht dann aus:
90% Rakuton und 10% Soda, Pottasche oder Borax. Die Masse kann im Elektroofen verschrüht, im Rakuofen zu Ende gebrannt und nachreduziert werden. Eine ähnliche Wirkung erzielt man ohne Selbstglasur – wobei der Scherben nicht so fest wird – wenn man die geschrühte Keramik mit einer Mischung aus 90 Kupferoxid und 10 Alkalifritte dünn besprüht. Als Klebemittel eignen sich 3% CMC. Man kann auch so verfahren, dass man das Klebemittel außen auf die Keramik aufträgt, damit die Verdunstung nur nach in-

Das Soda-Raku zeichnet sich durch seine schillernde Oberfläche aus, die David Davidson bei diesem Stück dadurch erhielt, dass er das geschrühte Gefäß mit einem Schlamm aus gleichen Teilen Eisenoxid und Kupferkarbonat besprühte. Im Ofen stellte er es auf plattgedrückte Kügelchen aus Ton, die er vorher in Aluminiumhydratgewälzt hatte. Er brannte 2 Stunden bis 1150°C und warf dann die Soda-Sägemehl-Mischung in den Ofen, und zwar über 15 Minuten verteilt dreimal.

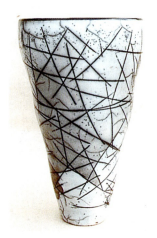

Nacktes Raku von Roland Summer. Die „Craquelierung" wurde in die verlorene Glasur eingeritzt.
1995, H. 38 cm.

nen erfolgen kann. Dadurch wird das Gefäß nur innen von selbst glasiert und dicht wird, während es außen porös bleibt und in der Nachreduktion schwarz wird. Mit Borax erhält man eine Selbstglasur, die sicherer rissefrei und dicht wird. Der Scherben muss aber lange langsam trocknen, damit genug an die Oberfläche gelangt. Die wasserlöslichen Salze transportieren auch färbende Oxide (Kupfer, Kobalt) an die der Verdunstung zugängliche Oberfläche. Eine Sonderform des Soda-Raku bildet auch das Tränken der geschrühten Keramik in einer wässrigen Metallsalzlösung, zumeist in Kupfervitriol (Seite 141).

NACKTES RAKU

Es ist nackt, weil es keine Glasur hat. Die polierte und geschrühte Keramik wird mit einer Schlickerschicht aus 75 Quarz und 25 Kaolin bedeckt, und darüber kommt eine Glasur, die beim Brennen reißt, zum Beispiel aus 40 Alkalifritte, 56 Bleimonosilikatfritte und 4 Kaolin. Die Risse gehen durch die darunter liegende Schlickerschicht. Der Kohlenstoff kann bei der Nachreduktion durch die Risse eindringen und auf dem nackten Scherben ein Rissenetz bilden. Die Schlickerschicht mit der Glasur springt vom fertigen Stück ab, wenn man es durch Anspritzen mit Wasser abschreckt. Versieht man den Schlicker mit Kupferoxid und Kochsalz, so ergibt sich die gleiche Wirkung wie beim altpersischen Zementationsverfahren (siehe Seite 92).

WASSERDICHTES RAKU

Der Nachteil des üblichen Raku ist, dass es sich nicht für Gebrauchsgefäße eignet, die mit Flüssigkeiten gefüllt sind. Vasen kann man noch mit einem Dichtungsmittel (z.B."Kellergrund") abdichten, nicht aber

Literatur

Ine & Ed Knops:
„Rakuvaria". Verlag der Fachbuchhandlung Hanusch & Ecker, Höhr-Grenzhausen, 1999.

Gefäße mit trinkbaren Flüssigkeiten. Ein rotbrennender Ton wird im Rakubrand dicht und ist temperaturwechselfest, weil sein Scherbenglas eisenhaltig ist. Die dichte Keramik erlaubt aber keine Schwarzfärbung im Rauchbrand, denn dabei kann sich in den Scherben kein Kohlenstoff einlagern. Deshalb wäre die Nachreduktion beim japanischen Raku sinnlos. Es bleibt rot. Das gilt für alle dichtbrennenden Scherben. Man kann nämlich auch ein weißes Rakuporzellan erzielen, das bei einer relativ niedrigen Temperatur dicht brennt und ausreichend schockresistent ist, um heiß entnommen und in den heißen Ofen eingesetzt zu werden. Der Vorteil ist dabei nur die kurze Brennzeit, wobei die Glasuren auf dem Porzellan schöner ausfallen und nachreduziert werden können. Ein weißes, schock-

Beim Raku der dritten Periode werden Techniken aus den frühen Hochkulturen angewandt. Hier ist es die „Effloreszenz" aus dem Alten Ägypten (Seite 92). Der geschrühte Scherben wurde vor dem Rakubrand mit Kupfervitriol getränkt und danach reduziert. Das wasserlösliche Kupfervitriol transportierte das Eisen des Tones unregelmäßig mit an die Oberfläche; Kupfer und Eisen bewirkten ein Spiel von Glanz und Farben. Schale von Gustav Weiß, 2000. H. 8,5 cm.

Hochtemperatur-Raku mit Mohnblüten von Ogata Kenzan aus der mittleren Edo-Zeit (1615-1868). D. 12,6 cm.

resistentes Rakuporzellan lässt sich aus Molochit, Porzellanmasse und einem weißbrennenden Ton herstellen (siehe Seite 130). Damit es bei niedriger Temperatur dicht wird, versetzt man die Masse mit einem borhaltigen Rohstoff, um ein borhaltiges Scherbenglas zu erhalten. Nimmte man dazu die reine Borsäure, so tritt diese beim Trocknen an die Oberfläche. Das Transportmittel ist das Wasser; das muss also vor dem Brennen seine Pflicht getan haben. Versiegelt man die äußere Oberfläche vor dem Trocknen mit CMC, so bildet sich nur an der inneren Oberfläche des Gefäßes eine Sinterhaut, während die Wandung außen porös bleibt und Kohlenstoff einlagern kann. Man erhält dann ein Raku, das innen weiß und dicht und außen schwarz und porös ist. Das Kohlenstoffschwarz wird aber in der Geschirrspülmaschine unansehnlich.

DAS HOCHTEMPERATUR-RAKU

Für dieses Raku ist grundsätzlich jede Steinzeugglasur geeignet. Tomimoto gibt an, dass sie aus 10 Teilen eisenreichem Feldspat und 3-10 Teilen Shiratama-Bleifritte zusammengesetzt und mit einer transparenten Glasur überdeckt wird. Bei 3 Teilen Fritte betrug die Temperatur 1250 Grad. Dazu wäre kein Blei erforderlich; man kann auch eine bleifreie, eisenreiche Temmoku-Glasur nehmen, weil sie in dicker Lage auch ohne Nachreduktion schwarz wird. Gasbeheizte Raküöfen erreichen leicht die Steinzeugtemperaturen. Die Superwool-Fasern (Seite 134) lassen bis zu 1250 Grad zu. Das Hochtemperatur-Raku hat mehrere Vorzüge. Es führt zu rascheren Ergebnissen als das Steinzeug-Brennen im Ofen und ergibt einen dichten Scherben, der auch für Gefäße geeignet ist, die mit Flüssigkeiten gefüllt werden. Die Temmokuglasur, die man sich im Glasurenspiel auf dem Computer zusammenstellen kann, ist bleifrei und unbedenklich für Hersteller und Verbraucher.

Das Klebemittel (Glasurkleber) CMC= Carboxymethylcellulose ist im Handel auch unter „Tylose" erhältlich.

GLASUREN

Glasuren gehören zur Keramik wie die Bekleidung zum Menschen seit seiner Vertreibung aus dem Paradies. Die Zeit nach der Vertreibung aus dem Urzustand wird auch als achter Tag der Schöpfung bezeichnet, an dem der Mensch von der naiven Hinnahme der göttlichen Gnade zur Erkenntnis der Wirklichkeit und zur verstandesmäßigen Gestaltung seiner Existenz gelangte.

Die Bezeichnung „Paradies" kommt aus dem awestischen „Pairidaeza", was „umzäunter Garten" bedeutet. Das altiranische Awesta war der religiöse Text der Zoroastrier, der Feueranbeter. Aus der indoiranischen Frühzeit bezeugt Herodot Opfer an Erde und Feuer, Wasser und Winde. In der Natur sah man das Wirken göttlicher Mächte, die man durch diese Opfer ehrte. Die erste iranische Gottheit wurde in der Partherzeit als nackte Göttin Ištar dargestellt. Sie gehörte also noch ins Paradies. Das Wissen kam mit dem Feuer auf. Seine Göttlichkeit wurde mit brennendem, vom Himmel gesandten Gold verglichen. Das heilige Gold war den Priestern und Magiern anvertraut, die über ein geheimes Wissen verfügten. Das alles sind Metaphern auf die Glasurenkunst, die in ihrer heutigen Form mit der Goldsuche der Alchimisten genauso verbunden ist wie mit den modernen Naturwissenschaften.

Es ist wirklich so, wie es die alten Religionen sagen. Nur drücken wir es in der unverblümten Sprache der Wissenschaft anders aus. Sie beansprucht die ganz konkrete Wahrheit für sich – und muss doch immer wieder korrigiert werden, je mehr Erkenntnisse uns Archäologie und Naturwissenschaften liefern. Nach dem jetzigen Bild unseres Wissens entstanden die Glasuren beim Experimentieren mit Erzen und Feuer. Die ältesten Hochkulturen konnten sich diesen Luxus neben dem Überlebenskampf als Erste leisten.

Allein aus einem geeigneten Lehm mit einem Zusatz von 10% einer beliebigen Fritte lässt sich eine schöne Lehmglasur gewinnen. Dorothea Chabert. Foto D. Joseph.

Der wichtigste *Glasbildner* in Glasuren ist der Quarz. Er kommt in allen Glasuren vor. Es ist der Rohstoff Quarzsand oder Quarzmehl und auch im Koalin und Feldspat enthalten. *Flussmittel* sind Stoffe, die ein Gemenge aus mineralischen Körnern zum Schmelzen bringen.

Die Effekte sind oftmals ins Besondere verkehrte Fehler: **Ausscheidungen**, wie die Metallflitter, bilden die Effekte der Aventuringlasuren; **Blasen**, die aufplatzen und sich mit einer Eisenschmelze füllen, ergeben die Ölfleckenglasuren; **Risse** bilden die Craqueléglasuren, **Entmischungen** sind die Effekte der Chün-Glasur, in der sich das Phosphatglas aus dem Silikatglas entmischt.

Ein Glasuren-Würfelspiel: Da alle Urmütter der Glasuren Eutektika waren (siehe Seite 89), kann man sich selbst auch solche Mischungen zurechtlegen und in verschiedenen Mengenverhältnissen mischen. Egal, wie diese Verältnisse sind, man bekommt immer eine Glasur. Wir haben heute viel mehr verschiedene Rohstoffe zur Verfügung als in der Kupferzeit. Deshalb können wir auch mehr verschiedene Eutektika heranziehen. Wir können uns für ein **Würfelspiel** Würfel aus Ton anfertigen und jede der sechs Flächen mit einem Buchstaben für ein Eutektikum versehen. Würfeln wir dann, so bekommen wir eine Zufallsglasur, wenn wir alle gewürfelten „Augen" zusammenzählen. Für Gruppen, die nichts vom Rechnen halten und trotzdem zu guten Glasuren kommen wollen, ist das eine überraschende Möglichkeit, sich Glasuren zu erwürfeln. Man formt sich zweierlei Würfel: einen roten für niedrigschmelzende Eutektika (mit Alkalien Na, K, Li, B und Pb), und einen weißen für höher schmelzende (mit Erdalkalien Ca, Mg, Ba, Sr und Zn). Da ein Würfel sechs Flächen hat, wir aber nur je fünf Eutektika aufstellen können, kann unter den leichtschmelzenden das Bor (B) und unter den schwerer schmelzenden der Kalk (Ca) zwei Flächen bekommen; oder man setzt hier jeweils eine Fritte ein. Wer kein Blei haben möchte, würfelt so lange, bis kein Pb erscheint.

Hochkulturen, das waren Gemeinschaften unter der Führung von Persönlichkeiten, die auf Macht und Repräsentation bedacht waren. Davon profitierten die Erfindungen der Glasuren, und davon profitierte noch die Erfindung des Porzellans durch Böttger im 18. Jahrhundert.

Man kann die Glasuren verstehen lernen, wenn man erfährt, wie sie entstanden sind. Das ist auf Seite 88 nachzulesen. Man kann sie aber auch aus dem natürlichen Verhalten der Stoffe verstehen lernen:

Das Glas aus der Kieselsäure, also aus dem Quarzsand allein, hat folgende Eigenschaften:

1. Es schmilzt bei einer hohen Temperatur (über 1700°C);

2. es besitzt eine hohe Zähigkeit (Viskosität), die die Luft, die an den Sandkörnern haftet, nicht entweichen lässt (deshalb nimmt man für das klare, ultraviolett durchlässige Quarzglas den Bergkristall, der chemisch dasselbe ist wie der Sand);

3. es lässt sich vom glühenden Zustand in Eiswasser abschrecken, weil es eine sehr geringe Wärmeausdehnung besitzt.

Nun kann man bei den Glasuren alles das nicht gebrauchen. Für die hohe Schmelztemperatur gibt es keinen Ton, der sie aushalten würde. Die hohe Zähigkeit würde das Glattfließen verhindern. Die geringe Wärmeausdehnung würde zum Abplatzen führen; denn um diesen Fehler zu verhindern, muss die Wärmeausdehnung der Glasur der des Scherbens angepasst sein.

Um also zu einer Glasur zu kommen, müssen alle diese Eigenschaften gemildert werden; und sie werden umso mehr gemildert, je mehr Flussmittel man der Kieseläure zusetzt. Das heißt, je mehr Flussmittel
- desto leichter schmelzbar und
- desto dünnflüssiger ist die Glasur und
- desto größer ist ihre Wärmeausdehnung.

Eine Glasur für eine niedrige Schmelztemperatur braucht also viel Flussmittel; die Wärmeausdehnung einer solchen Glasur ist so groß, dass ihr häufigster Fehler Haarrisse sind, und sie läuft auch gern ab. Eine Glasur für eine höhere Schmelztemperatur braucht weniger Flussmittel; ihre Wäremausdehnung könnte sogar kleiner sein als die des Scherbens, wodurch sie nicht reißen, sondern abplatzen würde. Und sie ist nicht so dünnflüssig, um leicht abzulaufen. Je tiefer die Schmelztemperatur sein soll, desto genauer muss man die Temperatur einhalten, was im Elektroofen leicht geht. Eine Hochtemperatur-Glasur ist toleranter, was in einem holzbefeuerten Freilandofen auch nötig ist.

Das 19. Jahrhundert brachte uns die wichtige Erkenntnis, dass es sich bei den Glasuren um chemische Vorgänge handelt. Seger hat sie auf eine einleuchtende Formel gebracht, die zwischen den Glasbildnern (hauptsächlich Kieselsäure=Quarz) und den Flussmitteln so unterscheidet, dass man sogleich sieht, ob auf die Flussmittel (als Gruppe) viel oder wenig von dem Glasbildner kommt. Das führte zu dem Schluss: je mehr Kieselsäure, desto schwerer schmelzbar ist die Glasur und umgekehrt. Das 20. Jahrhundert hat uns eines Besseren belehrt: Es gibt hierbei kein „Je mehr, desto mehr", keine Geradlinigkeit, sondern alle „Systeme" (Mischungen aus Glasbildner und Flussmitteln) haben ihre individuellen Höhen und Tiefen der Schmelztemperaturen. Das macht die Temperaturberechnung schier unmöglich. Das, was uns in erster Linie an einer Glasur interessiert, können wir also gar nicht berechnen. Wir helfen uns damit, dass wir neben dem ungenauen „Je mehr, desto mehr" ausrechnen, bei welcher Temperatur die Glasur eine Viskosität (Zähigkeit) besitzt, die wir zum Glattschmelzen der Glasur benötigen. Aus beiden Berechnungen nehmen wir den Mittelwert und liegen dann statistisch am nächsten bei der Wirklichkeit. Zum Glück brauchen wir gar nicht zu rechnen, denn das nimmt uns der Computer ab. Und er rechnet so genau, wie es seine Art ist. Aber er kann

Eutektische Mischungen, aus denen man ein Glasuren-Würfelspiel machen kann:

a) Auf roten Würfeln:
Pb aus 64,5 Gwt. Bleimonosilikatfritte, 19,4 Quarzmehl, 15,2 Kaolin.
Na aus Nephelinsyenit.
K aus Kalifeldspat.
Li aus 31,5 Lithiumkarbonat, 54,5 Quarz, 14,0 Kaolin.
B aus 21,0 Kalifeldspat, 79 Calciumborat.

b) Auf weißen Würfeln:
Ca aus 46 Wollastonit, 19 Quarzmehl, 36 Kaolin.
Mg aus 59 Talkum, 41 Kaolin.
Sr aus 37 Strontiumkarbonat, 41 Quarz, 22 Kaolin.
Ba aus 49 Bariumsulfat, 26 Quarz, 25 Kaolin.
Zn aus 39 Zinkoxid, 41 Quarz, 20 Kaolin.

Tippt man die gewürfelten Mischungen in das Rohstoffspielfeld des Computerprogramms ein, erhält man die Schmelztemperaturen und andere Eigenschaften angezeigt. Man kann sich danach auch die Farben aussuchen.

Das Würfeln hat auch einen lehrreichen Sinn. Man erkennt an den roten Würfeln, welche Flussmittel stark wirken, an den weißen, welche schwächer als Flussmittel wirksam sind, aber Effekte bilden. Die weißen Würfel führen zu Mattierungen, Ausscheidungen, Entmischungen und zur Kristallisation. Die Mischungen der Eutektika sind gute Lehrbeispiele für solche Effekte und auch für die Farbwirkungen der färbenden Oxide.

Die Systemanforderungen zur Installation des Computer-Glasurenspiels: MS Windows 95 oder 98, Prozessor und Arbeitsspeicher entsprechend Betriebssystem; MS-kompatible Maus. Festplatte mit 10 MB freiem Speicherplatz, CD-ROM-Laufwerk, VGA-Grafikkarte, Grafikauflösung von mindestens 800 x 600 Pixel. Farbunterstützung von 65.000 Farben (High Color, 16 Bit). Legen Sie die CD, die diesem Buch beigelegt ist, in das Laufwerk ein. Es erscheint auf dem „Arbeitsplatz" das „setup", das sie anklicken müssen. Alles andere erfahren Sie vom Programm selbst. Die Hilfe-Texte sind ein Glasuren-Lehrbuch und -Lexikon. Das Programm hat vier Spielfelder: eines für Zahlen, eines für Rohstoffe, eines, um den Versatz zu berechnen, und eines, um alle Unberechenbarkeiten zu kompensieren und das Ergebnis zu optimieren. Jedesmal, wenn ein Fragezeichen erscheint, kann man durch Anklicken Auskunft erhalten. Abgebildet ist das Titelbild der Vollversion, während diesem Buch nur die Trial-Version beigefügt ist.

die verzwickten Bedingungen, unter denen eine Glasur entsteht, gar nicht erfassen. Die Erfahrung ist bisher ein solches Festnageln auf Zahlen nicht gewöhnt. Man sagte bisher zum Beispiel, eine Glasur mit viel Erdalkalien wird matt. Damit gibt sich der Computer nicht zufrieden. Er will wissen, was „viel" ist. Sich da auf eine Zahl festzulegen, ist wegen der Individualität der Oxidsysteme (die sich auf alle Eigenschaften beziehen) das große Risiko bei allen Computerprogrammen, die nicht nur eine Segerformel in ein Rezept umrechnen, sondern auch angeben wollen, was für eine Glasur das wird. Und da man das nur ungefähr sagen kann, gibt der Computer nur an, wohin eine Glasur tendiert. Sie tendiert dazu, glänzend oder matt zu werden, durchichtig oder undurchsichtig, eine bestimmte Farbe zu entwickeln, etwas auszuscheiden, zu kristallisieren, sich zusammenzuziehen oder auszubreiten, auf einem Scherben mit einer bekannten (einstellbaren) Wärmeausdehnung haarrissig zu werden oder abzuplatzen. Man kann vom Computer viel lernen und viel ungelernt lassen – wie man will.

Diesem Buch ist eine CD zum Erproben eines solchen Glasurenprogramms beigegeben. Es nennt sich „Spiel", weil man damit spielerisch Glasuren komponieren, erfinden, kann. Es ist zugleich ein spielerisches Lernprogramm. Erfahrene Keramiker können es genauso erfolgreich benutzen wie Anfänger, die nicht wissen oder gar nicht wissen wollen, was ein Oxid ist. Der Computer erledigt in Sekundenschnelle unterirdisch die schwierigsten chemischen und physikalischen Berechnungen, von denen man nichts merkt. Man braucht nur die Früchte zu ernten, und man bekommt Antworten auf alle Fragen. Wer chemische Formeln scheut, kann auf Symbole umschalten: eine Sonne verstärkt den Glanz, ein gerasterter Punkt die Mattigkeit usw. Wer Zahlen scheut, arbeitet nur mit Rohstoffen. Der Computer geleitet ihn immer ans Ziel.

HÖHEPUNKTE DER GLASURENKUNST

Chinesen, Koreaner und Japaner haben ein anderes Verhältnis zur Zeit als die Menschen im Westen, für die Zeit Geld bedeutet. Daran mag es liegen, dass in Ostasien im beharrlichen Umgang mit der Tradition im Laufe der Zeit Glasuren entwickelt wurden, die bei uns bewundert werden, die wir aber nur dann nachempfinden können, wenn wir von ostasiatischen Glasurrezepten oder chemischen Glasuranalysen ausgehen.

Aber Rezepte gelingen nicht unabhängig von den sonstigen Umständen nur nach der chemischen Analyse; sie müssen auf die jeweiligen Bedingungen hin optimiert werden, indem man ihre Umgebung , wie im Computer - Glasurenprogramm, abtastet. Höhepunkte sind außergewöhnliche Ergebnisse aus Sternstunden. Sie kommen nicht von ungefähr. Wer sie nach vielen unvermeidlichen Enttäuschungen erlebt, wird von einem Glücksgefühl erfasst. Es geht aber nicht ohne eigene und fremde Erfahrungen. Einer, der heute noch in dieser Harmonie von Natur und Kunst lebt, ist der Mönch Frère Daniel de Montmollin in der Communauté réligieuse de Taizé, der ökumenischen Glaubensgemeinschaft bei Cluny. Frère Daniel greift die Tradition des Renaissancekeramikers Bernard Palissy auf und unterstreicht dessen Meinung, als Palissy sagte, er sähe keinen Sinn in der Weitergabe eines Rezepts, das sich wie ein Almosen darstellt, und durch das die Reproduktion von Objekten ermöglicht wird, denen mangels Studien und Versuchen jeglicher Gehalt fehle. Die Besonderheiten der Glasuren zeigen eine gemeinsame verblüffende Erscheinung: Sie gehorchen nicht der Schwerkraft. Auf der Oberseite eines Tellers treten sie genauso auf wie auf der Unterseite, und das gegen die Schwerkraft. Stärker als diese scheinen im Feuer die elektrostatischen Kräfte zu sein.

„Sterbendes Blatt" in einer Temmoku-Glasur aus dem 13. Jh. in Jizhou, China, George Vogt hat diese Technik in Sèvres neu erfunden.
Eine Temmoku-Glasur für 1290-1300°C besteht z.B. aus:
20,32 Gwt. Kalifeldspat,
31,97 Gwt. Kaolin,
15,25 Gwt. Dolomit,
2,24 Gwt. Kalkspat,
1,07 Gwt. Titandioxid,
18,15 Gwt. Quarzmehl und
5 Gwt. rotem Eisenoxid.

Die Ölfleckenglasur gehört ebenfalls zur Temmoku-Familie. Die Ölflecken entstehen durch aufgeplatzte Blasen, die sich mit silbrig glänzendem Eisen(II,III)oxid (Fe_3O_4) füllen. Für Experimente kann man ausgehen von:
66,85 Gwt. Kalifeldspat,
5,42 Gwt. Dolomit,
0,89 Gwt. kaustischem Magnesit,
26,84 Gwt. Quarzmehl und
8 Gwt. rotem Eisenoxid für 1270-1300°C.

Der sogenannte Chün-Effekt, der in roten Flecken in einer blauen, opalisierenden Glasur besteht, wird von manchen Keramikern auf einen Gehalt an Phosphor zurückgeführt. Für Experimente kann man von folgendem Versatz für 1280°C ausgehen:
22,05 Gwt. Kalifeldspat,
6,12 Gwt. Natronfeldspat,
1,46 Gwt. rotes Eisenoxid,
14,39 Gwt. Kalkspat,
11,09 Gwt. Kaolin,
1,56 Gwt. kaustischer Magnesit,
43,16 Gwt. Quarzmehl,
0,18 Gwt. Titanoxid,
0,2 Gwt. Knochenasche,
2,0 Gwt. Kupferkarbonat.

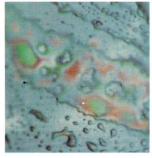

Die Chün-Glasur ist bis heute rätselhaft. Sie hat rote Punkte auf blauem Grund und blaue Punkte auf rotem Grund. Aufn. 1000fache Vergr. Günther Bauer, TU Wien.

Rechte Seite: Doppelkürbis-Vase mit Chün-Glasur aus der Ming-zeit.

Gebilde, die in oder unter der Glasur eine Asche hinterlassen, sind geeignet, ungewöhnliche dekorative Wirkungen hervorzurufen. Man kann zum Beipiel das Blatt einer Pflanze nehmen. Nach dem Brennen zeichnen sich die Blattadern in der Glasur ab, weil sie dicker sind und die Glasur über ihnen in einer dünneren Schicht aufliegt. Das bedeutet, dass dieser Effekt nur mit einer Glasur gelingt, die in dünnerer Lage anders aussieht als in dicker. Eine solche Glasur ist die eisengefärbte Temmoku-Steinzeugglasur. Sie ist in dünner Lage braun und in dicker schwarz. Dieser sehr seltenen chinesischen Technik ist George Vogt in Sèvres um 1900 nachgegangen und hat sie als *Feuille mort* bezeichnet. Die Chinesen haben aber auch Scherenschnitte aus Reispapier unter die Glasur gelegt, und dieses Papier hob die darüberliegende Glasur beim Trocknen ab. Es bildeten sich Glasuraussparungen. Man hat diese Scherenschnitte aber auch aus einem Papier, das kein Wasser aufnahm, also beim Trocknen die Glasur nicht abhob, mit einer hellen Glasur kombiniert, in der das verkohlte Papier versiegelt blieb und das Muster bildete. Wer sich in diese Probleme hineinbegibt, kommt zu schönen Ergebnissen, die man sonst auf keine andere Weise erreichen kann.

Absolute Höhepunkte der Glasurenkunst stellen die chinesischen Glasuren dar. Allein unter den Seladonen gibt es verschiedene Arten, vom bräunlichen Grün bis zum bläulichen Clair de lune. Die Bezeichnung Seladon stammt vom Gewand des Hirten Celadon in einem Theaterstück von Honoré d'Urfé nach dessen Schäferroman „Astrée" aus dem 17. Jh. Geheimnisvoll sind die chinesichen Ölflecken- und Chün-Glasuren geblieben. Die Japaner folgten mit Hasenfell, Shino und Temmokuglasuren. Uns Europäern ist es noch nicht gelungen, alle diese Glasuren von Grund auf selbst zu entwickeln. Wir sind darauf angewiesen, den Rezepten, Überlieferungen und chemischen Analysen zu folgen.

DAS GLASIEREN

Die handwerkliche Art, eine Glasur durch Tauchen, Gießen oder Spritzen aufzubringen, ist in der Gefäßkeramik verbreitet. Keramiker, die Skulpturen herstellten, verdarben aber oft ihre Arbeiten, wenn sie die Glasuren in dieser Weise auftrugen. Es gibt jedoch unkonventionelle Methoden ohne ein solches Risiko:

1. durch eine Glasurseife, die man sich selbst aus 90% Glasurpulver oder Fritte, 10% Kernseife und einem färbenden Oxid oder Farbkörper anfertigen kann. Fährt man mit einem handlichen Stück einer solchen Seife über die Keramik, so bleiben nur Krümel haften, die die Oberfläche beleben;

2. durch Aufstreuen des trockenen Glasurpulvers durch ein Teesieb auf die Keramik und Besprühen dieses lockeren Pulvers mit Wasser aus einer Sprühflasche, wie man sie für Zimmerpflanzen verwendet.

Aufgetragene Glasurseife.

Die Wassertropfen rollen durch das Pulver, nehmen es auf und bilden Glasurtropfen, die zu kleinen Perlen werden, während das übrige Pulver die Flächen, auf denen es aufliegt, nur mit einer dünnen Glasurschicht überzieht. Diese Art des Glasierens hat Carmen Dionyse aus Gent bei ihren Skulpturen angewandt. Am besten eignet sich eine glänzende, durchsichtige Glasur, an der sich die Lichtstrahlen brechen;

3. durch Glasurpolster, indem man aus einer Glasur, die zu Polstern zusammenkriecht, Bruchstücke anfertigt, die man mit einem Klebstoff oder mit Bentonitschlicker auf die Keramik aufklebt. Die Glasur muss magnesiumreich sein, um zu kriechen. Man gießt den Glasurbrei auf Fettpapier (damit er sich nicht ausbreitet) und brennt ihn bei 600° C auf einer Kaolin-Unterlage. Danach ist die Glasur so fest, dass man sie brechen oder schneiden kann. Die Bruchstücke kann man zu einem Mosaik aneinanderfügen oder an Stellen kleben, wo man sie haben möchte.

Glasurenpolster als Mosaik. Eine Polsterbildende („kriechende") Glasur muss magnesiumreich und borsäurearm oder -frei sein, damit sie eine hohe Oberflächenspannung erhält. Man bekommt eine solche weiße Glasur z.B. bei 1200°C aus: 34,27 Gwt. Kalifeldspat, 3,55 Gwt. Kalkspat, 18,48 Gwt. kaustischem Magnesit, 22,71 Gwt. Zinnoxid und 21 Gwt. Quarzmehl.

Aufgestreutes Glasurenpulver, mit Wasser besprüht, nach dem Brennen.

Alkalireiche Glasur mit
großen Zinksilikatkristallen;
sie enthält
1,2% Nickeloxid und
1,5% Titanoxid. Gebrannt bei
1260°C, 20 min gehalten,
abgekühlt bis 1100°C, 3 h gehalten.
Thorsten Kallweit.

Literatur:

Ch. Lauth: „La Manufacture
nationale de Sèvres 1879-
1887". Paris 1889.

Wilhelm Pukall: „Meine
Erfahrungen mit Kristall-
glasuren". Sprechsaal
41(1908), Nr.36-38.

VON DER KRISTALLGLASUR ZUR KRISTALLMALEREI

Der Keramiker, der in seinen Glasuren Kristalle züchtet, handelt nach allgemeinen Grundsätzen der Kristallisation, die nicht nur für Glasuren gelten: Kristalle bilden sich in einer übersättigten Lösung von einem Keim aus durch Substanzanlagerung beim Abkühlen. Die Bildung der Kristallkeime ist noch ein Rätsel. Nach der Theorie werden Ionen aus dem umgebenden Medium elektrostatisch vom Kristallkeim angezogen. Langsame Kristallisation gibt große Kristalle, schnelle ergibt kleine.

Wer mit Glasuren experimentiert, wird auch schon mal zufällig Kristalle erhalten haben. Das mag auch bei den Chinesen der Fall gewesen sein, in deren Glasuren aus dem 12. Jahrhundert man kleine Kristallnadeln entdeckte. Ob es eine „Erfindung" war, mag dahingestellt sein. Jedenfalls haben sich erst die Glasurchemiker in Sèvres Mitte des 19. Jahrhunderts systematisch mit Kristallglasuren beschäftigt und ihre Ergebnisse „Sur les Couverts de la Porcelaine" 1889 in Paris veröffentlicht. Seither ist an diesem Thema immer wieder gearbeitet worden, und es haben sich zahlreiche Erfahrungen und eine unübersehbare Zahl von Rezepten angehäuft. Sie alle laufen darauf hinaus, dass die Kristallisation von Zink- und/oder Titanoxid bewirkt und durch Substanzen gefördert wird, die die Glasur leichtflüssig machen. Die Bildung von Kristallkeimen findet bei einer höheren Temperatur statt als das Wachstum der Kristalle. Die günstigsten Brenntemperaturen liegen zwischen 1160 und 1260°C. Dann ist auch das Calciumoxid bereits ein wirksames Flussmittel. Je mehr Kristallkeime (durch verzögerten Temperaturanstieg), desto mehr und desto kleinere Kristalle entstehen; je weniger Keime es gibt (durch raschen Temperaturanstieg) und je länger die Abkühlung hinausgezögert wird, desto größer wachsen die Kristalle an.

1908 verfasste Wilhelm Pukall, damals Direktor der Keramikfachschule in Bunzlau, eine Abhandlung über Kristallglasuren, mit der er sich um die Mitgliedschaft in der American Ceramic Society bewarb. Pukall untersuchte dabei nur Titankristallglasuren. Das Titan bildet im Gegensatz zum Zink kleine Kristalle. Die Titankristalle wachsen aber an, wenn man Vanadin-, Wolfram- und Molybdänverbindungen hinzufügt. Weitaus am günstigsten wirkt das Ammoniumvanadat. Färbende Oxide, vor allem Eisen und Mangan, machen die Glasuren leichter flüssig, und sie lagern sich auch bevorzugt an den Kristall an, wodurch farbige Kristalle in einer andersfarbigen Glasur entstehen. Pukall war der Einzige, der glattgebrannte Keramik (Steinzeug) mit Kristallglasuren auch im Kapselbrand, in Sägemehl eingebettet, nachreduzierte, wobei er den Ofen nur bis Rotglut (etwa 600 Grad) aufheizte. Die Stücke wurden abschließend mit Sand abgerieben oder mit Terpentin abgewaschen. Er stellte fest, dass die Glasuren dadurch an optischer Tiefe und zarten Farbtönungen gewonnen hatten, insbesondere, wenn kleinste Mengen an Kobalt-, Nickel- und Eisenoxid oder anderen färbenden Oxiden zugegen waren. „Ich hoffe", schrieb Pukall, „durch die Mitteilung manchem für seine Kunst begeisterten Kristallglasurkeramiker einen wertvollen Fingerzeig an die Hand gegeben zu haben".

Es leuchtet ein, dass die Ionen aus dem umgebenden Medium leichter vom Kern angezogen werden, wenn dieses Medium dünnflüssig ist. Besonders dünnflüssig sind Alkaliglasuren (die viel von den Alkalien Na_2O, K_2O, Li_2O enthalten), zähflüssiger sind Erdalkaliglasuren (mit mehr Erdalkalien CaO, MgO, BaO, SrO). Borsäure ist für die Kristallisation ungünstig. Die Tonerde (Al_2O_3) macht besonders zäh und sollte nur in sehr geringer Menge zugegen sein. Die dünnflüssigen Glasuren laufen im Brand ab. Man stellt sie deshalb auf Sockel, über die sie herablaufen können. Diese Sockel schneidet man dann mit ei-

Erdalkalireiche Glasur mit kleinen Zinksilikatkristallen; sie enthält 5% Titanoxid und 1% Kobaltkarbonat. Gebrannt bei 1250°C, 60 min halten, beim Abkühlen zwischen 1150 und 800 °C 210 min lang 100 Grad/min abkühlen und bei 800 °C 60 min halten. Erich Hofer.

Wilhelm Pukall schlug u.a. eine Kristallglasur vor, die er „Katzenauge" nannte. Sie wird auf einer Grundglasur von 1240°C aus
27,4 Gwt. Kupferoxid,
11,5 Gwt. Kalkspat,
1,7 Gwt. kaustischem Magnesit,
21,0 Gwt. Kalifeldspat,
9,9 Gwt. Kaolin,
21,9 Gwt. Quarzmehl und
5,1 Gwt. Rutil aufgetragen und in einem zweiten Brand bei 1230°C aufgeschmolzen:
48,4 Gwt. Bleimonosilikatfritte,
23,2 Gwt. Alkali-Bor-Fritte,
4,0 Gwt. Natronfeldspat,
6,0 Gwt. Kalkspat,
18,4 Gwt. Quarzmehl + 3,0 Gwt. Vanadinpentoxid,
4,0 Gwt. Kupferoxid und
12,0 Gwt. Rutil.

Rechte Seite: Kristallmalerei von Sun Chao, 1992.

nem Glasschneider ab. Erdalkali-Kristallglasuren brauchen keine solchen Vorrichtungen. Man kann leichtflüssige Glasuren dadurch am Ablaufen hindern, dass man sie über einer zähflüssigen Auffangglasur anbringt. Dazu muss man die glasierte Keramik auf 150 Grad erhitzen oder die Kristallglasur mit CMC (Seite 142) versetzen.

KRISTALLMALEREI

Mit Glasuren lässt sich auch konturentreu malen, wenn man wie beim Hard Edge die Farbflächen hart gegeneinander abgrenzen will. Dazu sind Glasuren erforderlich, die eine hohe Oberflächenspannung besitzen, wozu das Magnesiumoxid in der Glasur am meisten beiträgt. Damit lassen sich auch Wirkungen erzielen, die an die Glasmalereifenster der Dome erinnern, bei denen ebenfalls Glas an Glas, mit einem Bleisteg zusammengehalten, gesetzt ist. Zum Bemalen eignen sich die sogenannten Keraion-Platten, die es in Größen bis zu 125x125 cm, 8 mm dick, zu kaufen gibt. Auch dickes Porzellanpapier ist plan und bildet eine ideale Grundlage für die Kristallmalerei. Für das Malen mit Kristallglasuren hat der Taiwanese Sun Chao herrliche Beispiele geliefert. Seine Kristallmalerei wurde in Paris und New York ausgestellt. Die Platten waren bis zu 2 Meter breit und 70 cm hoch. Es ist eine Sonderform der Glasurenmalerei, bei der verschiedene Farbglasuren, darunter auch Kristallglasuren, in unterschiedlichen Techniken mit dem Pinsel, der Spritzpistole, mit der Bürste oder dem Spachtel aufgetragen wurden. Bei dem hohen Risiko, das eine große Fläche mit sich bringt, ist viel Erfahrung nötig. Die Kristalle entwickeln sich verschieden, je nach Auftragsdicke und der Steuerung des Brandverlaufs. Sun Chao brennt bis 1300 Grad und hält die Temperatur von 1100 Grad beim Abkühlen fünf Stunden lang.

155

Verfremdung durch eine
besondere Technik: Über
einen Luftballon gestülpter
Wollbeutel, in Gießschlicker
eingetaucht.
Barbara Sneganas-Blasi:
„Gefäß". 100 x 80 x 80 cm.
Diese Arbeit erhielt 1995 den
Preis der Dannerstiftung.

VERFREMDUNGEN

Die Keramik kann Einflüsse aus Nachbargebieten
aufnehmen und sich ihrer Tradition entfremden. Das
Material kann mit fremdem Material, die Form durch
Deformation oder durch Bemalung verfremdet sein.
Verfremdungen können befremdend wirken. „Ist das
noch Keramik?" hört man oft bei Werken, die nach
der traditionellen Auffassung weder material- noch
formgerecht sind. Zumeist ist es eine Installation
oder eine Ideenkunst, die mit keramischen Mitteln
dargestellt wird. Oder es sind Arbeiten, die mit einer besonderen Technik hergestellt wurden, zum
Beispiel über einem aufgeblasenen Luftballon – ein
Verfahren, das früher als nicht standesgemäß galt,
weil es in Freizeit- und Kinderkursen angewandt
wurde. Inzwischen ist die Keramik so freizügig geworden, dass man einsah: keine Technik ist minder-
wertig. Es kommt nur auf das Ergebnis an. Und dieses wird von der ungezügelten Schöpferkraft der
modernen Kunst mitgerissen, die zur Trivialkultur hin
tendiert.
Dazu kommt die Aufnahme fremden Materials in die
Keramik als Ausdruck der Überschreitung der vom
traditionellen Material gezogenen Grenzen. Zumeist
ist es Holz als Objet trouvé oder Glas, das im Ofen
deformiert, oder Eisen vom Schrottplatz, oder Vogel-
federn, die mit der Keramik optisch zu einem ein-
heitlichen Objekt verschmelzen.
Deformationen der Form haben einen philosophischen Hintergrund: Die Wirklichkeit wird infrage gestellt. Die Realität des Gefäßes ist seine Funktion als
aufnehmende und bewahrende Form. Sie wird durch
Deformation zerstört und damit ihrer Wirklichkeit
entzogen.
Die Verfremdung durch Bemalung hat ihren Grund
in der Auffassung, dass die gegenständliche Bemalung, die sogenannte Fassmalerei, bei der Figuren

durch Farben bekleidet werden, nicht mehr der Vorstellung von der Anwendung plastischer und farbiger Mittel entspricht. Während die traditionelle „Fassung" den Dingcharakter des Objekts erhöhte, erzeugt die spontane Bemalung von konstruktiven Gebilden ein starkes Spannungsmoment. Die Bemalung soll einen Kontrapunkt zur dreidimensionalen Konstruktion bilden. Eine solche Verfremdung kann linear geschehen oder durch geometrische Formen. Sie sollen die Form nicht stören, eher steigern. Farbflecken könnten sie zerstückeln. Im Allgemeinen soll die Bemalung die Struktur einer Plastik offenhalten und sie nicht völlig abschließen. Durch mehr oder weniger emotionalen Einsatz von Farbe lässt sich bei Konstruktionen und Assemblagen die Differenzierung und Umsetzung des Materials bewirken.

Verfremdung der Form durch Bemalung. Skulpture „Sitting Nude" von Philip Eglin, Preisträger im Jerwood Prize 1996. H. 45 cm.

Deformation der Realität des Gefäßes von Antonio Recalcati, 1990/91.

Hans Munk Andersen dreht
verschiedenfarbige Ton-
schnüre und legt sie in eine
Gipsform.

In dieser Neriage-Technik
entstand Andersens Schale
„Quadrangle Autumn".

TON IN TON

Tone verschiedener Farben an einem Stück lassen sich schon im 5. vorchristlichen Jahrtausend um den Boian-See in Rumänien in der Barbotine-Technik nachweisen, wo Gefäße aus grobem Ton mit Tonschlicker beworfen wurden, den man mit den Fingern verstrich. Zumeist aber wurde andersfarbiger Ton zum Bemalen der Gefäße verwendet. Die Töpferscheibe erlaubte dann das Marmorieren, indem ineinander verknetete Tone sich durch den Drehvorgang als Bänder um das Gefäß wanden.

Die venezianischen Millefiori- (Tausendblumen-) Gläser bildeten die Anregung für eine simple Technik, in der verschiedenfarbige Tonmassen nebeneinander in eine Gipsform gelegt werden, was als „Neriage" bezeichnet wird. Die Tone können als Schnüre geflochten oder quergeschnittene Stücke von Tonwülsten sein. Zwischenräume muss man mit Schlicker ausfüllen, damit die Wandung zusammenhält. Immer sind es dekorative Schalen aus einer offenen Gipsform. Nach dem gleichen Prinzip lassen sich ganze Ton-in-Ton-Gemälde auf einer ebenen Gipsplatte als Intarsienkeramik aus zurechtgeschnittenen und aneinandergesetzten oder in vorbereitete Flächen eingelegten farbigen Ton- oder Porzellanteilchen herstellen.

Rechte Seite: Dietrich Löwe: Intarsienkeramik aus Steingut und Porzellan. 50 x 72 cm. Die Farbflächen sind aus Gießschlicker, der mit Metalloxiden oder Farbkörpern gefärbt ist.Die Schlicker werden in dünner Schicht auf eine Gipsplatte ausgegossen und so in einen formbaren Zustand gebracht. Die Intarsienmotive entstehen dann durch Walzen, Schneiden und Aneinanderfügen. Das Einlegen in vorbereitete Oberflächen und das Ausgießen mit Engobe sind weitere Möglichkeiten, ein vorher konzipiertes Bild zu erhalten. Die eingelegten Intarsien sind nur 1 bis 2 Millimeter dick. Die künstlerische Gestaltung wird von geraden Linien und geometrischen Formen bestimmt, wenn Intarsien in vorbereitete Flächen eingelegt werden. Bei bewegten Umrissformen und vielgliedrigen Gestaltungen werden diese mit Engobe umgossen. Durch beide technische Varianten erhalten die Werke einen graphischen wie auch malerischen Charakter und erinnern an konstruktivistische Vorläufer in der Malerei. Das Bild wird auf der Rückseite mit einer schamottierten Masse beschichtet. Risse zwischen den eingelegten Flächen können nicht geduldet werden. Trocknen und Brennen erfordern große Sorgfalt, denn das Bild wird nicht nachgeschliffen. Diese Platte ist bei 1100 Grad im Einbrandverfahren, also roh, gebrannt.

159

ENGOBEN

Die wohl berühmteste Engobemalerei stammt von der Familie Toft von 1660 bis 1797 in Staffordshire. Die Engobe ist mit dem Gieß-horn aufgetragen.
Thomas Toft: Teller, 1660-1680, 46 cm Ø
Victoria & Albert Museum.
Bernard Leach versuchte, die traditionelle englische Technik in Japan einzufüh-ren.

Engobieren bedeutet, einen Tonkörper mit einem anderen Ton zu überziehen. Dabei hat man es mit drei Erscheinungen zu tun, die man unterscheiden muss: 1. dem Schwinden beim Trocknen, 2. dem Schwinden beim Brennen und 3. der Wärmeaus-dehnung. Das Schwinden findet nur einmal statt, während die Wärmeausdehnung immer wieder auf-tritt, wenn die Keramik erwärmt oder abgekühlt wird. Die Schwindung kann man selber messen, die Wärmedehung nicht. Sie steht auf dem Datenblatt des Tones, den man kauft. Beim Auftragen der En-gobe muss diese die Trocknungsstrecke aufholen, die der Grundscherben bereits zurückgelegt hat. Das heißt, sie muss magerer sein als dieser. Die Schwindungen einander anzupassen ist relativ ein-fach, wenn man für die Engobe den selben Ton nimmt wie für den Scherben und ihn lediglich magert. Dazu ist es am besten, einen Teil des Tones bei 900°C vor-zuglühen. Man kann die richtige Einstellung fett/ma-ger der Engobe durch den Wasserbedarf ermitteln. Sie soll zum Engobieren im lederharten Zustand mit 2 bis 2,5 Liter Wasser je Kilogramm Trockenengobe einen gut gießbaren Brei bilden. Braucht sie mehr Wasser, so ist sie zu fett, bei weniger Wasser zu ma-ger. Mit Polypropylenfasern lässt sich die Schwindung der Engobe durch die zugesetzte Fasermenge steu-ern; je trockener die Unterlage ist, desto geringer muss die Schwindung der Engobe sein und desto mehr Fasern (bis maximal 7,5 Gew.-%) sind nötig, um auch geschrühte Scherben zu engobieren. Ein wei-ßer Grundton lässt sich problemlos mit einer farbi-gen Engobe überziehen, wenn man sie mit Farb-kör-pern färbt. Sie sind beim Trocknen Magerungsmittel und bleiben auch im Brand als Pigmente erhalten, beeinflussen also weder die Brennschwindung noch die Wärmeausdehnung. Hingegen beeinflussen färbende Oxide die Brennschwindung. Soll ein roter Ton weiß oder ein hellbrennender mit Hilfe eines roten Tones schwarz engobiert werden, so muss man sich die Wärmeausdehnungswerte beider Tone beschaffen. Die Schwindungen kann man in Versuchen selbst ermitteln.

Im Brand soll die Schwindung der Engobe nicht geringer sein als die des Scherbens; sie muss etwas stärker schwinden, um zu verhindern, dass sie an den Kanten abplatzt, denn das ist der häufigste Fehler. Ein fetter Ton schwindet beim Trocknen stark, beim Brennen aber zunächst wenig und mit steigender Brenntemperatur immer mehr. Da muss die Engobe Schritt halten können, sonst wird sie abgestoßen. Man wird deshalb eine weiße Engobe für Steinzeug aus einem weißen Ton mit Feldspat zusammensetzen. Soll ein roter Ton engobiert werden, der schon bei niedriger Temperatur dicht wird, so darf die Engobe keinen Feldspat enthalten, sondern eine leichtflüssige Zirkonfritte oder Talkum. Je mehr Flussmittel die Engobe enthält, desto leichter wird sie von der Glasur aufgelöst.

Eine mit Oxiden gefärbte Engobe schwindet im Brand stärker, was meistens dazu führt, dass sie besser haftet als dieselbe Engobe ungefärbt. Äußerst selten ist es umgekehrt. Man darf nicht erwarten, dass sich die weiße Engobe genauso verhält wie die gefärbte. Die Brennschwindung durch färbende Oxide nimmt in folgender Reihenfolge zu: Kupfer-, Mangan-, Kobalt-, Eisenoxid. Dagegen sind Chrom- und Nickeloxid schwer schmelzbar und daher wie die meisten Farbkörper (außer Neapelgelb) keine Flussmittel. Die oxidgefärbte Engobe soll das ASTM-Sieb 170 passieren. Bei einer weißen Engobe läßt sich der Weißgehalt durch Zusatz von 20% Knochenasche oder bis zu 15% Zinnoxid steigern. Besonders gut sind Weichporzellanmassen als Engoben geeignet. Sie ergeben besonders schöne Färbungen. Mit Maximalmengen von Oxiden erhält man Sinterengoben.

OBERFLÄCHE IST NOCH KEIN INHALT

Die Oberfläche ist die Haut der Keramik und hat deshalb eine ästhetische Funktion. Sie akzentuiert das Material in einer Weise, die seine Besonderheit veranschaulicht. Die Oberfläche so zu gestalten spricht für die Absicht, den Ton als künstlerisches Medium aufzuwerten.

Man kann die Oberflächenwirkungen in mancher Hinsicht mit der Malerei vergleichen. Sie haben damit zu tun, dass wir im Charakter des Materials selbst ästhetische Reize erkennen, die wir hervorrufen können. Bedenkt man hingegen, dass zum Beispiel die Fayence das Ziel verfolgte, das Material durch eine undurchsichtige Glasur zu verdecken, um etwas Wertvolleres vorzutäuschen, oder dass beim weißen Steingut der Scherben nur als Malgrund diente, so drängt sich der Gedanke auf, dass wir es nunmehr mit dem

Oberflächenstruktur von Pompeo Pianezzola: mit Farbkörpern ausgefüllte Grannenspuren.

162

Gegenteil zu tun haben. Das Material, soll aufgedeckt, entdeckt, von alten Abhängigkeitsverhältnissen befreit werden. In der Malerei hat Antonio Tàpies in seinen Collagen und Bildern die Strukturen der verschiedenen Materialien genutzt und in seinen „Materialbildern" den für ihn charakteristischen pastosen Auftrag, die „haute pâte" mit ungewöhnlichen Materialien kombiniert. Sein Interesse an Texturen wird auf die kunsthandwerkliche Tradition in Spanien zurückgeführt. So folgt die Keramik auf ihre Weise einer Tendenz der Kunst der Gegenwart. Wenn auch die Oberfläche noch keine Kunst ist, so ist sie doch zu einer ästhetischen Aussage fähig. Der Ton eignet sich besonders zur Darstellung der Ursprünglichkeit, weil er die Vorstellung von Erde und Feuer aufkommen lässt. Der 1985 verstorbene Keramiker Nanni Valentini (Seite 187) nannte diese Strukturen „Zeichen der Erde". Um sie hervorzurufen, haben Keramiker verschiedene Methoden entwickelt: Lothar Fischer und

Strukturierte Platte von Margret Lafontaine: nach dem Trocknen mit der Ziehklinge abgezogene Marmorierung.

Gerhild Tschachler-Nagy:
Ton auf Stahlgeflecht, mit
Holz und Zement überarbei-
tet.

ebenso Pompeo Pianezzola klatschen einen plastischen Tonbatzen auf den unebenen Fußboden der
Werkstatt, auf den vorher einige Grannen von Hafer
gestreut wurden. Die Furchen und Risse der Oberfläche färben sie mit Farbkörpern ein, um leuchten-
de Farben zu erzielen. Margret Lafontaine verknetet
verschiedenfarbige Tone ineinander und zieht sie nach
dem Trocknen mit einer Ziehklinge ab. Gerhild
Tschachler-Nagy überarbeitet den Ton, den sie auf
ein Stahlgeflecht aufgetragen hat, nach dem Brand
bei 900°C mit Zement in mehreren Schichten. Die
Oberfläche erfährt durch das Strukturbild, das sich
aus verschiedenen Gefügeelementen ergibt, einen
Kraftzuwachs.

VIELERLEI MALTECHNIKEN

Die griechische Vasenmalerei galt in Europa Jahrhunderte hindurch als Maßstab für eine künstlerische Keramik. Als französische Archäologen 1897 in Chusistan bemalte Keramik aus der Bronzezeit ausgruben, hielten sie es für griechische Exportware, weil sie diesen Hinterwäldlern eine solche Kunst nicht zutrauten. Durch den Kontakt mit dem Vorderen Orient und später mit Ostasien kamen andere Maßstäbe auf.

Für den großen japanischen Keramiker Shoji Hamada war es ein erstrebenswertes Ziel, „das Malen dem Pinsel und das Brennen dem Feuer zu überlassen". Dieser Ausspruch stammt aus einer Zeit, als nach 1945 in Paris und dann, 1947, nachhaltiger in New York in der Malerei eine kalligraphische Abstraktion aufkam, und nachdem Jackson Pollock 1951 in

Shoji Hamada goss die Glasur mit der Schöpfkelle auf die Keramik. Dieses Malverfahren entspricht dem Action Painting von Jacksons „Tröpfelverfahren" (dripping). Schale, 1963, Ø 56,2 cm.

Die Unterschiede der
verschiedenen Maltechniken:

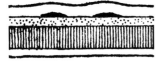

unter der Glasur,

in der Glasur,

auf der Glasur.

Japan den Vollzug seines Malrituals vorgeführt hatte. Für die Japaner war der Bezug zur Kalligraphie ein besonderer Anziehungspunkt und das Waltenlassen der Natur ein traditionelles Anliegen.

In der Pinselmalerei auf Keramik gibt es verschiedene Techniken, die alle ihre besonderen Pinsel erfordern, die zu den verschiedenen Zwecken auch im Handel angeboten werden.

Man kann sich selbst einen Pinsel so zuspitzen, dass er ganz dünn ausläuft. In Japan verwendet man einen „Hirschschwanz-Pinsel", dessen nasses, zwiebelförmiges Haarbüschel in die Faust genommen wird. Der ganz kurze Stiel dient nur zum Zusammenhalten der Haare. Soll das Haarbüschel Farbe abgeben, so befördert man die Flüssigkeit durch sanften Druck zur Spitze. Soll er Farbe aufsaugen, so lindert man den Druck. Auf diese Weise werden Flächen zwischen vorgezeichneten Umgrenzungen erst mit viel Feuchtigkeit versehen, die dann weggesaugt wird, wenn die Fläche voll benetzt ist.

Natürlich ist es ein Unterschied, ob man unter einer Glasur malt wie beim Steingut oder in die Glasur wie bei der Fayence oder auf die Glasur wie beim Porzellan. Jede dieser Malereien erfordert Übung und Erfahrung. Am schwierigsten ist das Malen in die trockene weiße Glasur, weil der feuchte Pinsel immer etwas von der Glasur aufnimmt, wodurch es dann in der Malerei weiße Punkte gibt. Deshalb hat man schon in der Renaissance versucht, das Malen dadurch zu erleichtern, dass man die glasierte Keramik bei 500 Grad vorbrannte und dann erst darauf malte. Die japanischen Töpfer versetzen die Glasur mit einem Seetang-Sud, den sie „Funori" nennen. Er kann durch Tragant ersetzt werden, was gestandene Fayencemaler(innen) verächtlich ablehnen. Jede der Malerei-Arten hat ihre eigene Wirkung: die Steingutmalerei unter der Glasur brilliert infolge der Bleiglasur. Die Fayencemalerei ist durch weiche Konturen ausgezeichnet, weil die Farbe in die Glasur ein-

Malerei auf Keramik: Teller von Roman Banerjee, 1997.

sinkt. Die Porzellanmalerei ist ein Gemälde auf einer keramischen Unterlage. Als sie nach der Erfindung des Hartporzellans in Meißen aufkam, war sie eine Aufglasurmalerei. Die Porzelliner geben es nicht zu, aber eine solche Emailmalerei kannte man schon im Mittelalter auf Gläsern. Erst als sie auf Befehl Augusts des Starken ein Geschirr „für den kleinen Mann", nämlich in blauer Unterglasurmalerei herstellen sollten (was der starke August für einfacher hielt als das Porzellan mit Purpur und Gold), erkannte man, wie

Im Wasser gelöste Metallsalze sehen wie Wasserfarben auf Keramik aus. Die wasserlöslichen Salze werden vom porösen Scherben aufgesaugt. Anschließend wird glasiert und glatt gebrannt. *Arne Åse* hat diesen Porzellanbecher mit folgenden Lösungen (in Wasser) bemalt:
10% Kaliumchromat,
1% Goldchlorid
und einer Mischung aus 1% Goldchlorid und 2% Kobaltchlorid.
Da die wasserlöslichen Metallsalze (Metallsulfate, -chloride und -nitrate) giftig sind, verwendet man besser organisch gebundene wässrige Farblösungen. Bei diesen sind die Metall-Ionen (Kationen) an organische Anionen gebunden. Beim Erhitzen entweichen die organischen Bestandteile, während sich aus den Metallionen in oxidierender Atmosphäre die färbenden Oxide bilden. Danach kann die Keramik auch reduzierend zu Ende gebrannt werden. Der Handelsname dieser ungiftigen Wasserfarben ist „Wemapon".

schwierig das war. Die Farbe löste sich in der Glasur, die Konturen „flogen aus". Aus dieser Erfahrung entstanden die Unterglasurfarben, die gegen den lösenden Angriff der Glasur durch Glühen mit Tonerde und Kieselsäure widerstandsfähig sind. Wird die Farbe trotzdem von der Glasur aufgefressen, so muss man die Glasur sehr dünn auftragen, und es sollte auch keine alkalireiche Glasur sein, sondern entweder eine Blei- oder eine Borsäureglasur (diese neigt bei dickem Auftrag zum Wolkigwerden).

Eine besondere Maltechnik mit Aufglasur- (Email-) farben ist das Email sur biscuit. Dabei wird auf das unglasierte, aber hochgebrannte Porzellan gemalt. Die Aufglasurfarben besitzen einen „Fluss", ein leichtschmelzbares Glas, das diese Malerei auf Biskuit seidig schimmern lässt.

In den Zwanzigerjahren dachte man, der Malerei einen zeitgemäßen Impuls zu verleihen, indem man die Farbe über eine Schablone mit der Spritzpistole auftrug. Diese Malart hat sich nur in wenigen Fällen durchgesetzt.

Geblieben ist die Wertschätzung des individuellen Pinselstrichs, besonders bei der Fayence, und die Bewunderung für eine künstlerische Leistung in der Aufglasurmalerei. Dazu kommt noch der Auftrag von Gold. Dafür gibt es im Handel das sogenannte Glanzgold als Flüssigkeit, die mit dem Pinsel aufgetragen und bei etwa 800 Grad aufgebrannt wird. Ähnliche Tinkturen gibt es für Platin, für Silber und für Lüster. Das Blattgold, das nach dem Brennen erst poliert werden muss und deshalb „Poliergold" heißt, wird bei 600 Grad aufgebrannt. Blattgold ist sehr dünn und muss in fünf Schichten aufgebracht werden. Man kann auch Goldpulver mit einer Malflüssigkeit wie bei der Aufglasurfarbe verreiben und mit dem Pinsel dick auftragen. Poliert wird mit einem Achat und Wasser, zum Abschluss mit einem sauberen Leinentuch. Durch stellenweise Politur erhält man einpolierte Muster.

EHRENRETTUNG DER ABZIEHBILDER

Abziehbilder brauchen nicht nur Micky Mäuse zu sein oder Osterhasen. Man kann mit ihnen auch Collagen herstellen, die bereits eine individuelle künstlerische Leistung darstellen. Dazu gibt es auch Farbfolien in nur einer Farbe, die man mit der Schere ausschneiden und wie Abziehbilder auftragen kann.

Eigene Abziehbilder kann man sich im Siebdruck herstellen. Das ist ein aufwendiges Verfahren. Lässt man sie von einer Siebdruckanstalt machen, so lohnen sich nur große Stückzahlen. Noch in der Entwicklung ist die Möglichkeit, sich einzelne Abziehbilder über den Computer mit einem Plotter auf Abziehbilderpapier auszudrucken. Man braucht dazu einen kleinen Plotter, wie ihn die Architekten für ihre Zeichnungen verwenden. Offen ist noch das Problem, mit diesem Gerät mit keramischen Farben zu arbeiten, die ja Pigmentfarben sind und eine gewissen Zähigkeit besitzen. Solange dieses technische Problem noch nicht gelöst ist, kann man mit dem Tintenstrahl-Drucker Linien auf Abziehbilderpapier malen und diese als Hilfslinien für eine Handmalerei mit Siebdruckpaste benutzen. Abziehbilder folgen auch insofern den heutigen technischen Möglichkeiten, als man sie in einer Kapsel (Art Box) aus feuerfestem schaumigen Material, die mit Siliziumkarbid beschichtet ist, in der Mikrowelle aufbrennen kann. Das Siliziumkarbid (nicht die Keramik) erhitzt sich in der Mikrowelle und wirkt wie eine heiße Wand. Ohne diese Wand lässt sich Keramik in der Mikrowelle nur trocknen, denn das Wasser koppelt sich an die Welle an, nicht aber die Keramik. Die Kapseln zum Einbrennen von Abziehbildern auf Teller sind ein Import aus Japan. Das Siliziumkarbid muss sehr feinkörnig sein und darf nicht mit Wasserglas, sondern muss mit einem Phosphorglas gebunden werden.

Teller mit einem Dekor aus Abziehfolie.
Es ist eine einfarbige, im Siebdruck hergestellte Abziehfolie, die man mit der Schere ausschneidet. Die Scharffeuerfarbe wurde im hohen Porzellanglattbrand eingebrannt, wobei sich weiche Konturen bilden.
Gustav Weiß, 1987, D. 24,8 cm.

Die Art Box eignet sich zum Aufbrennen von Abziehbildern oder Aufglasurfarben. Im Mikrowellenherd ist die Keramik in 10 bis 15 Minuten fertig.

Seite 170:
Gertraud Möhwald: „Weiblicher Torso, stehend mit leichter Drehung". 1999. In sieben Teilen. H. 145 cm. Foto Bernd Kuhnert.

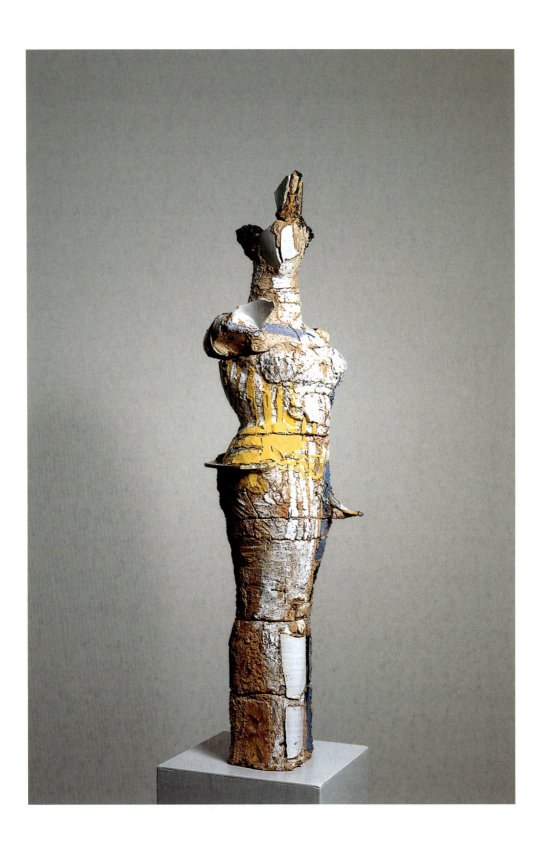

DAS
ZIEL

In einem glücklichen Zustand hat Dany Jung „Daphne und Chloé" dargestellt. H. 70 cm.

Kunst ist Natur, durch ein Temperament gesehen.

„Die künstlerische Persönlichkeit bildet sich dadurch, dass der Künstler im Laufe seines Lebens ein System von Bedeutsamkeiten ausgliedert. Und darin ist jene Kunst angelegt, die auf Weglassen beruht.
Es ist die vornehmste Aufgabe der Kunst, aus der Überfülle an Informationen, welche der äußeren Welt entströmen und unablässig die Sinnesorgane berühren, eine Auswahl zu treffen und ihnen eine Ordnung zu geben."
Leonardo da Vinci

Wenn einer seinen Schulabschluss geschafft hat, hat er ein Ziel erreicht, aber das Leben beginnt für ihn erst. Nun treten ganz andere Forderungen an ihn heran. Das Glück des Tüchtigen, Lebenskunst und Lebensweisheit sind gefragt, und man ist nie wirklich am Ziel. Das nächste Mal, sagt man sich, wird es noch besser. Das ist der Lauf der Dinge in einem kreativen Leben. Anstatt endgültig am Ziel zu sein, eröffnet sich uns erst recht der „Weg des Tones", wie es im Zen-Buddhismus heißt. „Glücklich am Ziel" meint, sich mit Selbstvertrauen auf den weiteren Weg zu machen, nachdem man glücklich ein Ziel geschafft hat. „Eine Kritik der Sinne", sagte Goethe, sei nötig, wenn die Kunst „in einem erfreulichen Lebensschritt vorwärtsgehen soll". Er meinte die Selbsteinschätzung des Talents, die nötig ist, um von Erfolg zu Erfolg fortzuschreiten.

Sich das nächste Ziel vorstellen heißt wählen und zugreifen. Alles, was bisher auf dem Weg lag, diente dieser Entscheidung. Alle Erkenntnisse und praktischen Möglichkeiten, alle Bezüge zu anderen Wissensgebieten und zur Natur sind anregend und haben Werkzeugcharakter. War bisher der erstaunliche Reichtum an Informationen zu erkennen, der in der Keramik enthalten ist, so ist es jetzt an der Zeit, zu einem in der eigenen Natur liegenden Ausdruck zu finden.

Was der Weg uns bot, waren Eindrücke, die zu dem Gefühl beitragen,dass die Keramik ein ganzes Leben ausfüllen kann und es etwas Besonderes ist, dazuzugehören. Dem Sachbewusstsein folgt das Selbstbewusstsein.

Wähle dir ein Thema aus den unerschöpflichen Gestaltungsmöglichkeiten der Keramik. Das Thema ist der Sinn. Doch hierin liegt zugleich die Gefahr eines Übermaßes von Sinn, Glätte, Emotion und Gestik. Nicht ohne Grund nannte sich die erste Diskussions-

gruppe der Avantgarde 1948 in New York „Das Thema des Künstlers". Seither hat jeder in den neu heraufkommenden Generationen für sich selber eine charakteristische Thematik gesucht.

Gib jedem Werk, das du geschaffen hast, einen Namen, denn das ist ein Fingerzeig auf die Tiefe deiner Gedanken. Die Benennung der Werke („Der Himmel nach dem Regen") ist eine alte japanische Gepflogenheit. Die Namen lenken den Beschauer in eine bestimmte nachdenkliche Richtung. Sie werden aus der Belanglosigkeit einer bloßen Sache durch ihr geistiges Attribut herausgehoben.

Die von BASHO modellierte Skulptur ist eine Verkörperung des Glücks.

BEFÄHIGUNG UND BEGABUNG

Jede Begabung ist eine Art von Gestaltungskraft, aber ihre schöpferische Potenz kann verschieden sein. Der kulturelle Standard einer Gemeinschaft entscheidet darüber, ob sie eine Leistung als Gewinn für sich betrachtet.

Zweifellos gibt es verschiedene Stufen der Begabung. Der begabte HANDWERKER unterscheidet sich von dem befähigten darin, dass bei ihm nicht bloß Erlernbares festzustellen ist.

Der Anteil an Erlernbarem nimmt in dem Maße ab, wie das Schöpferische zunimmt. Ein Keramiker kann zum Beispiel die chinesische Meiping-Form kopieren, aber erst indem er dieser oder anderen altchinesischen Formen einen persönlichen Charakter verleiht, zeigt sich seine höhere Begabung. Trotzdem ist es immer noch eine ANGEWANDTE Kunst. Sie ist mit dem DESIGN verwandt.

Diese Art, mit Vorbildern und Tradition umzugehen, hat wohl die umfassendste Breitenwirkung und ist nicht nur in der Keramik, sondern auf allen Gebieten

Keramik ist ein glücklicher Ort in der Welt. Man lernt darin alles, indem man es macht.

„Die Einsicht, daß angewandte Kunst darstellende Kunst ist, mag dazu verhelfen, die künstliche Schranke zwischen Designern und Kunstgewerblern einerseits und den bildenden Künstlern andererseits niederzureißen." (**Rudolf Arnheim**, „Zur Psychologie der Kunst". Köln 1966.)

des Alltagslebens, der Kunst, der Technik und der Wissenschaft am weitesten verbreitet. In unserer Großvätergeneration verkörperte sie in der Keramik die einzige Art von Kunst. Sie taucht auch immer wieder in der Forderung nach Tradition auf. Aus der Sicht der Begabung hat sie nicht den höchsten Stellenwert, denn ihre Bedeutung liegt nicht so sehr in einer produktiven Neuschöpfung, als vielmehr in der sinnvollen Anwendung und Umbildung erworbener Kenntnisse. Schon im alten Kreta und Griechenland erforderte die Ehrfurcht vor der Überlieferung eine Strenge und Disziplin, die den Rahmen für die Entfaltung der künstlerischen Freiheit absteckte.

Anders ist eine höhere Art von Begabung zu werten, die an der Ansprechbarkeit für höhere Werte zu erkennen ist. Es liegt einfach an den Zeitläufen, dass sich die Keramik in diesem Sinne entwickelt und sich der Würde der aus eigenen Kräften emporwachsenden Werke bewusst wird. Dazu gehört auch das Bewusstsein, das der Ton als kulturell prägendes Medium vermittelt und das es jedem ermöglicht, sein eigenes ästhetisches Ideal zu verwirklichen.

Stärker noch tritt die gestaltende Individualität in den Vordergrund, wenn sie über die Begabung einer produktiven BILDENDEN Schöpferkraft verfügt, die dadurch ausgezeichnet ist, dass sie wiederholt bis dahin nicht bekannte Werte hervorbringt und auf die weitere Entwicklung bestimmend einwirkt.

Durch diese Charakterisierung wird alles ausgeschaltet, was sinnlos spielerisch nur eine Laune des Augenblicks darstellt.

Die Keramik ist auf dem Weg zu solchen Leistungen, nachdem auf ihrem Gebiet immer mehr vielseitige Künstlerpersönlichkeiten in Erscheinung treten, auch solche komplexe Begabungen, die bisher in anderen Kunstzweigen hervorgetreten sind.

Die Vielseitigkeit ist geradezu charakteristisch für Höchstleistungen.

Rechte Seite:
Gefäß von Henk Wolvers.

DAS TALENT

TRADITION

Was die wissenschaftliche Seite betrifft, ist der Begriff „Tradition" weitgehend von Völkerkunde und Theologie besetzt. Das hat zur Folge, dass man im volkskundlichen Handwerk und in der davon nicht berührten Kunst ganz unterschiedliche Deutungen und Auffassungen antrifft. Für die Keramik entspricht der Begriff „Tradition" einem Bündel verschiedener Gültigkeiten.

Vielfach zählt man dazu die Wiedergabe von schöpferischen Entwürfen vergangener Generationen, denen der Nachbildner seine persönliche Handschrift verleiht.

Daneben gibt es die Tradition im Handwerk mit seiner Ethik, die auf die Sicherung der Qualität gerichtet ist. Der Erwartungsspielraum dieser traditionell eingestellten Keramik ist nicht sehr breit. Er ist klein verglichen mit dem, den die Vorstellungskraft hervorbringen kann. Er entspricht einer weisen Beschränkung mit der Überzeugung, dass ein Objekt, das nicht in diesen kleinen Bereich fällt, gewöhnlich ein Fehlschlag ist, der auf den Ehrgeizigen zurückfällt.

Die Kunstszene zeichnet sich nicht durch erworbenes Können, sondern durch Wagnisse aus, mit denen sie im Gegensatz zur traditionell eingestellten Keramik die unerwartete Neuheit erstrebt. „Sie spricht das Zentrum in jedem Menschen an, in welchem er ein Künstler ist und von dem jeder Mensch von seiner Freiheit heraus Gebrauch machen kann und sollte", wie es Joseph Beuys ausgedrückt hat.

Die Ethnologin Margaret Mead hat aus ihren umfangreichen völkerkundlichen Feldarbeiten den Schluss gezogen, dass es in den Haltungen und Einstellungen der Kultur gegenüber drei Orientierungen gibt, die auch auf unsere Gesellschaft anwendbar sind. Sie nannte sie „postfigurativ", „kofigurativ" und „praefigurativ". Alle drei Modelle haben ihre Vor- und

Nachteile. Im ersten Fall werden Werte erhalten, aber die Erfahrungen der Vergangenheit passen nur zum Teil noch auf die Gegenwart und sind für die Zukunft häufig unbrauchbar.

Im zweiten Fall, der kofigurativen Haltung, geht man mit der Zeit, folgt aber allen neuen Erscheinungen, Moden und Einstellungen und passt sich einer Außenlenkung an.

Im dritten Fall handelt man verantwortungsvoll, ist aber den Unbestimmtheiten und Unberechenbarkeiten ausgesetzt, die zu kontroversen Auffassungen führen können. Das Ideal wäre, alle drei Einstellungen maßvoll in sich zu vereinen.

DIE TRADITION DER WELTVERBESSERER

Die Grundstimmung ist in der Keramik eher konservativ. Sie verpflichtet den Veränderer zur Rechtfertigung. Das Bestehende hingegen braucht sich nicht zu rechtfertigen, aber es muss sich an der Vergangenheit messen lassen.

Im Für und Wider trat der 1985 verstorbene französische Maler Jean Dubuffet gegen die Tradion auf. Er warf den Traditionalisten vor, dass sie sich anmaßen, die Welt durch Harmonie verbessern zu können. Er empfand diese Einstellung als kunstfeindlich und trat für die immer wieder erneuerte Ursprünglichkeit ein. Der Keramiker argwöhnt dahinter ein Plädoyer für die sich hektisch abwechselnden Stilrichtungen. Für die jungen Leute, die nicht aus einer Töpferfamilie kommen, ist die Tradition genauso nah und fern wie die internationale Kunstsprache. Sie müssen nicht nur erkennen, dass Kunst und Tradition keine Gegensätze sind, sondern auch, dass Kunst die eigenschöpferische Beteiligung an der Welt bedeutet und nicht mehr die zurückgezogene Idylle des Spitzweg'schen Poeten.

HARMONIE

Harmonie ist Ausgeglichenheit. Wenn alles übereinstimmt und nichts über Gebühr hervortritt, herrscht der goldene Zustand der Harmonie. Den Goldenen Schnitt als berechnete Harmonie hatte schon Euklid dreihundert Jahre vor der Zeitrechnung aus dem regelmäßigen Fünfeck konstruiert. Und Leonardo da Vinci stellte 1479 mit seiner bekannten Zeichnung einer männlichen Figur mit ausgebreiteten Armen im Kreis die Harmonie der menschlichen Proportionen dar. Harmonie gehört zu jenen Begriffen, die man als positiv empfindet. Aber die Ausgeglichenheit ist ins Schwanken gekommen, seitdem die Welt weniger autoritär, toleranter geworden ist.

Als Folge der Auffassung, dass ohnehin niemand die volle Wahrheit für sich beanspruchen könne, werden abweichende Überzeugungen geduldet. Und, auf die Kunst übertragen, bedeutet diese Toleranz die Achtung vor dem (wenn auch als irrend empfundenen) künstlerischen Gewissen des Anderen, da ja doch niemand für alle Zeiten bestimmen könne, was Kunst sei.

Das alles hat sehr viel mit Harmonie zu tun; denn die harmonische Ausgeglichenheit bedeutet ja stillschweigend auch, dass an ihr nichts mehr verbessert werden kann, und daher keine Kräfte auf eine Veränderung des bestehenden Zustandes hinwirken. Gibt es aber solche auf Veränderung bedachte Kräfte, so bewirken sie eine Abweichung, und das ist eine Parallele zur Physik und zur Biologie – es werden Gegenkräfte wirksam, die das Gleichgewicht wieder herstellen. Man kann aber nicht sagen, dass dies ein unnötiger Prozess sei, weil er ja zurück zur Harmonie führe. Denn diese ist jetzt anders beschaffen; sie befindet sich gewissermaßen auf einer höheren Stufe, weil eine Entwicklung stattgefunden hat, die Erkenntnisse und Erfahrungen mit sich brachte.

Rechte Seite:
Ein formschönes Gefäß wird als harmonisch empfunden. Keramik von Gerhard Tattko.

179

AUS DEM HINTERGRUND DER VERGANGENHEIT HERVORGEHOLT

Eine eigenartige übersinnliche Verbindung zwischen Vergangenheit und Kunst hat eine spekulative Vorstellung des Psychiaters Eugen Bleuler ausgelöst. Er meinte, dass die Vorgänge im Lebensbereich, die man physikalisch und chemisch erklären kann, ihren Sinn und Zweck erst durch das Gedächtnis erhalten. Im Griechischen heißt das Gedächtnis Mneme. Und Bleulers „Mnemismus" besagt, dass sich die Vorgänge der Außenwelt als Gedächtnis im lebenden Organismus einprägen und dass diese Einprägungen (Engramme) sich als Spuren im Gehirn weitervererben, ja sogar das Leben ermöglichen. So kann einer, der heute lebt, noch etwas aus dem 19. Jahrhundert im „Gedächtnis-Vorrat" besitzen, ohne es selbst wahrgenommen zu haben.

Der Zoologe Richard Semon versuchte, durch die Mneme als „erhaltendes Prinzip im Wechsel des organischen Geschehens" die Vererbung erworbener Eigenschaften zu erklären.

Diese hübschen Spekulationen sind Künstlern gerade recht, um einen Haken gegen die rationale Gegenwart zu finden, an dem sie eine verfängliche künstlerische Idee aufhängen können. Sie betreiben eine gewisse „Spurensicherung" im Interesse am Vergangenen, ja der Sehnsucht danach. Man könnte meinen, es sei die Pendelbewegung, die vom zukunftsorientierten Avantgardismus zurückschlägt in eine Orientierung an der Vergangenheit, aber es ist mehr eine Bewegung, in der sich der Avantgardismus die Vergangenheit einverleibt. Entsprechend sind die als „Zitate aus der Vergangenheit" entstandenen Werke moderner Kunst keine Wiederholungen und auch kein Ausdruck der Traditionsversessenheit älterer Bauart.

Durch das Hervorholen von Figuren aus dem Hintergrund der Vergangenheit wird schockartig etwas

Rechte Seite:
László Fekete: „Aquincum Pokal", 1992.
H. 60 cm.

181

ins Bewusstsein gerückt, was man längst überwunden, durch Verachtung zertreten glaubte. Im Umgang mit den Figuren, in ihrem Verbrauch, liegt etwas Destruktives, das dem Avantgardismus ohnehin innewohnt. Historisches Material, von der puritanischen Kunstansicht attackiert und in den Hintergrund abgedrängt, wird zu einem aktuellen Stoff verarbeitet. Vergangenheit wird zur Spiegelung der Gegenwart benutzt, die über alles, was Kultur oder Unkultur hervorgebracht hat, verfügen kann.

Beim Mnemismus geht es weniger um Geschichte als um herausgepickte (eklektizistische) „Erinnerung" als künstlerischen Impuls. Sie ist irgendwie verwandt mit den verklärten Ruinen am Ende des 19. Jahrhunderts. In der Konfrontation mit der Vergänglichkeit und der Sehnsucht nach ihrer Überwindung wird etwas aus dem Sog der Vergessenheit gezogen, die mit apokalyptischer Geschwindigkeit zunimmt.

Im „Gedächtnis" wird Geschichtliches seiner Unwiederbringlichkeit entrissen. Allein schon das Wort Mnemismus verlockt zum Nachschlagen in der Antike. Zeus und Mnemosyne zeugten die Musen. Drei oder sieben oder neun – wo die Zeit keine Rolle spielt, würde auch die Zahl nur etwas willkürlich festschreiben. Und Mythologie wird nicht geschrieben, sondern erzählt, aus der Erinnerung vorgetragen. So dauern die Musen fort und dürfen das Leben der Unsterblichen teilen.

Literatur

Heinz Schütz: „Jenseits von Utopie und Apokalypse? Vom Avantgardismus zum Mnemismus." Kunstforum Bd.123, 1993, S.64-100.

Eugen Bleuler: „Mechanismus – Vitalismus – Mnemismus." Berlin 1931.

Richard Semon: „Die Mneme als erhaltendes Prinzip im Wechsel des organischen Geschehens." Jena 1904 und 1920.

Rechte Seite:
Gefäße von Gwyn Hanssen Pigott.

DIE KUNST DER DINGE

DIE NEUE MATERIALÄSTHETIK

Bis vor kurzem noch beherrschte die Tendenz der reinen Funktionalität und Rationalität, die Bindung der Form an den Zweck und an die Wirtschaftlichkeit die Keramik. Das Bauhaus bestärkte sie darin, den treibenden Kräften des Jahrhunderts, der Industrie und der Technik, zu folgen und die Gestaltung in einem Entwurf vorzubereiten, zu organisieren. Und der heute verstandene Bauhausgedanke führt zu zielgerichtetem Handeln, das in seinem Wesen dem ökonomischen Geist von Produzenten entspricht. Im Gegensatz dazu steht jene Auffassung, die sich zur schöpferischen Kraft des Zufalls bekennt und sich grundsätzlich von den geplanten Techniken des Produzierens unterscheidet. Man sieht leicht ein, dass die einen wie die anderen ihre Position mit unterschiedlichen Argumenten des gesellschaftlichen Nutzens verteidigen.

Die Keramik begann, eine künstlerische Realität eigener Art zu werden, nachdem seit den Fünfzigerjahren das Interesse der Bildhauer an neuen Materialien vorausgegangen war. In dem Maße, wie sich die Keramik als freie Kunst versteht, löst sie sich von kunstfremden Forderungen und sucht nach einer in ihrem eigentlichen Sinn liegenden Bedeutung, die sie in ihrem Kunstsein rechtfertigt.

Es gibt aber auch noch eine andere Sicht der Dinge. 1908 hatte nämlich der 1965 in München verstorbene Kunsthistoriker Wilhelm Worringer, der das theoretische Fundament für die abstrakte Kunst legte, die Idee, zwischen der dem Klassizismus verpflichteten mediterranen Kunst (mit ihrem „ewigen Klassizismus") – deren Höhepunkte in der Künstlerkeramik die Arbeiten von Picasso, Miró, Tàpies und anderen darstellen – und der nordeuropäischen Kunst mit ihrem „ewigen Romantizismus" zu unterscheiden. In Deutschland und Holland war diese romantische

Ästhetik als abstrakte oder nicht-darstellende Kunst (im Gegensatz zur darstellenden = klassizistischen) am konsequentesten vertreten.

Der Bildhauer Adolf von Hildebrand bekannte sich schon 1893 zur „Materialgerechtheit", ohne aber den Vorrang der Form aufzugeben. Erst um 1900 kam es zu einer breiten „Entfaltung der Materialästhetik", in der sich der Bildhauer mit dem Material identifizierte. Henry van de Velde forderte 1906 zwar die Unterordnung des Künstlers unter das Material, aber 1907 schrieb er: „Der Stil, der sich bemüht, vernünftig zu konzipieren, ist modern: die Konzeption der Antike war keine andere". Van de Velde war von Seurat, van Gogh und Gauguin beeinflusst, und seine Äußerung zeigt, dass seine Auffassung von Materialgerechtheit vom „ewigen Klassizismus" geprägt war.

Die Neue Materialästhetik kam in die Keramik durch das japanische Vorbild, das zu jener Zeit noch unbeachtet blieb. Man kann sie sowohl als eine von kunstfremden Forderungen freie als auch eine romantische Ästhetik, wie Wilhem Worringer sie verstand, ansehen.

In der Neuen Materialästhetik kehrt sich die noch von Hildebrand als gesetzmäßig bezeichnete Abfolge von Vorstellung – Darstellung – Wahrnehmung um. Sie geht nicht von der Vorstellung aus, sondern von der Wahrnehmung, nämlich der von der Natur des Materials. Sie gelangt über die Darstellung, nämlich die Einleitung des gelenkten Zufalls, zur Vorstellung. Der Kunstbetrachter nimmt das Werk nicht einfach wahr, sondern es erweckt in ihm eine Zusammenhang stiftende Vorstellung.

Das Material ist nicht geblieben, was es vordem in der abendländischen Kunstauffassung seit jeher war. Es wirkt auf den schöpferischen Vorgang selbst ein und fügt dem, was unter Kunst zu verstehen ist, eine neue Ansicht hinzu. Die Neue Materialästhetik erweitert das Gefüge der Empfindungen. Und das ist für die Keramik als junge Kunstsparte typisch.

„Die Künstler wünschen, uns empfinden zu lassen, was sie angesichts der Natur empfinden und, indem sie die Natur darstellen, sich darzustellen. Ihre Sorge ist viel weniger, einen Gegenstand abzubilden, als vielmehr in uns den Eindruck zu erzeugen, den er in ihnen hervorruft... zuweilen treiben sie ihr Begehren bis zur völligen Entdinglichung und schonen selbst der Formen nicht". (**Paul Valéry**: „Über Kunst." Essays. Berlin/Frankfurt: Suhrkamp 1959. S.80.)

Nicht immer alles genau wissen zu wollen, sondern sich einfach beeindrucken zu lassen, folgt der Einsicht, dass das Wissen in der Kunst nicht das eigentlich Beglückende darstellt. Was es vertieft, ist nicht das Wesentliche.

Die Neue Materialästhetik versöhnt das Wissen mit dem Gefühl, indem sie die Unfähigkeit akzeptiert, die Natur mit Wissen zu erfassen.

Für sie beschränkt sich das Wissen auf das bewusste Ingangsetzen eines Naturvorgangs, den man seinen Zufällen überlässt. Dieses Wissen des Künstlers ist seine zweite Natur mit ihren beglückenden Schwierigkeiten.

Die Neue Materialästhetik bedeutet Innovation in einem Zustand, in dem die Kunst sonst offenbar nur noch durch Weglassen schöpferisch zu werden vermag.

Innovation ist die große Herausforderung jeder Generation. Sie bedeutet Erneuerung und hat nichts mit Neuerungssucht zu tun. Sie interpretiert Einfachheit keineswegs als Methode. Diese ist im Gegenteil ein Ziel, ein ideeller Endzustand, der voraussetzt, dass die Vielschichtigkeit der Dinge und die Vielfalt der vorausgegangenen Versuche und der möglichen Blicke aufgearbeitet sind zu einer Form oder Formel, die für jemanden wesentlich sein könnte.

Solchermaßen zur Einfachheit vorzudringen, erreicht man erst spät.

Für die Neue Materialästhetik ist das Antlitz der Erde, das Gestein, der Ton, der Sand, sind die Verletzungen von größter Bedeutung.

So wie das Werk geraten ist, ist es eine Persönlichkeit von eigenartiger Schönheit, die aus der Gleichgültigkeit herausgehoben wurde.

Sie vermittelt uns das (romantische, abstrakte) Denkbild einer Art von „Welt", deren unvollkommene, uns durch eine Laune oder ein glückliches Zusammentreffen geschenkte Offenbarung sie sein kann.

Rechte Seite:
Nanni Valtentini: „Casa di Barcelona n. 22", 1982-84, H. 40 cm.

DIE PLATONISCHEN KÖRPER

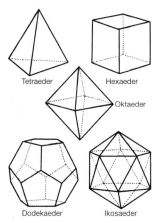

Tetraeder   Hexaeder

Oktaeder

Dodekaeder   Ikosaeder

Die platonischen Körper.

Was lässt sich dahinter vermuten, wenn sich ein Keramiker entschließt, seine Werke mit geometrischen Figuren zu bemalen? In der Geschichte der Keramik hatte sich der geometrische Stil, der die erste Epoche der griechischen Kunst darstellte, als Reaktion auf die bewegten Formen auf der kretischen Keramik gebildet. Lineal und Zirkel wurden um 1000 v. Chr. zum ersten Mal auf Keramik angewandt. Man könnte denken, diese Phase sei der Keramik besonders angemessen gewesen, denn die plastische Kunst kannte damals noch keine monumentalen Werke, nur Gefäße und Kleinplastiken.

Der geometrische Stil war zweihundert Jahre zu Ende, als Pythagoras seine Lehre „Alles ist Zahl" begründete. Den Pythagoräern folgend schrieb Platon den kleinsten Teilen jedes Elementes eine charakteristische Gestalt zu. Er bezeichnete seine Kosmologie selbst als Mythos, was damals hieß, dass es der Nachprüfung im sokratischen Gespräch nicht zugänglich war. In seiner Kosmologie war der Kosmos als ein beseeltes, vernunftbegabtes Wesen aus den vier Elementen aufgebaut, von denen Feuer und Erde (was den Keramiker freut) primär schaffende, Luft und Wasser vermittelnde waren. Sie alle führte er auf vier regelmäßige Polyeder zurück: Erde = Würfel, Feuer = Tetraeder, Luft = Oktaeder, Wasser = Ikosaeder, Universum = Dodekaeder. Luft, Wasser und Feuer können ineinander übergehen, da sie aus gleichartigen Dreiecken zusammengesetzt sind, während die Erde aus andersartigen Dreiecken aufgebaut ist und daher nicht in ein anderes Element verwandelt werden kann. Diese Polyeder lassen sich auf zwei Urdreiecke reduzieren. Sie finden sich in den Zeichen der Alchimisten wieder. Die Kenntnis der Zahlen sollte die Zusammenhänge der Welt und des Universums erkennen lassen.

EINE NEUE ÄSTHETIK DER FORM

In der Kunstphilosophie kennt man die „Formalästhetik", bei der das ästhetische Erlebnis aus wohl-
gefälligen Formverhältnissen, aus Rhythmus, Propor-
tion, Harmonie erwächst. Der Wiener Philosophie-
professor Robert von Zimmermann begründete 1870
diesen „ästhetischen Formalismus". Von da an führte der Weg zur Stilkunde. Aber die Keramiker haben
nie etwas von Stiluntersuchungen gehalten, sehr viel
aber von Wohlgestalt, denn „Hässlichkeit verkauft sich
schlecht", wie ein bekanntes Buch von Raymond
Loewy genannt wurde.
Oskar Walzel setzte gegen die Formalästhetik den
Gehalt. Ein Werk solle einen geistigen Sinn durch
die Form zur Anschauung bringen.
Auf die Ansichten von Schönheit und Sinn hat sich
Zeitstaub angesetzt. Die Moderne ist über die Ewigkeit zerstörerisch hereingebrochen und hat die Flüch-
tigkeit zum Prinzip erhoben.

Gordon Baldwin:
„Fragment eines Gefäßes mit
drei Linien". 1999.
H. 35 cm.

Eine Neue Formästhetik geht gegen die harmonischen Vorbilder an. Sie ist sensationsorientiert und
bewegt sich auf einem Grat zwischen Ordnung und
Chaos, zwischen unsagbarer Verdorbenheit und
jungfäulicher Reinheit. Mal fällt sie hierhin ab, mal
dahin. Sie reflektiert das körperliche Befinden der
Menschen in der Welt.
Wenn man das Wort Sensationsorientierung einmal
gebraucht hat, lässt es einen nicht mehr los. Ist sie
denn wirklich so verwerflich? Sensation ist etwas
Aufsehenerregendes. Wenn etwas Aufsehen erregt,
also andere veranlasst aufzusehen, so kann das Objekt positiv oder negativ aufgefasst werden. Wird es
positiv gesehen, so sagt man lieber, es sei außergewöhnlich gut. Das Sensationelle hat eher einen negativen Beigeschmack.
In der schottischen Commonsense-Philosophie wird
Perception, das heißt sinnliche Wahrnehmung, als

Gegensatz zur Sensation verstanden. „Common Sense", „der gesunde Menschenverstand", ist das Fundament aller Wahrheitserkenntnis (N. Isaacs: „The Foundation of Common Sense", London 1949). Die Sensation zieht die Aufmerksamkeit auf sich und kann die innere Erfahrung, die Perception, folgen lassen, denn in das Wahrnehmungssystem dringt nur ein, was nicht zu erwarten war, formulierte überspitzt der Biologe Gerhard Roth.

Sensation kann auch schockieren, verletzen, aufbegehren und ins Unerträgliche gesteigert sein. Erst werden Regeln relativiert, dann Verbote übertreten, dann Tabus durchbrochen, selbst um den Preis der Selbstverletzung. Die Grenzenlosigkeit hat ihre eigene exzessive Logik.

Moral und Ethos des keramischen Gestaltens waren vordem ausschließlich auf eine Gesinnung bedacht, die erbauende Objekte hervorbringt. Die Neue Formästhetik gehorcht nicht mehr der Moral, sondern der materiellen Wertethik. Sie gehorcht auch nicht mehr der Moral des Bauhauses, weil diese Moral, die Lebensqualität schaffen sollte, in die Ziellinie der Zeitkritik geriet. Alles droht verhübscht und mit Schönheit garniert zu werden.

Welche Modellvorstellung vermag zu erklären, dass es heute nicht mehr so ist wie früher? Die Fragestellung zielt auf einen Prozess hin. In diesem Prozess tauchen Variationen auf, die einen unerwarteten Neuerungswert besitzen. Die Neuerung kann als wiederholenswert akzeptiert oder als Einmalereignis auf sich selbst isoliert werden. Der Prozess ähnelt der Evolution in der Natur und folgt einer gesellschaftlichen und kulturell-ästhetischen Evolution. In deren Verlauf wendet sich die Ästhetik immer mehr vom Schönen ab und immer mehr dem „Virtuellen" zu. Darunter versteht man in Übertragung seines ursprünglichen Sinnes aus der Physik; ein System, bei dem Daten aus einem Ergänzungsspeicher abgerufen werden können, wenn der Hauptspeicher nicht mehr genügt. Das Virtuelle, wörtlich übersetzt das „Tugendhafte", ist hier die Kraft, nach den vorhandenen Möglichkeiten fähig zu werden. Indem sich die Ästhetik immer mehr in dieser Richtung bewegt, bekommt auch die Moral, die Tugend in der Kunst, eine neue Bedeutung, nämlich: seine Möglichkeiten auszuschöpfen ist gut. Ein großer Strom schöpferischer Möglichkeiten wird mobilisiert, um von der Materie alles zu erhalten, was der Sache dienen kann.

In der Keramik ist die virtuelle Kraft, die Wahrnehmung der Möglichkeiten auch aus den Speichern der Vergangenheit, von höchster Aktualität. Damit aber Keramik Keramik bleibt, muss sie dem Variationsdruck, der Neuerungssucht, standhalten. Das bedeutet, dass sie gewisse Variationen zurückweist, während sie Bagatellvariationen in großen Massen akzeptiert. Diese aber sind von geringem Orientierungswert. Unterscheiden ist hier die wichtigste Aufgabe, aber die Nennung von Kriterien wird abgelehnt. Die Mutigen schöpfen paradoxerweise ihre Sicherheit aus dem schwebenden Irrtum, dass sich über Geschmack nicht streiten lässt. Das subjektive Erleben entzieht sich der Nachprüfung.

Die Eigendynamik des Systems ist nicht aufzuhalten. Die Überschreitung früherer Schranken führt an die Grenze des nicht mehr als Kunst Erkennbaren. Und die Kunst ist so universell, dass sie jeden Sachverhalt als Kunst anbieten kann.

Literatur

Robert von Zimmermann:
„Studien und Kritiken zur Philosophie und Ästhetik". 2 Bde. 1870.

Raymond Loewy:
„Never leave well enough alone", 1951; deutsch: „Hässlichkeit verkauft sich schlecht", 1953.

Oskar Walzel:
„Vom Geistesleben alter und neuer Zeit". 1922.

Wolfgang Welsch:
„Ästhetisierung – Schreckensbild oder Chance?" Kunstforum 123, S.229.

Niklas Luhmann:
„Die Evolution des Kunstsystems." Kunstforum 124 (1993) S. 221-228.

SKEPSIS GEGEN
DAS VERLORENE MASS

Die Kunst der Gegenwart wird heute vorwiegend von der urbanen Kunst bestimmt. Das hat zur Folge, dass die gesellschaftlichen Probleme des dichten Beieinanderlebens auf sie einen größeren Einfluss ausüben als die Natur. Diese bricht nur insofern über sie herein, als der drohende Ökokollaps dem Konsumrausch ein schlechtes Gewissen anheftet. Skeptiker sehen darin das Walten der Dynamik der Entgrenzung auf allen Gebieten und verweisen warnend auf den schmalen Grat zwischen Naturbeherrschung und Naturzerstörung.

Keramiker sind gern bereit, sich auf die Seite der Naturbewahrer zu schlagen, aber kaum einer hat je die Stimme erhoben gegen die Luftverunreinigung durch Salzen und Freibrand oder gegen die Unsitte der Oxideffekte. Auch die Verurteilung des Konsumrausches geht einem leicht von den Lippen. Nur auf dem Töpfermarkt wünscht ihn sich mancher herbei. Wir können immer wieder im Leben erfahren, dass es nicht nur Widersprüche, sondern auch handfeste Widerstände gegen allgemeine Einsichten in das Notwendige gibt. Und die Keramiker sollten dazu besser schweigen.

Die Skepsis gegen das verlorene Maß ist keine Gegenströmung zur modernen Kunst, die den hinterherhinkenden Keramikern zur Rechtfertigung verhelfen soll, sondern eine Welle der Erkenntnis, die die ganze Kunst der Gegenwart erfasst.

Die Verfechter avantgardistischer Ideen, die redegewandt mit mitreißender Begeisterung ihre Utopien und Manifeste verkündeten, haben ihre genauso stark motivierten Widersprecher gefunden. Über beide ging die Zeit hinweg, und sie kommen als Neo-Ismen wieder. Die, die sie nicht zur Kenntnis nahmen, sagen sich: Seht mal, jetzt ist es wieder vorbei. Wir, die wir uns gar nicht gekümmert haben, sind ganz au-

Literatur

Friedrich Nietzsche: „Von den ersten und letzten Dingen". In: Werke 1, Hrsg. Karl Schlechta. Berlin: Ullstein Materialien, 1980, S. 448f.

Florian Rötzer: „Daß es so weitergeht, ist die Katastrophe". Kunstforum, Bd. 110/1990, S. 87.

tomatisch ins Recht gesetzt worden. Wir haben über die Zeit, die gefräßige, triumphiert. Das war lange Zeit so.

Heute hat die Skepsis selber eine Aufgabe. Während die Vorwärtsstürmer gern noch eins draufsetzen, um in die oberen Etagen der Künste zu gelangen, muss sie ihre Rolle als Regulativ gegen die Wucherungen des Maßlosen spielen.

„Es ist das Merkmal einer höheren Kultur", heißt es bei Nietzsche, „die kleinen, unscheinbaren Wahrheiten, welche mit strenger Methode gefunden wurden, höher zu schätzen als die beglückenden und blendenden Irrtümer, welche metaphysischen und künstlerischen Zeitaltern und Menschen entstammen. Zunächst hat man gegen erstere den Hohn auf den Lippen, als könne hier gar nichts Gleichberechtigtes gegeneinander stehen: so bescheiden, schlicht, nüchtern, so scheinbar entmutigend stehen diese, so schön, prunkend, berauschend, ja vielleicht beseeligend stehen jene da. Aber das mühsam Errungene, Gewisse, Dauernde und deshalb für jede weitere Erkenntnis noch folgenreiche ist das Höhere; zu ihm sich zu halten ist männlich und zeigt Tapferkeit, Schlichtheit, Enthaltsamkeit an."

Für den Skeptiker hat das Abwarten vorübergehender Erscheinungen eine moralische Bedeutung. Als Keramiker ist er in das kulturell Übliche hineingeboren und hat darin auch die Moralauffassungen angenommen – Auffassungen des Bewahrens. Und je moderner die Welt um ihn herum wird, desto wichtiger, unvermeidlicher erscheint ihm diese Haltung.

Die Keramik kann, was andere nicht oder nicht im gleichen Maße können, aus Natur, Technik und Wissenschaft künstlerische Motive schöpfen, so dass sich die Grenzen in der Person des „Technikers der Kunst" sogar verwischen. Aber auch das hat seine Kehrseite, nämlich im Dilettanten, der nur anwendet, ohne andere Grenzen zu akzeptieren als die technischen. Rechtfertigungen für den Skeptiker.

FÜRSPRACHE FÜR
DIE SCHLICHTEN DINGE

„Für die großen Landschaftsmaler sind die anspruchslosen Gegenden da, die merkwürdigen und seltenen Gegenden aber für die kleinen. Nämlich: die großen Dinge der Natur und der Menschheit müssen für alle die Kleinen, Mittelmäßigen und Ehrgeizigen unter ihren Verehrern Fürsprache einlegen, aber der Große legt Fürsprache für die schlichten Dinge ein."

Die schlichten Dinge, die Nietzsche hier meint, sind frei von dem, was Duchamp als „kulinarische Zutaten" ablehnte, und auch Kandinsky forderte in seinem vom Bauhaus herausgegebenen Traktat „Punkt und Linie zu Fläche" die Beschränkung auf die „innere Notwendigkeit". Die Keramik, die seit den 20er Jahren in Europa unter dem Einfluss von Bauhaus und Werkbund die „gute Form" vertrat, neigte ausschließlich zu Klarheit und Objektivität. Diese konsequente Auffassung ging mit der Entwicklung des Designs einher. Es spaltete sich von der natursuchenden Keramik ab. Die Integrität der Form sollte den sachlichen Wert bestätigen.

Vereinfachung bedeutete formale Kontrolle und Formbeherrschung, die schließlich in einem technoiden Konstruktivismus mündeten, während die Keramik die Kälte der Exaktheit durch den optischen Reiz ihrer Glasuren (die immer etwas mit Natursuche zu tun haben) durchbrach.

Die Minimalkunst der 60er Jahre war eine konsequente Verwirklichung dieser Ideen und ihr Schlusspunkt. Die „Schönheit des einfach Nützlichen", wie Mondrian es formulierte, wurde nirgends so klassisch idealisiert wie bei jenen Keramikern, die die gefühlsgeladenen Stilmittel der Keramik so weit ignorierten, dass sie auf ihre Materialwirkung verzichteten und nur noch emotionslos nüchtern und präzis sein wollten.

Rechte Seite:
Die einfachen Formen von
Magdalene Odundo.

195

WENIGER IST MEHR

Wenn man von Kunst spricht, ist man leicht geneigt, die künstlerischen Elemente zu übersehen, die in der Arbeitsweise der Töpfer traditionell enthalten sind. Es wird gern mit Routine abgetan, wenn auf einem Brett neben der Töpferscheibe die frischgedrehten Töpfe, einer wie der andere, aufgereiht sind. Ein kunstsinniger Betrachter wird dabei an die minimalistische Kunst erinnert, und er wird finden, dass es nichts gäbe, was minimalistischer wäre als diese Reihe mit ihren wiederkehrenden gleichartigen Formen und Farben. Für den Töpfer selber ist diese Ansicht weit entfernt von seiner Welt. Und wenn Kunsthistoriker eine solche Beziehung herstellen, erscheint es wie ein Abglanz der geschichtlichen Vorgänge, in denen wiederholt (schon um 1860 durch William Morris, dann 1919 durch Walter Gropius' Bauhaus) versucht wurde, die Kunst aus dem Handwerk heraus zu erneuern. Bei William Morris war es die Gegnerschaft zur Maschinenarbeit, woraus sich die „dekorative" Kunst in Verbindung zur Architektur ergab, bei Walter Gropius war es der Versuch, Handwerk und Industrie wieder zu versöhnen, woraus sich das Design herausbildete. Diese „Erneuerungen" bewegten das Handwerk auf die Kunst zu (jedesmal unter Beteiligung der Architektur), während der Kern des Handwerks fern von diesem Kunstbewusstsein auf seiner Tradition und Handwerksethik beharrte. Und so koppelte sich schließlich die Dornburger Keramikwerkstatt des Bauhauses von dessen großer Linie ab. Trotzdem war auch die Keramik von der allgemeinen Tendenz beeinflusst.

Leonardo da Vinci hatte gemeint, dass es die vornehmste Aufgabe der Kunst sei, „aus der Überfülle an Informationen, welche der äußeren Welt entströmen und unablässig die Sinnesorgane berühren, eine Auswahl zu treffen und ihnen eine Ordnung zu geben". Und Goethe sagte in seinem Gedicht über Natur und Kunst: „In der Beschränkung zeigt sich erst der Meister". Dann wurde schließlich die „Kunst durch Weglassen" zu einem geflügelten Wort.

Ganz anders die Minimalkunst, die 1966 in der Ausstellung „Primary Structures" im New Yorker Jewish Museum an die Öffentlichkeit trat. Diese „Grundstrukturen" der Mindestkunst waren, vom Handwerk abgehoben, ein reines Kunstprodukt, wenn sie auch darin mit der Neuen Sachlichkeit (die ja aus der Malerei kam) übereinstimmten, dass sie sich auf das Wesentliche, nämlich auf die geometrisch vereinfachte Form, beschränkten und auf jede überflüssig erscheinende Zutat verzichteten. Auch die Farben sind eingeschränkt, wie auch bei den frischgedrehten Töpfen. Allerdings gibt es Unterschiede zur Lebendigkeit der materialbetonten Handarbeit. Die Minimalkunst ist zwar auch Handarbeit, doch sucht sie jeden Anklang daran zu vermeiden. Die minimalistischen Gefäße sehen perfekt wie Industrieerzeugnisse und steril wie Laborgefäße aus. Erst beim näheren Eingehen auf diese Arbeiten kommt man zur Würdigung ihrer strengen Eleganz und ihrer unverwechselbaren Feinheit. Ihr Perfektionismus ist zu zart gefertigt und zu intuitiv eingesetzt, um von irgendetwas anderem zu stammen als von der kühlen, kontrollierten Leidenschaft reiner Ebenmäßigkeit.

In allen ihren Erscheinungsformen betont die „Mindestkunst" den Vorrang der Form. Einer ihrer bedeutendsten Vorkämpfer, Don Judd, beschrieb die theoretische Position der Minimal Art: „Die drei Dimensionen sind der wirkliche Raum. Dadurch erledigt sich das Problem des Realraums und seiner illusionistischen Darstellung ... was wiederum die Befreiung von einem der wesentlichsten und unangenehmsten Relikte europäischer Kunst bedeutet ... Ein Kunstwerk wird so eindrucksvoll sein, wie es die Denkfähigkeit erlaubt".

Flasche von Geert Lap, handgedreht. Prototyp der Minimal Art in der Keramik.

RECHTFERTIGUNG DES DEKORS

Die moderne Kunst ist am stärksten durch Maler beeinflusst worden, aber eigentlich mehr durch deren Kunsttheorien. Die Keramik, die lange Zeit Bemalung als Dekoration bezeichnete, kam durch die Künstlerkeramik in eine Beziehung zur Malerei.

Was Georges Braque, Fernand Léger, Raoul Dufy, Henri Matisse, Paul Gaugin, Marc Chagall, Pablo Picasso und Joan Miró vordem bewirkten, dass nämlich die Keramik in die Kunstwelt aufgenommen wurde, das erkämpften sich die Keramiker selber in der „California Clay Revolution" in den USA.

Die heutige moderne Malerei auf Keramik hat ein westliches Antlitz. Ganz anders die Bemalung, wie wir sie aus Japan kennen, die mit der Tuschemalerei in Verbindung steht.

Von dem amerikanischen Kunstkritiker Greenberg stammt der Ausspruch: „Alle zutiefst originäre Kunst sieht zunächst hässlich aus".

Die Keramik kann davon ein Lied singen, denn eine solche Bemalung ist in ihrer Tradition nicht verankert und stößt zunächst auf Ablehnung. Kein Wunder, denn sie bewegt sich nicht in der noblen Bohème mit ihrer Neuerungssucht, sondern ist darauf angewiesen, dass jeder seine eigene Philosophie hat. Und nur so geht's.

Nach einer neuen Theorie, die sich „Neurolinguistisches Programmieren, NLP" nennt, bringt die Kommunikation neue Talente und neues Verhalten bei sich und anderen hervor und trägt zur kreativen Entfaltung bei. Kunst wird verstanden als Materialisierung der Gefühle und ihre Verlagerung in die Außenwelt (Externalisierung). Es beginnt das Loslassen dessen, was nicht mehr da ist. Das individuelle Schönheitsempfinden ist das einzige Kriterium. Der Künstler von heute zeichnet sich durch Respektlosigkeit gegenüber dem Konsens aus.

Literatur

Wolfgang Walker: „Abenteuer Kommunikation." Stuttgart: Klett-Cotta, 1996.

Asger Jorn: Schüssel, 1971. Ø 54,5 cm.

DIE ÖSTLICHE MEDITATIVE KUNST UND PHILOSOPHIE

In seiner berühmten Blumen-predigt hob der Patriarch Bodhidarma, der 520 n.Chr. in Japan eine Schule der Meditation (chinesich „Tschan", japanisch „Zen") begründete, schweigend eine Blume empor und zeigte sie der Versammlung, während sein Gesicht „ein Lachen brach". Den tiefen Sinn dieses Lachens begriff unter allen Jüngern allein Kashi-yapa, indem er sein Gesicht zu einem Lächeln verzog. Da sprach der Erhabene: „Das wahre Dharmaauge, den wunderbaren Geist des Nirvana, die formlose wahre Form, das geheimnisvolle Dharmator, das nicht auf Worten und Buchstaben beruht, die besondere Überlieferung außerhalb der Schriften, vertraue ich dem großen Kashyapa an". Damit wurde ihm das Siegel des Buddha-Geistes anvertraut, auf dessen Überliefrung das Zen beruht.

Die metaphysische Grundla-ge der Erleuchtungslehre hat Bodhidarma in einem Text von den zwei Eingängen zum „Weg" (Tao) niederge-legt; er könnte unserer eigenen Erfahrung entstam-men. Die Stelle handelt von einem Eingang durch die Vernunft und einem Eingang durch das Werk.

Bodhidarma starb 532.
(Nach Heinrich Dumoulin: „Zen, Geschichte und Gestalt." Bern: Francke Verlag, 1959.)

Die fernöstliche Mystik bedient sich einer eigenarti-gen Unverständlichkeit, die uns imponiert, weil sie in Untiefen des Nachsinnens hineinführt, wo die Logik vor der „Leere" kapituliert. Alle Mystiker spre-chen in hohen Tönen von der Unzulänglichkeit menschlicher Worte. Die Wahrheit, heißt es, liege hinter den Worten, wie die Schönheit – so formu-lierte es Robert Sturm – hinter dem Schönen liegt. Und der zenbuddhistische Teekult gilt als „eine Re-ligion des Unvollkommenen, um die Verehrung des Schönen im Alltagsgrau der Dinge" zu üben.

Für uns als Keramiker, die wir nun schon seit hun-dert Jahren die Song-Keramik bewundern, ist die Frage nach dem geistigen Klima, in dem solche Werke entstehen konnten, ein besonderes Thema. Der Zen-Buddhismus, der während unseres Früh-mittelalters, in der T'angzeit, 713 bis 845, sein gol-denes Zeitalter durchmachte, hatte nach der Buddhistenverfolgung gegen Ende dieser Periode unter dem Kaiser Wu-tsung schwere Zeiten zu über-stehen. Während der Song-Zeit (960-1279) erholte er sich wieder und erlangte sein höchstes äußeres Ansehen. Die kulturellen Leistungen übertrafen jetzt alles Frühere beträchtlich. Es war die kulturell stärk-ste Epoche nicht nur der Keramik, sondern der chinesichen Geschichte überhaupt. Das Zen hat nicht wenig zur geistigen und künstlerischen Ent-faltung der Song-Kultur beigetragen. Bedeutende Künstler waren Zen-Mönche. Der Geist des Zen ging in die Kunstauffassung und den Stil der Periode ein, so dass die Song-Kunst und darin auch die Keramik bis heute als der entsprechende künstlerische Aus-druck des Zen empfunden wird. In Japan waren es die buddhistischen Mönche, die zugleich mit der neukonfuzianischen Philosophie und dem Erleuch-tungsweg des Zen die feinen Kunstwerke der Song-

Zeit einführten. Und es ist bemerkenswert, dass der Zen, nachdem er am Ende der Song-Zeit in China in Veräußerlichung und Versteifung verflachte, in Japan ein goldenes Zeitalter erlebte, analog zur Entwicklung der Keramik, deren Höhepunkte von China auf Japan übergingen.

Der „Zen" hat als Selbstversenkung (so die Übersetzung) in Ostasien eine andere Bedeutung als im Westen. Unser Weg („Tao") der Erleuchtung verläuft gewöhnlich nicht über die Meditation, schon gar nicht in der beim Zen rituell festgelegten Form. Wir sind in einer Weise intellektuell veranlagt, die ihre Erleuchtung als Erkenntnis in logischen Zusammenhängen findet. Unsere gleichlautenden Begriffe haben einen anderen Stimmungswert, und für uns hat die Verinnerlichung eine andere Tradition.

Das befreiende Erlebnis der Gelassenheit und Ruhe ist für jeden eine persönliche Entscheidung. In der Ausdrucksweise des Zen ist es die von allen Wünschen, selbst der Buddhawerdung, gelöste „Leere" – ein Begriff, der wie das Erkennen seiner selbst zum Kern des Zen gehört. C.G. Jung hat die „große Befreiung" im Zen als Erlösung des Unbewussten gedeutet. Gegenüber allen westlichen Philosophien und Mythologien dringt der Zen in den Menschen selbst ein und verändert ihn.

Was wir der geistigen Haltung des Zen gern unterstellen, ist ein besonderes Verhältnis zur Natur. Die im Wechsel der Jahreszeiten hinfließenden Naturerscheinungen bestimmen den Rhythmus der seelischen Ereignisse. Genau besehen ist es ein naturreligiöser Pantheismus, den Schopenhauer einen „höflichen Atheismus" nannte. „Der Weg ist ein unendliches Meer des All-Buddha" und „Alles Seiende ist Buddha-Natur" sind Kernsätze der religiösen Metaphysik des Zen. Wie jede Religion bestimmt auch diese das ethische Verhalten, aber diese Ethik ist nicht abstrakt, sondern der Ethik des Handwerks verwandt, jedoch viel umfassender als diese, weil

Während die ersten Zen-Meister schon im 6. Jahrhundert (aus Korea) nach Japan geholt wurden, haben erst im 10. Jahrhundert japanische Mönche in dem chinesischen Ch´an-Kloster auf dem Berg Tien-mu bei Hang-chou in Chekiang Teeschalen kennen gelernt, die sie nach Japan brachten, wo diese nach dem Tien-mu verballhornend „Temmoku" genannt wurden. Diese Bezeichnung wurde auf die eisenhaltige dunkle Glasur übertragen.

Die Künste sind „Wege" (shino-japanisch „Dô"): Ikebana, Ka-dô („Weg der Blumen"); Teezeremonie, Cha-dô („Weg des Tees"); Kalligrafie, Sho-dô („Weg des Schreibens"); Gei-dô („Weg der Künste"), Tuschemalerei, Gartenbau oder die Kampfkünste Kyûdô („Weg des Bogens"); Sumô; Jûdô („Weg des Ringens"); Ken-dô („Weg des Fechtens"); Bushi-dô („Weg des Ritters"); Budô („Weg des Kriegers"). All das sind Wege, Lebenswege, Lebensphilosophie.

Literatur

Dumoulin, Heinrich: „Zen. Geschichte und Gestalt". Bern 1959.

Hoover, Thomas: „Die Kultur des Zen". Köln 1977.

Suzuki Daisetz Teitaro: „Die große Befreiung". Mit einer Einleitung von C.G. Jung. Zürich 1969.

Ueda Daisaku: „Zen and Science". Tokyo 1963.

sie tiefenpsychologisch vergeistigt ist. Was die Natur betrifft, geht sie über deren Verehrung hinaus bis zur Einswerdung. Der Künstler kann den Bambuswald erst malen, nachdem er selbst zum Bambus geworden ist. Die Überzeugung von der göttlichen Einheit des Alls sieht in der Verschmelzung mit der Natur die tiefste Erfüllung des eigenen Wesens. Dem Keramiker fällt eine solche Identifikation mit dem Material leicht, denn es hat eine mystische Verbindung zur Menschwerdung. Insofern ist die vom Zen bestimmte Keramik in China sowie in Japan vor anderen Künsten ausgezeichnet. Die Keramik ist, wie jede Kunst, ein „Weg" spiritueller Vervollkommnung. Bestimmte Tätigkeiten führen heute zwar als Künste ein unabhängiges Dasein, aber ihre Verwurzelung im Zen ist auch jetzt noch dadurch bestätigt, dass alle großen Meister der „Wege" Zen-Meditation geübt haben und immer noch üben. Auffallend unter der japanischen Keramik ist die Benennung der Werke (z.B."Plötzlicher Regenschauer" für eine Schale). In China waren es die Bezeichnungen der Glasuren (z.B."Pfirsichhaut" für eine kupfergefärbte Reduktionsglasur). Dadurch wurden die Werke aus der Unendlichkeit herausgehoben. Denn was einen Namen hat, unterliegt der Begrenzung. Wir sehen es an als eine Fokussierung der Gedanken.

„Alles Sein ist Zeit" heißt es bei dem Zen-Meister Dôgen, der 1236 das erste selbständige Tempelkloster des Zen in Japan errichtete. Seine Ansicht, „dem Nebeneinander der Dinge im Weltall entspricht das Nebeneinander der Zeit" könnte von einem Physiker wie Einstein stammen. In dem Kraftfeld, das wir Keramik nennen, bilden sich relative Zeit-Räume als verschiedene Zustände dieses Materiefeldes. Die Urkeramik, die geschichtliche Keramik, die Moderne sind durch große Feldstärke ausgezeichnete Raum-Zeiten ein und desselben Materiefeldes.

„Wenn der Berg erklommen ist, erscheint auf einmal ganz die Landschaft des Ziels".

DER WESTEN: NEUGIERDE, RISIKO-BEREITSCHAFT, MUT ZUM EXPERIMENT

Die neue Keramik der USA bildet einen Gegenpol zur meditativen Kunst Japans. Die Welt der Keramik sieht sich in einem Spannungsfeld zwischen diesen Polen. Beide zeichnen sich durch ein klares kulturprägendes Profil von großer Anziehungskraft aus. Amerika, von traditionellen Bindungen unbelastet, kam zu einer eigenständigen Keramik durch eine Generation, die nicht aus Handwerksbetrieben stammte, sondern aus Kunsthochschulen hervorging, wo sie mit anderen Kunstsparten in Berührung kam. Keiner zwang dem jungen Nachwuchs alte Klischees und Vorurteile auf. Stattdessen widmeten sie sich in aller Unverfrorenheit den Impulsen aus der modernen Kunst. Den Kern dieser Bewegung, die sich vom Einfluss aus Europa und aus dem fernen Osten (unter vergeblichen Vermittlungsbemühungen von Bernard Leach) befreit hatte, bildete seit 1954 eine Gruppe am Los Angeles County Art Institute, dem späteren Otis Art Institute. Ihr Gründungsvater, anspornendes Beispiel und Magnet, war Peter Voulkos. Sein Ausspruch „Ich und das Material" drückte das starke Selbstbewusstsein aus, das sich auf ihre keramische Umgebung übertrug, zumal sie den enormen Erfolg verzeichnen konnten, dass ihre Rolle als integrierter Bestandteil der modernen Kunst nicht in Frage gestellt wurde. Als „Clay Movement" galten ihre Arbeiten als abstrakter Expressionismus. Für viele talentierte Keramiker war es der Ausgangspunkt zu eigenen Wegen, und in der Folgezeit spiegelten sich die Spielarten der modernen Kunst in ihren Werken wider. Wie nicht anders zu erwarten, kam es (im Einklang mit der inzwischen aufgekommenen Hippie-Generation) auch zu einer Gegenbewegung gegen den abstrakten Expressionismus, und zwar in der „Funk-art", jener „Horrorkunst", die in der Welt Kopfschütteln und Unver-

Richard Shaw: „Sitzende Figur mit grauem Kopf" („Seated Figure with Gray Head"), Porzellan, 1994. H. 170 cm.

ständnis hervorrief. Ironisierend Kitschiges, das zu schockierenden Einsichten provozieren sollte, wurde von traditionellen Töpfern der alten Welt als Amerikanismus abgelehnt und verteufelt. Nachdem die Flower-power-Rebellion, die auf die Beseitigung aller bürgerlichen Tabus versessen (= hippi) war, sich gelegt hatte, legte die Keramik ihre schockierende Ausdrucksweise ab, und es kam zu surrealistischen „Super Objects" mit spitzfindigen, zumeist ironischen Inhalten, die wegen ihrer Einmaligkeit in der Welt zum Kennzeichen der amerikanischen Keramik wurden.

Der 1924 geborene Peter Voulkos (er ist griechischer Abstammung) kam erst mit 26 Jahren, als er (nach einer Lehre als Metallgießer) Malerei studierte, zur Keramik. Er heimste einige hoch angesehene Preise ein, in den Sechzigerjahren auch für seine Metallskulpturen. 1973 kehrte er zum Ton zurück. Er verkörpert die Vielseitigkeit des freien Künstlers und die Ästhetik des Unvollkommenen, die sich grundlegend von der des fernen Ostens unterscheidet.

Paul Soldner, einer der ersten Schüler von Peter Voulkos, gilt als der Urheber des amerikanischen Raku, das im Gegensatz zum japanischen farbenfroh glasiert und nachreduziert ist. Es heißt, dass er, nur mal um zu sehen, was passiert, ein glühendes Stück in einen Laubhaufen steckte und so rein zufällig die amerikanische Version des Raku erfand, die inzwischen die ganze Welt eroberte. Seine Philosophie nannte er „Creative Limbo", was man mit „Rumpelkammer" oder „Vorhölle" übersetzen kann, wodurch klar wird, was er meinte: eine schöpferische Beweglichkeit ohne irgendwelche anerkannte Weisheit den unberechenbaren Kräften des Zufalls ausgesetzt. Das alles macht deutlich, wie sich diese Keramik durch Neugierde, Risikobereitschaft und Mut zum Experiment von der japanischen unterscheidet. Und diese drei Begriffe waren es auch, die Paul Soldner seinen Studenten mit auf den Weg gab.

EUROPA:
SCHLUSS MIT DEM FORMALISMUS

Die Welt beobachten und seinen eigenen Weg finden, das ist der allgemeine Standpunkt der europäischen Keramiker. Er setzt an die Stelle des überschäumenden Freiheitsbegriffs und der in der religiösen Tradition verankerten Meditation die Individualität an die erste Stelle. Diese hat einen anderen historischen Hintergrund als im Osten oder Westen. Sie kann nicht, wie in den USA, ohne weiteres in die moderne Kunst übergehen, und sie besitzt auch nicht die außerordentliche geistig-gesellschaftliche Bedeutung wie in Japan. Hier wie dort ist die Keramik unangefochten als Kunst anerkannt. In Europa muss sie sich erst aus den Erwartungen, die ihr bisher entgegengebracht wurden, herausarbeiten und sich von formalistischen Beschränkungen befreien. Die Schönheit des Unvollkommenen würdigt die Gesellschaft nur, soweit sie bereit ist, die Keramik als Kunst zu akzeptieren.

In Europa verläuft die Ablösung vom Handwerk so dramatisch und konflikthaft wie die Pubertierung im Leben eines Menschen, nämlich wie die Ablösung aus der Primärgruppe der Familie, aus den Sekundärgruppen der Schul- und Jugendgemeinschaften und schließlich aus den gesellschaftlich institutionalisierten Traditionen, Sitten und Gebräuchen. Es ist der Prozess der Individuation. Wenn man ihn kosmologisch auffasst – und das scheint hier nicht übertrieben zu sein – ist es die Absonderung des Einzelwesens aus der Weltsubstanz. An die Stelle der Regionalität tritt zunehmend die von Raum und Zeit geprägte Individualität, die mit dem Formalismus Schluss machen will.

Die Abhängigkeit von der Technologie und ihren Know how's bestimmt die Wege, auf denen sich die Individuation vollzieht. Das ist in der Kunst, für die die Technologie nur eine leicht beherrschbare Ne-

Ariel Auslender:
„Adam-Turm", 1996.
H. 203 cm.

205

Frank Sanderink:
„Keramische Müllkippe",
1995.

bensache ist, ungewöhnlich und für manche Künstler außerhalb der Keramik ein Anlass, die mit Risiken behaftete Materialbezogenheit abzulehnen, da sie dem „Grundgesetz" der Freiheit der Kunst widerspräche. Über die Junk-Kultur, die Abfallprodukte des Konsums und der Industrie mit dem Ton in einen künstlerischen Zusammenhang bringt, tritt die Keramik aus ihren traditionellen Materialgrenzen heraus und gewinnt damit einen der möglichen Anschlüsse an die moderne Kunst, der vordem nur durch die Mitwirkung von Künstlern, die keine Keramiker waren, als Künstlerkeramik zustande kam. Die europäische Keramikkunst soll sich auf ihr Eigenes besinnen. Aber wie lässt sich das in dem Spannungsfeld zwischen Ost und West beschreiben?

Wieder tritt die Tradition als Kriterium auf. Als europäische Entwicklung anerkannt ist die Nähe zum technologischen Wissen. Noch zu Beginn des 20. Jahrhunderts sandten die Japaner ihre jungen Leute nach Deutschland, um das Wissen zu erlangen, das von Hermann August Seger in die Keramik eingebracht worden war, und die USA profitierten von den emigrierten Naturwissenschaftlern aus dem Kaiser-Wilhelm-Institut, die die Segerschen Forschungen auf dem Gebiet der physikalischen Chemie weitertrieben. Das alles mag kunstfern erscheinen, aber das Wissen als Erlebnis aufzufassen, das die künstlerische Intuition beflügelt, ist eine typisch europäische Erscheinung. Dieses Wissen, zu dem die Glasuren gehören, wird dem Künstler immer leichter gemacht durch Angebote des Fachhandels, die nirgends so umfangreich sind wie im Zentrum Europas, und durch Ausschöpfung der Möglichkeiten, die das elektronische Zeitalter bietet.

„Natur und Kunst, die scheinen sich zu fliehen", hatte Goethe schon erkannt, „und haben sich, eh man es denkt, gefunden." Warum sollte die Keramik in Europa nicht eine Ideenkunst sein, in der das Erlebnis von Natur und Kunst enthalten ist?

DAS INFORMEL ODER „LASS SEH'N, WAS DIE NATUR DARAUS MACHT"

Der Ire Edmund Burke (1729-97), der ein Gegner der rationalistischen Aufklärungsideale seiner Zeit war, erkannte, dass „im Regellosen und Chaotischen unerschlossene Erlebnisräume" liegen. Das Informel, das aus dieser Erkenntnis entstammt, ist der Natur der Keramik wie auf den Leib geschrieben. Die Bezeichnung l'informel, das Formlose, geht auf den spanischen Maler Antonio Tàpies zurück, der in seinen Collagen verschiedene Materialien verwendet. Nichts von festen Kompositionsregeln, nichts von verfeinerter Technik, nur noch Material, Geste und Zeichen. Das freie Spiel von Linien und Farben durchströmt Bewegungsspuren. Kein auf hohe Qualität bedachtes Handwerkertum. Nein, die Qualität wird hier anders gesehen. Ein Bewusstseinsumschwung, verursacht von immensen schöpferischen Energien.

Wer jemals einem japanischen Kalligraphen zugesehen hat, der wird an die freie, aus der Geste der Hand hervorgehende Abstraktion erinnert. Als ob der Pinsel selbst das Malen der Zeichen übernommen hätte. So kam es auch der japanischen Art entgegen, als der Amerikaner Jackson Pollock 1951 in Japan seine aktiv-abstrakte Malweise (action painting) vorführte. Pollock berührte die Leinwand beim Malen weder direkt noch indirekt. Er träufelte, spritzte, tropfte und schüttete die Farbe auf die Fläche. Seine Philosophie war, den Zustand von Sein („state of being") und Werden wiederzugeben – etwas, was es in der formalen Kunst nicht gab. Das Kunstwerk sollte aktuell bleiben, nicht abgeschlossen sein, keine festgelegte Botschaft enthalten, sondern ein Gegenbild des Seins darstellen, in dem sich der Betrachter in der Welt entdeckt. Die gesammelte schöpferische Spontaneität sollte die Vorstellungskraft des Betrachters freisetzen. Der Japaner Shoji Hamada in Mashiko griff diese Gedanken auf; er machte sie zu einem

Literatur

Edmund Burke: „A philsoso-phical enquiry into the origin of our ideas of the sublime and beautiful". Hrsg. J.T. Boulton, London 1958.

Meinhardt, Johannes: „Gutai Japanische Avantgarde 1954-1965." Kunstforum Bd. 113, 1991, S. 339-341.

Shoji Hamada: Gestische Zeichen, mit den Fingern in den Glasurschlamm gezogen.

Bestandteil seines keramisch-technischen Repertoires. In dem über ihn als lebendem Staatsschatz verbreiteten Film sagt er: „Man möchte das Bemalen dem Pinsel überlassen und das Brennen dem Ofen ..." Auch andere japanische Künstler sahen 1951 Arbeiten von Pollock in Tokyo und berichteten darüber 1956 im Gutai-Bulletin anlässlich von Pollocks Tod. 1954 hatte sich in Osaka die Gutai-Gruppe gebildet, die offensichtlich von Pollock beeinflusst war. Im Gutai-Manifest hieß es: „Die Gutai-Kunst verändert das Material nicht; sie verleiht ihm Leben. Gutai-Kunst verfälscht das Material nicht. In der Gutai-Kunst reichen sich der menschliche Geist und das Material die Hand, obwohl diese gewöhnlich einander entgegengesetzt sind. Das Material geht nicht in den Geist ein. Der Geist zwingt nicht das Material zur Unterordnung". Ein neuer Lichtblick für die Ursprünglichkeit, ein Anfang mit spielerischer Spontaneität, Unbekümmertheit und Geschichtslosigkeit? Der Maler Jiro Yoshihara, die zentrale Figur der Gutai-Gruppe, verlangte: „Schafft etwas, was vor euch noch nie jemand geschaffen hat" und „Hütet euch davor, andere nachzuahmen". „Gutai" heißt übersetzt „konkret, spontan, direkt" oder „Aktualisierung des Geistes durch Materie". Die ursprüngliche Spontaneität und Naivität des Materialgebrauchs wurde aber immer mehr durch bewusste, ausgeklügelte Techniken verdrängt. Man hat mit glühenden Kohlen auf Holztafeln gemalt oder mit den Fingernägeln die Farbe zerkratzt, ähnlich wie Hamada mit den Fingern gestische Zeichen in den Glasurschlamm zog. In diesem Zusammenhang ist es interessant zu wissen, dass es später in Japan auch die „Monoha"-Bewegung der Materialkunst gab, die sich in den siebziger Jahren von den westlichen Stilvorstellungen absetzte und im Bereich der Skulptur Neues wagte. Ihr bekanntester Vertreter, Toshikatsu Endo, war auf der Biennale in Venedig und auf der Documenta in Kassel vertreten. Er arbeitete mit den Elementen

Emil Schumacher: „K-7/ 1990." Keramik auf Vulkansteinplatte.
36,5 x 30 cm.

Feuer und Wasser, brannte große Holzstücke an und
schichtete die verkohlten Balken zu elementaren Formen auf. So sollte Werden und Vergehen durch die
darin enthaltenen zerstörerischen Energien in kosmischen Zusammenhängen versinnbildlicht werden.
In Europa montierte Yves Klein 1960 eine nasse Leinwand auf sein Auto und fuhr damit von Paris nach
Nizza. Die Naturelemente im Fahrtwind malten ihm
das Bild „Le vent du voyage". Abgesehen von solchen avantgardistischen Aktionen gab es Maler, die
in Keramik vormachten, wie keramisch die Ergebnisse der informellen Kunst sein können.
Was ist das Keramische an diesen ungezwungenen,
spontanen Arbeiten? Sie entreißen die Keramik dem

statischen Bild der Zeitlosigkeit durch eine „Zeit-struktur", durch Vitalität, durch die Nuancierung der Farben und die völlige Freiheit der Linien, durch pastose, dick aufliegende Glasuren, die sich voll entfalten können.

Dem „Automatismus", von dem die Informelkünstler sagen, dass er ihnen das schnelle Arbeiten ermög-licht, entspricht in der Keramik in gewissem Sinne auch das skizzenhafte, frische Formen, das Schüt-ten der Glasuren, der „automatisch" nach den Na-turgesetzen ablaufende Vorgang im Feuer, wo sich die „Transmutation", die Verwandlung vollzieht. Al-les ist großzügig aus der Bewegung, der Situation heraus geworden.

Kritiker der modernen Kunst, die dieser „informel-len" Art vorwerfen, sie sei rein subjektiv, selbstsüch-tig, sie ergebe eine Kunst ohne Bedeutung und sei nur eine weitere Variante der sich in ihren Wandlun-gen geradezu überstürzenden Originalitätssucht, übersehen und wollen nicht wahrhaben, dass die zahlreichen subjektiven Ansätze zur Bereicherung unserer Kultur beitragen. Der Sinn, sich mit ihnen zu beschäftigen, liegt darin, in der eigenen Arbeit zu sehen, in welcher Tradition sie sich fortsetzt.

Man soll nichts entschuldigen und nichts verwi-schen. Von der Gestik zur Gestikulation ist es nur ein kleiner Schritt.

Es gibt immer einsehbare Argumente gegen eine Auffassung. Aber man muss das sehen, was ein neu-es Licht auf die Tatsachen wirft. Dann entrücken die Dinge wieder ins Magische. Hinter der Erkenntnis vermuten wir eine andere Erkenntnis, die nicht mehr anschaulich ist. Es dauert lange, bis man auf den Gedanken kommt, dieser mit Hilfe geschichtlicher Überlegungen mit Verstandeskräften beizukommen. Und auch dann bleibt eine Sphäre der Unzugänglich-keit zurück, die wir in unserer Entdeckerfreude als Tiefe empfinden. Die Ideen bekommen Flügel.

Rechte Seite:
Arnold Zahner, „Ideenwelt aus der Erde."

210

IDEENKUNST

DAS ÜBERSINNLICHE
GEHT UNTER DIE HAUT

Kim Tai-Won:
„Conception", 1997.
64 x 75 x 29 cm.

Idealistisches Denken zielt auf intensivere Lebensspannung und Sichtbarmachen der unterschwelligen Gesetzmäßigkeit des Wunders in der menschlichen Existenz. Es nimmt den Zufall für sich in Anspruch und den tiefen Reiz des Ursprünglichen, den Bereich der Phantasie, der Götter und Mythen. Der moderne Mensch glaubt nicht mehr offen an Magie, aber insgeheim erhofft er sich doch ein größeres Seelenheil und der Keramiker einen besseren Platz im Olymp der Keramik, wenn er sich gewisser lustbereitender Ausschweifungen der Phantasie enthält. Sigmund Freud hatte mit seiner Demonstration der Macht des Unbewussten eine ganze Epoche beeinflusst. André Breton, die Hauptfigur des Surrealismus, sprach geradezu von der endlich erlangten „Menschwerdung". In seinem Manifest von 1924 heißt es: „Vor kurzem ist – scheinbar durch den größten aller Zufälle – ein Teil der geistigen Welt wieder ans Licht gehoben worden, meines Erachtens der weitaus wichtigste, um den sich zu bekümmern man nicht mehr für nötig befand. Freuds Entdeckungen gebührt unser Dank. Auf Grund dieser Entdeckungen bildet sich endlich eine neue geistige Richtung heraus ..." Breton spricht von den seltsamen Kräften, die die Tiefen unseres Geistes bergen und: „ich glaube an die künftige Auflösung dieser beiden scheinbar so gegensätzlichen Zustände von Traum und Wirklichkeit in einer Art absoluten – wenn man so will – Über-Wirklichkeit."

Für solche überwirklichen Ideen, die sich durch Logik nicht rechtfertigen lassen, ist die Keramik ein fruchtbarer Nährboden. Und zwar aus zweierlei Gründen: Erstens ist sie von jeher mit der Mystik von Erde und Feuer verbunden, und zweitens sind die in ihr verlaufenden Vorgänge so verwickelt, dass die Zufälligkeit zu einer Quelle der Schöpfung wird.

Literatur

Theodor Adorno: „Ästhetische Theorie", Frankfurt a.M. 1970.

Maurice Nadeau: „Geschichte des Surrealismus". Reinbek: Rowohlt Taschenbuch 1965.

Der strikte Individualismus und die Mobilisierung eines neuen Erfindergeistes brachte den Surrealismus in Gegensatz zur verstandesmäßigen, konstruktiven Kunst. Raoul Hausmann, der die „Heiligkeit des Sinnlosen" verteidigte, wetterte gegen das „Sicherheits-Gehirn": „Die Psycho-Analyse ist die wissenschaftliche Reaktion auf diese faulende Pest, die alle simplen, einfachen Gesten, Auflösungen, alle Steigerungen ins Blau der Gipfel des gütigen Formers herabmindert auf ein Niveau des Mittelstandes...".

In unseren Anschauungen von der Wirklichkeit haben wir uns etwas vorgemacht. Für den Alltag mögen sie taugen, aber wenn es um die Erkenntnis von Raum oder Zeit geht, war alles nicht richtig. Das Licht pflanzt sich nicht geradlinig fort – sagt Einstein –, die Masse ist nichts Starres, der Raum gekrümmt. Die glanzvolle logische Fassade stürzt in sich zusammen. Wir müssen neu anfangen, die Hässlichkeit – sagten die Dadaisten – gegen die Schönheit setzen, den Wahnsinn gegen die Vernunft, die innere Motorik gegen die Konstruktionen der Rationalisten, die für „das System" verantwortlich sind. So begann es. Dann verkehrte sich die zerstörerische Absicht ins Experiment, in die Erforschung des Unbewussten. Welt, Materie und Mensch sollten radikal anders aufgefasst, neue Reichtümer in den Abgründen des Seins entdeckt werden als ein Weg zu neuen Erkenntnissen. Viele Grundsätze, die der Surrealismus zwischen den beiden Weltkriegen proklamierte, als er aus der Reaktion auf die Sinnlosigkeit des Krieges zu einem Spiegelbild seiner Epoche wurde, sind heute nicht mehr gültig. Geblieben ist die Anerkennung des Unerklärbaren, Geheimnisvollen, Traumhaften, Phantastischen als eine individuelle Grundstimmung, aus der ein kreativer Mensch Impulse für sein Gestalten gewinnen kann. Geblieben ist auch das Streben zu den Quellen des Instinkts und zur Urnatur – und gerade hierin hat die Ästhetik des Wunderbaren in der Keramik ein offenes Tor gefunden.

Sergio Zanni: „Der Wächter des flachen Landes". 75 x 50 x 28 cm.

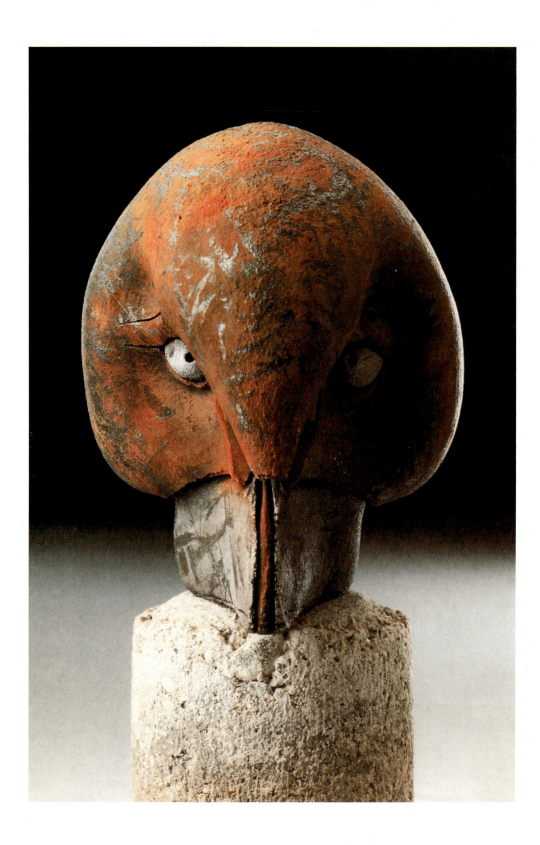

DIE KRAFT DER SYMBOLE

Sigmund Freud deutete Träume nach „Symbolen des Unbewussten": Stab, Schwert, Schlange, Feuer als männliche Symbole. Andere Psychoanalytiker hielten das Stufensteigen für ein Symbol des Sexualakts. In indischen Mythen war es das Feuermachen. Wenn wir von der Kraft der Symbole sprechen, so sind die psychoanalytischen Zeichendeutungen nicht minder mächtig (und von Künstlern benutzt) als die Zeichen aus mystischer Zeit oder aus der Alchimie. C.G. Jung hat in der Symbolik des Unbewussten von den subjektiven die objektiven Symbole unterschieden, die auf menschheitsgeschichtliche Urbilder – Archetypen des kollektiv Unbewussten – zurückgehen. Beide, Freud und Jung, knüpften auf ihre Weise an Mythisches an. Dabei spielen Tabus und Sexualität eine große Rolle. Und in der Tat waren Symbole in den frühen Religionen Hinweise auf Dinge, über die man nicht sprechen sollte oder durfte. Dazu gehörten eheliche Fruchtbarkeit und der Tod sowie bestimmte Eigenschaften und Kräfte der Götter, die man sich scheute auszusprechen. Sie waren unsagbar – ein Wort, das vom Christentum aufgenommen wurde. Religionen, in denen es viele Götter gibt, sind reich an Symbolen, im Gegensatz zu monotheistischen wie dem Islam. Mohammed war symbolfeindlich.

Symbole sind wahrnehmbare Zeichen, die etwas nicht Wahrnehmbares vertreten. Die Wissenschaft, die sich mit der Bedeutung von Zeichen befasst, ist die Semantik. Sie ist hauptsächlich auf den Sinngehalt von Wörtern und Redewendungen und auf den Gefühlswert des gesprochenen Wortes gerichtet.

Die religiösen Ursymbole waren Licht, Feuer, Erde und Wasser. Sie haben ihre Kraft durch die Technik eingebüßt. Das „Ausspinnen von Symbolen" musste dem „strengen Denken" weichen, wie Nietzsche es

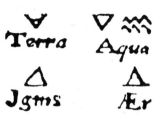

Die alchimistischen Zeichen für Erde, Wasser, Feuer, Luft. Nach Basilius Valentius, um 1600.

Linke Seite:
Thomas Naethe, „Kleiner Hohlkopf". 1990. H. 8,5 cm.

Gerda Gruber:
„Krieger", 1999. H. 110 cm.

formulierte. Das hat man zu seiner Zeit so selbstbewusst gesehen. Heute, in unserem skeptischen Zeitalter, müssen wir einsehen, dass sich nicht alles durch strenges Denken vereinnahmen lässt. Die spirituelle Befriedigung, die früher die Mythen bereithielten, gibt uns die Suche nach einer Vision der Wirklichkeit. Wittgenstein hatte mit seinem berühmten Satz „Wovon man nicht sprechen kann, darüber muss man schweigen", mit der Feststellung vorbereitet: „Es gibt allerdings Unaussprechliches. Dies zeigt sich, es ist das Mystische". Er berührt damit den Ursprung des griechischen Wortes *Myeomai*: „sich Augen und Mund schließen lassen". Wo das Sprechen nicht reicht, treten Symbole an seine Stelle.

Die Sprache des Tones nimmt für sich in Anspruch, Sprache der Natur zu sein. Und sie ist es umsomehr, je häufiger man aus ihr immer wieder Neues, Unsägliches von unbestimmbarem Erkenntniswert herauslesen kann.

Im Vergleich zur gesprochenen Sprache sind es Dialekte des Materials. Sie haben ihren eigenen Gefühlswert. Sie wecken andere Bilder als das gesprochene Wort.

Farben und Formen, meinte Jean-Paul Sartre in einem Essay über „Das Imaginäre" (Hamburg 1971), seien keine Zeichen. Nur im Irrealen erhalten ihre Beziehungen ihren wahren Sinn. Man kann nicht verlangen, dass sie einen sozialen Zweck erfüllen. Denn das führte letzten Endes dazu, sie in ihren Eigenheiten zu verleugnen. Vielmehr sind sie eine öffentliche Bestätigung der vor dem direkten Funktionalimus geschützten Freiheit. Sie sind nicht bloß zur Freizeitgestaltung zur Verfügung gestellte Grünflächen, auf denen sich ungehemmt Phantasie, Launen und auch Verrücktes tummeln. Vielmehr bilden sie ein hochspezialisiertes, auf persönliche Originalität ausgerichtetes Metier. Ohne diese Originalität gibt es auf professioneller Ebene auch für die Keramik keine Berechtigung.

ES BEDEUTET NICHTS.
ES IST NUR, WAS ES IST

1898 schrieb der Maler August Endell: „Wir stehen im Beginn einer ganz neuen Kunst, der Kunst mit Formen, die nichts bedeuten und nichts darstellen und an nichts erinnern, die unsere Seele so tief, so stark erregen, wie es nur immer die Musik in Tönen vermag."

Anders als die symbolischen Zeichen ist die „gegenstandslose Welt" eine Auseinandersetzung mit Form und Farbe. Die Begriffe, die sich herausbildeten, sind *Abstraktion* als Endpunkt einer Entwicklung fortschreitender Vereinfachung und *Konkretion*.

Kathi Müller-B:
„Urne aus Kansu", 1997.
43 x 50 cm.

Alle diese Begriffe sind nur einige der Standpunkte, die das Ideengestrüpp der modernen Kunst ausmachen. „Beim Studium von Ideen", schreibt der amerikanische Mathematiker und Philosoph A.N. Whitehead in *Adventures of Ideas* (1933), „ist es notwendig, sich zu vergegenwärtigen, dass eine Betonung nüchterner Klarheit einem sentimentalen Gefühl entspringt, das verwickelte Tatsachen mit seinem Schleier verhüllt. Das Beharren auf Klarheit um jeden Preis beruht auf Vorstellungen von der Funktionsweise des menschlichen Verstandes, die nichts als purer Aberglaube sind. Unser Denken klammert sich an Strohhalme, die wir Prämissen, und an Spinnfäden, die wir Schlussfolgerungen nennen".

Die ungegenständliche Kunst, die nichts „bedeuten" will, bildet einen Gegenpol zur symbolischen Kunst, die etwas „bedeutet". Sie betrachtet sich als Befreiung, nämlich als Befreiung vom Herkömmlichen. Der Mailänder Futurist Marinetti hatte dieses Herkömmliche mit der „andauernden elterlichen Bevormundung" verglichen, die den Schwung lähme. Und: „Die bewundernswürdige Vergangenheit ist vielleicht ein Balsam für die Wunden jener, denen die Zukunft versagt ist".

INHALTE

Wladyslaw Garnik:
„Das letzte Abendmahl",
1999. 210 x 100 x 25 cm.

Inhalt meint gewöhnlich das in einer Form Enthaltene. In der Keramik bedeutet Inhalt seit geraumer Zeit mehr. Dieses Mehr kam durch das Kunstverständnis, Kunstbedürfnis, Kunstbestreben in die Keramik. Jetzt wird sie nicht nur als gestaltete Form gesehen, sondern auch in ihrem auf das Geistige und Seelische gerichteten Ideen- und Stimmungsgehalt. Hier soll aber nicht von diesem Gehalt die Rede sein, sondern vom gegenständlichen Forminhalt, der einer Keramik zuerkannt wird. Er ist im Objekt allein schon als Eigenschaft von Material, Form, Dimension enthalten – als „Botschaft", die unabhängig vom Kunststreben vermittelt wird.

Da ist zunächst der Inhalt, der aus der Darstellung ersichtlich wird. Man würde meinen, dass sich das von selber verstünde, weil man Elemente in ihrer objektiven Ähnlichkeit wiedererkennt. Das Erkennen ist aber von der kulturellen Tradition bestimmt, also nicht objektiv.

Dazu kommt noch ein Inhalt, der erst erkennbar wird, wenn der Künstler sein Werk benennt.

Eine andere Art von Inhalt ergibt sich für den außenstehenden Betrachter allein schon aus der Tatsache, dass es Keramik ist. Ton war immer ein volkstümliches, kein elitäres Medium. Die Töpferei ist in vielen Gesellschaften den Frauen vorbehalten. Und Keramik hat etwas von der Sehnsucht nach der Welt vor der industriellen Revolution an sich. „Das Medium ist die Botschaft", „The Medium is the Message", nannte McLuhan eines seiner Bücher. Das Medium Terrakotta hat eine ganz andere Botschaft als das Medium Porzellan.

Man denke des weiteren auch an die formale Bedeutung der Größe. Wie in der Natur Meer, Himmel, Berge und Wüste von ehrfurchtgebietender Größe sind, so wurden im Neuen Reich in Ägypten auch die Pharaonen überlebensgroß dargestellt. Der Keramiker kennt diese inhaltliche Unterscheidung: das Kleine ist intim, privat, das Große ist imponierend, öffentlich. Größe ist auch eine technische Herausforderung. Der Keramiker mit dem kleinen Ofen ist von Keramik im öffentlichen Raum ausgeschlossen. Die Gesellschaft wird mehr durch große Institutionen als durch Privatleute beherrscht usw.. Größe verlangt nach einem großen Rahmen. Größe ist ein Inhalt. Und noch etwas anderes schlummert in jedem Keramiker: das besondere Verhältnis der Keramik zur Ewigkeit. Ewigkeit versteht sich hier als Überleben für die Nachwelt. Etwas von der Seele des Keramikers wird unsterblich. Diese Auffassung stützt sich auf die Scherbenfunde aus alter Zeit, sie hat aber auch etwas von dem rituellen Gebrauch der Tongefäße im Neolithikum in sich. Vielleicht spielt das alles bei der Bewertung der soliden Arbeit im Handwerk mit, während das Kunstwerk aus Lehm schon nach einigen Tagen zerfiel und durch ein neues ersetzt werden musste.

Alle diese Inhalte sind konkret durch Form und Material bedingt und doch metaphysisch. Anders bei der Kommerzialisierung, die dem Warenfetischismus unterliegt. Das Objekt im Netzwerk des Marketing will gekauft werden. Es muss sich der Herausforderung des Geschäfts stellen und ordnet sich der Verkaufsabsicht unter, bietet sich dem Käufer an.

Wieder anders ist jener Inhalt, der aus dem Verhältnis eines Werkes zur Kunstgeschichte erwächst. Oft äußert er sich im Gebrauch von Anspielungen und Zitaten, um eine besondere Beziehung mit irgendeinem anderen Werk zu stiften. Beispiele sind die Arbeiten nach japanischen Vorbildern. Man könnte sie auffassen als Kommentare zur Endzeit der westlichen Tradition, indem eine alternative ästhetische Tradition jenseits davon nahegelegt wird.

Kathi Müller-B: Der in das Gefäß hineininterpretierte Inhalt erhöht es, macht es aber für den Gebrauch untüchtig.

DAS MOTIV

Die doppelte Bedeutung eines Motivs zeigt sich darin, dass es in einer Handlung als Motivation wirksam sein kann, und andererseits kann es der Gegenstand der Darstellung sein. Wie hat sich dieser Gegenstand (das Thema, der Stoff) gewandelt? Es scheint, dass die Auflehnung gegen die Kontinuität stilistischer Entwicklung und die Absicht, der Kunst eine völlig neue Richtung zu geben, ein junges Jahrhundert kennzeichnet; die Zeitflucht und die Einsamkeit, das Aufgehen im All hingegen charakteristisch für ein zu Ende gehendes Jahrhundert sind. Wenn so viele Motive ineinander übergehen und in dieser oder jener Weise sich auf das Individuum beziehen, muss man sich da nicht fragen, ob das Motiv nicht ein Schlüssel zum Verständnis der Epoche ist?

Kerstin Abraham: „Gelbes Haus mit Camera obscura", 1993. In diesem Stillleben lassen sich über das Sichtbare hinausgehende Inhalte erkennen. Das Architekturmotiv, wie es einem hier entgegentritt, hat etwas von der neuen Einsamkeit an sich. Das Gebäude blockt seine Insassen gegen die Außenwelt ab, nur die Lochkamera vermag ein (verkehrtes) Bild dieser Welt zu vermitteln.

DER VITALE ELAN

Der französische Maler, Industriezeichner und Weinhändler Jean Dubuffet schlug 1945 vor, unter der Bezeichnung „Art Brut" die „Werke aller Kunstarten, Zeichnungen, Gemälde, Stickereien, modellierte oder "skulpierte" Figuren und so fort zusammenzufassen, die spontan und erfindungsreich sind, so wenig wie möglich in das herkömmliche Schema von Kunst oder Kultur passen und von unbekannten, nicht aus den professionellen Kunstkreisen stammenden Leuten gemacht sind". Und unter der Überschrift „L'Art Brut préféré aux arts culturels" erläuterte er seinen Vorschlag: „Darunter verstehen wir Werke von Leuten, die keinen Schaden an der Kulturkunst genommen haben, und für die die Mimetik im Gegensatz zu den Intellektuellen nur eine geringe oder gar keine Rolle spielt, so dass sie alles (Sujets, Materialien, Techniken, Stil) aus sich selbst schöpfen und nicht aus den Schablonen der klassischen oder gerade aktuellen Kunst. Wir erleben nun den reinen, rohen, künstlerischen Akt in allen seinen Phasen vom eigenen Impuls des Urhebers aus. Eine Kunst also, in der nur die Erfindung wichtig ist und nicht, wie ständig in der etablierten Kunst, das Chamäleon oder der Affe".

Dubuffet brach auch eine Lanze für die Amateure: „Es gibt keine großen Männer mehr, keine Genies. Endlich sind wir diese Puppen los – sie waren eine Erfindung der Griechen, wie die Kentauren und Greifen. Es gibt nicht mehr Genies als Einhörner. Wir hatten dreitausend Jahre lang Angst vor ihnen".

Was dem naturorientierten Keramiker wie aus der Seele gesprochen klingt, ist nicht ohne Kritik geblieben: So meinte Michel Thévoz, „Art Brut" sage eigentlich nichts aus. Es sei die Bezeichnung für etwas, was sich nicht definieren ließe – eine Fülle herkunftsloser Eigenheiten und Ausdrucksformen."

Katharina von Werz:
„Sitzende mit Kind", 1999.
H. 23 cm.
Foto George Meister.

Literatur

Gilles Néret: „Avantgarde." Malerei und Plastik 1945-75." München: Hirmer 1988.

Britta Martensen-Larsen: „Primitive Kunst als Inspirationsquelle der „Brücke"." HAFNIA, Copenhagen, Nr.7, 1980.

Man hat das, wogegen sich Art Brut wendet, auch als „kulturelle Kolonisierung" bezeichnet, als Bevormundung durch konventionelle Auffassungen. Dubuffets Antwort darauf ist sehr hübsch zu lesen: „Die wahre Kunst", sagt er, „ist immer da, wo man sie nicht erwartet. Da, wo niemand an sie denkt oder sie erwähnt. Die Kunst will nicht erkannt und namentlich begrüßt werden. Sie entzieht sich sofort. Die Kunst ist auf ihr Inkognito versessen. Sobald man dieses enthüllt und mit dem Finger auf sie zeigt, flüchtet sie und hinterlässt an ihrer Stelle eine lorbeerbekränzte Gestalt, die ein Schild mit der Aufschrift KUNST auf dem Rücken trägt; alle Welt besprengt sie sogleich mit Champagner, und die Vortragsredner führen sie an einem Nasenring von Stadt zu Stadt. Das ist die falsche Frau KUNST. Sie ist beim Publikum bekannt, da sie ja den Lorbeer und das Schild trägt. Bei der echten Frau KUNST besteht keine Gefahr, dass sie sich mit Schildern umgibt. Also erkennt sie niemand. Sie streift überall herum, jedermann ist ihr schon begegnet und rempelt sie täglich zwanzigmal an allen Straßenecken an, doch kommt keiner auf die Idee, dass es Frau KUNST sein könnte, von der so viel Gutes erzählt wird. Weil sie nicht so aussieht. Sie verstehen, die falsche Frau KUNST sieht wie die richtige aus, und der richtigen sieht man es nicht an. Doch darin täuscht man sich. Viele täuschen sich".

Für den Keramiker verbindet sich die Besinnung auf den elementaren Ausdruck der Natur, mit der er es zu tun hat, mit der „Erinnerung" an die Anfänge. Beim Gang durch die Kulturen auf der Suche nach einer Antwort auf die Frage nach der menschlichen Existenz stößt er irgendwann auf die frühesten Zeichen menschlichen Gestaltens. Und er vermutet hinter dem Geheimnis ihrer Bedeutung den Schlüssel für das Begreifen der Wirklichkeit.

Anfang des 20. Jahrhunderts begannen Künstler, nach neuen Inspirationsquellen zu suchen. Sie in-

Linke Seite:
Peter Kobbe:
„Azurquetscher II",
H. 43 cm.

Robert Sturm: „Spuren, die
ein innerer Kern in aufrech-
ter Haltung übersteht", 1984.
H. 52 cm.

teressierten sich für die Kunst Afrikas und Ozeaniens
und sammelten Gegenstände von dort. Das sei um
keinen Preis so zu verstehen, sagte Hermann Obrist,
einer der führenden Kunsthandwerker der Jugendstil-
bewegung, „dass wir uns diese Stile zu eigen machen
sollten. Nein, sondern nur so sollten wir schaffen,
wie sie schufen, unbewusst, wahr, einfach wie es ihnen natürlich kam, ohne tausend Anregungen und
Ablenkungen." Die „Brücke"-Künstler der frühen
Dresdner Jahre interessierten sich ebenso wie Kandinsky und Klee von den „Blauen Reitern" für die primitive Kunst. Paul Klee war es auch, der Dubuffets
idolhaft gemeinte Gestalten und seine Vorstellungen
von dumpfen Erdkräften beeinflusste. Es hat damals,
um 1910, in der Zeit gelegen. In den Sechzigerjahren
zeigte sich in Italien eine gleichgesinnte Strömung
gegen den verfeinerten Kunstgenuss. Der italienische
Kritiker Germano Celant nannte sie 1966 „Arte Povera"
und meinte damit die Werke jener Künstler, die sich
im Kult der Armseligkeit der Mittel trafen. Das war
auch wieder keine festumrissene Definition. Deshalb
sprach man von italienischen Kulturnomaden.
Die Suche nach dem Ursprünglichen, die mit einem
Aufstand gegen die Normen einhergeht, ist nicht
mit diesen historischen Beispielen abgetan. Vielleicht wirkt eine unausrottbare, unbewusste Erinnerung in uns nach. Vielleicht auch ist der Wunsch nach
einer Harmonie zwischen Kunst und Gesellschaft der
Vater der Erinnerung – die Sehnsucht nach Rückge-
winnung einer in der Gesellschaft verhafteten Kunst.

„Die Idee läßt sich nur symbolisch ausdrücken; sie ist deshalb auch
vieldeutig. Das ist der Spielraum. Das Fragmentarische ist für mich
ein Zeichen für die Gebrochenheit der Welt. Der Umgang mit dem
Fragment kann aber auch als Urtrieb der Gestaltung verstanden
werden." (**Robert Sturm**, 1973)

DIE POSTMODERNE ODER „WENN DU MICH LANGWEILST, WIRST DU STERBEN"

Die Geschichte erzählt von einem König von Samarkand, der von seiner Frau betrogen wurde und den Glauben an die Treue der Frauen verlor. Er heiratet jede Nacht eine neue und ließ sie am Morgen töten. Die schlaue Scheherezade fesselt ihn durch ihre Erzählungen. Aber: „Wenn Du mich langweilst, wirst Du sterben!" Sie spinnt ihre Erzählungen 1001 Nächte lang fort und rettet damit ihr Leben. Die Geschichte der Moderne dauert nun schon ein Jahrhundert an. Und die Postmoderne wird noch draufgesetzt … 1001 Nächte lang. Die Postmoderne als Epoche versteht sich als Überwindung der Moderne als Epoche (also nicht der Modernität) und geht davon aus, dass die Moderne alt geworden ist, sich verbraucht hat und dass die Gegenwart neu überdacht werden muss.

Den Begriff „Postmodernismus" prägte der amerikanische Architekturtheoretiker C. Jencks 1976. Seine Definition trifft auf das zu, worum es hier geht: dem Diktat des Funktionalismus und des Rationalimus durch spielerischen Umgang mit Formen und Stilmixturen zu entgehen. Also kein neuer Stil, sondern eine neue Auffassung – eine neue Theorie. Und einer ihrer Grundsätze lautet: „Wann immer das, was du tust, nicht funktioniert, dann tu etwas anderes." Die Postmoderne hat es schwer deshalb, weil sich die Moderne als das schlechthin Neue definiert hat, als sei sie ewig neu. Und das lässt uns Partei für die Postmoderne ergreifen, sobald wir sehen, mit welchen Ideen des kritischen Rationalimus wir es zu tun haben. Die Postmoderne bedeutet nämlich eine neu orientierte schöpferische Freiheit, die die Kunst mit der Tradition versöhnt. Sie stellt sich nicht gegen die Modernität, denn diese gibt es in jeder Epoche als „Naturrecht der Gegenwart über die Vergangenheit" (Roland Barthes).

Literatur

Peter Koslowski, (Hrsg.): „Moderne oder Postmoderne? Zur Signatur des gegenwärtigen Zeitalters". Weinheim: Acta Humaniore, VCH, 1986.

J.-F. Lyotard: „La condition postmoderne. Rapport sur le savoir". Paris: Minuit, 1979.

D. und D. Maedows: „Die Grenzen des Wachstums – ein Bericht des Club of Rome zur Lage der Menschheit". Stuttgart: DVA, 1972.

F. Hirsch: „Die sozialen Grenzen des Wachstums". Hamburg: Rowohlt 1980 (Orginal; Cambridge, Mass., Harvard University Press 1976).

Piet Stockmans: „Erinnerung". Die Vergangenheit wird von der Gegenwart zu einer Masse aus winzigen Bruchstücken zerdrückt, 1995. Eingangshalle des Stedelijk Museums in Hasselt.

Wir fühlen uns von diesen Problemen nicht sonderlich angesprochen. Sie scheinen uns zu abgehoben. Und dennoch sehen wir, dass sich die Keramik, indem sie zur Kunst strebt, vom Funktionalismus wegbewegt, wobei immer mehr die Idee die Gestalt bestimmt. Gerade das wird als ein Kennzeichen der Postmoderne angesehen, jedoch in einer kritischen Sicht. Selbst dort, wo es um den häuslichen Gegenstand geht, kann sich die Idee mit der Funktion vereinen, die Kunst mit der Tradition.

DIE DREITEILUNG DER GESCHICHTE

Es hat sich so ergeben, dass man die Epochen der Zeitläufe im nachhinein in drei Schritte einteilte: in die Steinzeit, Bronzezeit und Eisenzeit. Die Eisenzeit beginnt in Griechenland schon um 1100 v.Chr. und endet in Nordeuropa erst in der Wikingerzeit im 11. Jh.n.Chr. Eine zweite Dreiteilung – in Altertum, Mittelalter und Neuzeit – beginnt mit der geschichtlichen Überlieferung, das heißt, sie geht weit in die Bronzezeit, ins 7. Jt.v.Chr., zurück. Eine dritte Dreiteilung, die alle diese Epochen und die Gegenwart erfassen sollte, hat Hegel vorgeschlagen: das Reich des Vaters, das Reich des Sohnes und das Reich des Geistes. Allgemein wird die Dreiteilung in Altertum, Mittelalter und Neuzeit akzeptiert, aber sie ist durch die Postmoderne bedenklich geworden: Ist die Neuzeit auf ewig eine neue Zeit? Gibt es nichts Viertes? Gewiss, es wird immer eine neue Zeit, das Heute, geben, aber taugt diese Bezeichnung zur gerechten Einteilung der Epochen? Ebenso verhält es sich mit der Moderne. Es wird immer Modernes geben. Kann aber „die Moderne" als letztes Stadium der Neuzeit angesehen werden? Die Postmoderne wendet sich gegen diese abschließende Sicht, die suggeriert, dass die Entwicklung an ihrem Endpunkt angekommen sei. So wie die „Neuzeit" aus der Befangenheit der

Menschen in ihrer Gegenwart formuliert wurde, so steht auch jetzt eine Überlegung bereit, die sich zur Einteilung aus heutiger Sicht anbietet. Es ist die Dreiteilung nach den drei Hauptsätzen der Thermodynamik, indem man deren physikalische Erfahrungen auf das Leben überträgt. Danach würde die Moderne noch dem Prinzip der Erhaltung der Energie, in der philosophischen Übertragung der Selbsterhaltung des Subjekts, zugerechnet werden, also dem ersten Hauptsatz, die Postmoderne bereits dem zweiten. Dieser enthält nämlich die Erkenntnis von den Grenzen des Wachstums.

Die Ansicht, dass wir uns am Beginn einer Epoche sehen können, in der das Bewusstsein von den Grenzen des Wachstums bestimmt wird, steht auch insofern mit der Kritik an der Moderne im Zusammenhang, als ihr von der Postmoderne vorgeworfen wird, dass sie in ihrer hohen Umlaufgeschwindigkeit keine Zeit mehr habe, Einmaliges, Reifes hervorzubringen. Sie drehe sich im Kreis, es kehre stets das Gleiche wieder. Das könne doch nicht die endgültige Lösung sein. Die Postmoderne besteht vielmehr darauf, dass alles vorläufig ist und endlich, und dass der Mensch sein Maß wiederfinden muss.

Die Umweltprobleme haben uns gelehrt, dass in den Grenzen des Wachstums auch die Freiheit ihre Grenzen hat. Und so auch die Subjektivität. Die keramische Produktion, in der sich die Subjektivität betätigt, gerät immer mehr in die Verantwortung für die Welt der Kultur- und Konsumsphäre. Das ist nichts Neues, wird mancher sagen. In der Tat schwingt das Pendel in einem gewissen Sinne wieder zurück zur Einheit der Lebens-, Arbeits- und Kulturwelt.

Die Situation wäre die gleiche wie früher, hätte die Moderne nicht inhaltliche Errungenschaften mit sich gebracht, die es verdienen, bewahrt zu werden. Diese Errungenschaften sind echte Gehalte humaner Selbstverwirklichung.

Die Hauptsätze der Thermodynamik: Descartes vertrat die Ansicht, dass Körper und Seele, da sie beide im Menschen vereinigt sind, sich wechselseitig beeinflussen. Er stellte den Satz der Konstanz der Bewegungskräfte im Universum auf und wurde so zum Vorläufer der Erkenntnis der Erhaltungssätze, wie sie im 1. Hauptsatz der Thermodynamik formuliert sind.

Der 2. Hauptsatz der Thermodynamik besagt, dass nicht alle Energie in Arbeit umgewandelt werden könne, sondern dass der übrige Teil als „Entropie" zurückbleibt. „Entropie" (vom griech. entrepein = umkehren) ist das Maß der Unordnung. In einem System ohne Unordnung bestünde kein Anlass zu einer Veränderung. Eine Welt ohne Veränderung wäre der Erstarrungstod. Auf der anderen Seite wäre die Welt auch tot am Ende der Veränderungen („Wärmetod"). Physikalisch gilt das nur für geschlossene Systeme, wenn man also – in der Übertragung – die Welt oder die Gesellschaft als ein solches geschlossenes System ansieht. Dann nämlich ergeben sich für den Zustand zwischen den beiden Toden die sozial wirksamen Grenzen des Wachstums. In unabsehbar ferner Zukunft könnte es dann wieder weg vom Wärmetod in Richtung Erstarrung gehen.

Leopold Foulem:
„Schale mit Alligatoren",
1998. Keramik und Fund-
stück. 14,7 x 13,5 x 10,5 cm.

Die Ideen, die die Postmoderne begleiten, wecken Erwartungen, die auf Versöhnung und Ausgleich hinauslaufen: Versöhnung des Rationalen mit dem Irrationalen, des Klassischen mit dem Romantischen, der Materie mit der Idee in einer ähnlichen Wechselwirkung, wie sie Descartes im 17. Jahrhundert vertrat. Aber man soll sich nicht zu früh in einem neuen Goldenen Zeitalter wähnen. Wo Gegensätze sich ausgleichen, kommen neue hervor.

Aus dem Gesagten ist zu schließen, dass es auch in der Keramik eine Postmoderne gibt. Schon in der „Moderne" zeigte es sich, dass die individuelle Veranlagung viel mehr als in früheren Zeiten den individuellen Stil prägt. Man könnte auch darin eine Wiederkehr von etwas schon einmal Dagewesenem, nämlich des Historismus, sehen, indem sich jeder das heraussuchen kann, was ihm liegt, während die vorausgegangenen strengen Zeitstile ihre jeweiligen Epochen – wie in der Jungsteinzeit die Leitfossilien – kennzeichneten.

In dieser Interpretation, die sich auf die individuelle Veranlagung stützt, verbirgt sich als Voraussetzung die Zunahme der Freiheit und mit ihr der Wahlmöglichkeiten, zugleich auch das als neue Ethik auftauchende Bewusstsein von den Grenzen der Freiheit, der Subjektivität und des Wachstums. Unsere Subjektivität, die Insel des für uns Erträglichen, unterliegt der Entdeckung im Zeitalter des Massentourismus.

Nichts ist zu Ende. Was irgendwann einmal begonnen hat, kann fortdauern – dominant oder rezessiv. Zwischen Werden und Vergehen liegen die Veränderungen. Das Heute ist immer die Summe aller Widersprüche. Jede Persönlichkeit ist bis zu einem gewissen Grade unpersönlich. Es gibt kein Zurück oder Seitwärts auf der Leiter der Evolution. Nur ein Vorwärts. Auf diesem Planeten ein Mensch zu sein, heißt ein Teil einer Lawine zu sein, d.h. dass ich an allem teilhabe, ob ich es verabscheue oder nicht.

KONZEPTKUNST:
NUR DIE EMPFINDUNG ZÄHLT

Konzeptkunst ist Ideenkunst. Sie tritt mit dem Anspruch auf, den schöpferischen Denkprozess des Betrachters anzuregen. Es geht um Wirklichkeitsbezüge,
und insofern hat sie häufig auch etwas mit der Natur
zu tun. „Was zählt, ist die Empfindung", heißt es bei
einem dieser Konzeptkünstler, „...aber es ist dumm,
wenn andere es von mir kaufen wollen." Damit sprach
er aus, was als Absicht hinter der Konzeptkunst steht,
dass sie nämlich dagegen revoltiert, dass Kunst in
unserer kommerzialisierten Welt zur Ware wird. Selbst-
brennende keramische Bauten in der Landschaft, die
nur auf das Erleben gerichtet sind.

Nina Holes Feuertor
dient nur einem
„Selffiring"-Ereignis. H. 3,6 m.

DIE LYRISCHE ABSTRAKTION
ODER DAS GEPLANTE WOLLEN

„Es ist das Subjekt des Willens, d.h. das eigene Wollen, was das Bewusstsein ... erfüllt, oft als ein entbundenes, befriedigtes Wollen". (**Schopenhauer**: Die Welt als Wille und Vorstellung 1, S.295)

Nichts mehr von Surrealismus oder Informel, nichts mehr von Einstein oder Freud. Die lyrische Abstraktion scheint dem Töpfer geradezu angeboren zu sein, denn das geplante Herangehen an das Werk, um das es hier geht, ist mit der Tradition verbunden, und ihre moderne Form ist eine Art ihres Umgangs mit der Tradition.

Was sind die Kennzeichen dieser lyrischen Abstraktion? Vorbedachte Muster, Kompositionen, aus Skizzen hervorgegangene, farbharmonische keramische Darstellungen einer Idee, die immer noch traditionellen Kompositionsregeln folgen.

Der Bezeichnung „lyrisch" liegt eine bestimmte Art der Selbstaussage zu Grunde. Lyrik meint eine Stimmung oder Empfindung. Sie wird oft mit der Musik in Verbindung gebracht, die eine gewisse Gemütsbereitschaft voraussetzt oder erzeugt.

Abstraktion ist hier nicht als Stilisierung gemeint, sondern als eine unaufdringliche Darstellung, die die Form organisiert und der optischen Kunst (Op Art) verwandt ist. Diese Abstraktion trägt häufig konstruktivistische Züge. Sie benutzt zur Dekoration gern die "Schlangenlinie", die – wie Schiller sagte – „darum die schönste ist, weil sie sinnlich vollkommen ist. Sie ist eine Linie, die ihre Richtung immer abändert (Mannigfaltigkeit) und immer wieder zu derselben Richtung zurückkehrt (Einheit)" (Brief an Körner vom 23. Februar 1793). In der Mathematik und Musik wird eine Wellenbewegung oder periodische Sinusschwingung als „harmonisch" bezeichnet. Dieses berechenbare Harmonische ist es, was unserer Vorstellung vom befriedigten, geplanten Wollen gefühlsmäßig sehr nahe kommt.

Was wir am Anfang verlassen, das erwartet uns, verwandelt, am Ende wieder. Verwandlung und Identität sind in gewissem Sinne das gleiche: Es wieder-

Karin Zander: Kruke, 1992.
H. 33 cm.

holt sich und ist nie dasselbe. Im übertragenen Sinn ist darin etwas zu finden, was für die Keramik eigentümlich ist: dass nämlich die Form neue Formen produziert. Der Töpfer wird zum Künstler als Reproduzent von Formen, indem er die von ihm produzierten Formen kritisiert. Es ist die sich selbst korrigierende Produktivität, die Wiederholung, die Zirkulation von Ideen und Formen, die zu einem instinktsicheren Formgefühl führt. Die Gegenstände verlassen den Bannkreis des Übernatürlichen und geraten in den Bereich der ästhetischen Planung, die in einen Sinn mündet.

DIE GEOMETRIE DER FORM

Der Keramiker folgt seinem Formgefühl. Er empfindet die Form als Ganzheit – und doch setzt sie sich aus einer Folge einfacher Elemente zusammen. Das ist ein willkommener Anlass für Konstruktivisten, mit den Elementen zu spielen, sie zu variieren und auf diese Weise Neues zustande zu bringen.

Wenn sich heute jemand ganz persönlich für die Geometrie entscheidet, so schließt er sich keiner Welle der Gegenwartskunst an, sondern folgt eher seiner Neigung zu Strenge und Disziplin, die dem Künstler mehr Mühe abverlangt als das Waltenlassen der Natur und des Zufalls. Geometrie hält sich auch vom politischen Geschehen fern.

Mathematisch berechnete Form, „Kummerfläche mit vier reellen Doppelpunkten".

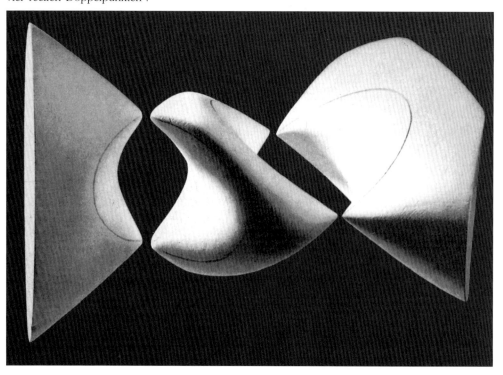

Die persönliche Neigung, mit der alles beginnt, lässt Max Frisch seinen Don Juan (in dem Theaterstück „Don Juan oder die Liebe zur Geometrie") erklären: „Hast du es nie erlebt, das nüchterne Staunen vor einem Wissen das stimmt? ... Ich sehne mich nach dem Lauteren, mein Freund, nach dem Nüchternen, nach dem Genauen; mir graust vor dem Sumpf unserer Stimmungen. Vor einem Kreis oder einem Dreieck habe ich mich noch nie geschämt, nie geekelt. Weißt du, was ein Dreieck ist? Unentrinnbar wie ein Schicksal: es gibt nur eine einzige Figur aus den drei Teilen, die du hast, und die Hoffnung, das Scheinbare unabsehbarer Möglichkeiten, was unser Herz so oft verwirrt, zerfällt wie ein Wahn vor diesen drei Strichen. So und nicht anders! sagt die Geometrie. So und nicht irgendwie! Da hilft kein Schwindel und keine Stimmung, es gibt eine einzige Figur, die sich mit ihrem Namen deckt. Ist das nicht schön?"

In der Entwicklung der Kunstäußerungen hat sich aus dem Konstruktivismus der Begriff der „Struktur" herausgebildet, der den bisherigen Begriff der „Komposition" verfeinert. So sind wir jetzt beim Strukturalismus als dem bisher letzten Stadium des rationalen Stranges der künstlerischen Stilvariationen angelangt. Er verweigert die traditionelle Ableitung von der Natur und setzt ihr die Auffassung entgegen, dass die Umwelt sich nach bestimmten Regeln aus Elementen zusammensetzt. Durch Erforschung dieser Regeln und Elemente soll die Kunst ein soziales Anliegen erfüllen: Sie soll nicht mehr die Botschaft eines Individuums an ein anderes Individuum sein, sondern sich an die Gesellschaft insgesamt richten.

Aber die Kommunikation ist dadurch kompliziert, dass der Betrachter die Botschaft auf zweierlei Art aufnimmt: einmal in der Form einer durch Worte erklärbaren Verständlichkeit (semantisch) und zum anderen durch eine gefühlsmäßige Reaktion auf Abweichungen von der Norm (sensorisch). Die Normen aber sind im Fluss, und zwar in der Weise, dass sich

Literatur

Banchoff, T.: „Differential Geometry and Computer Graphics." In: Perspectives in Mathematics, Basel: Birkhäuser 1984.

Fischer, G. (Hrsg.): „Mathematische Modelle." Braunschweig/Wiesbaden: Vieweg, 1986.

234

ihr Neuheitswert erschöpft. Das Kunstwerk verliert durch Massenverbreitung mit Hilfe der modernen Informationstechnologien an Originalität. Die Kunst hat die Aufgabe, den Verlust an Originalität durch Neuheitswerte immer wieder zu kompensieren. Dem Gestalter bieten sich durch Vertauschen und Umstellen der Elemente spielerische Möglichkeiten zur Erfüllung dieses Bedürfnisses. Sich anzustrengen sieht man aber als veraltet an. Man setzt den Computer ein, um mit den Elementen zu spielen. Durch ihn kann man eine riesige Zahl von Kombinationen beherrschen. So auch in der Formenentwicklung. Mathematiker haben schon seit dem 19. Jahrhundert die vielflächigen geometrischen Formen, „die sich zu Kugeln deformieren lassen", untersucht. Es sind Formen von hoher Originalität, wobei sich diese als Unvorhersehbarkeit definiert. Sie ist das Gegenteil von Banalität.

Kyra Spieker: „Akkumulation /06", 1999, 20 x 20 x 20 cm.

Linke Seite:
Barbara Reisinger:
„Box", 1994. H. 25 cm.

235

KUBISMUS:
DER REINE KUNSTGEGENSTAND

Hatte nicht die Physik den Aufbau der Materie aus kleinsten Elementen neu entdeckt, hatte nicht Einsteins Theorie dazu geführt, dass nun alles relativiert wurde? Der Verstand hatte einen Sieg errungen, und die Kunst folgte dem Verstand.

Soviel Verstand muss zwangsläufig mit dem Gefühl in Widerstreit geraten. Und seitdem nun alles relativ ist, ist auch die Auffassung von dem, was Kunst ist, umstritten. Georges Braque zum Beispiel beschrieb den Aufstieg eines Gegenstandes zum Kunstwerk folgendermaßen: „Ich versuche zu erreichen, dass ein Gegenstand seine übliche Funktion aufgibt. Ich greife ihn erst auf, wenn er zu nichts weiter taugt, als es alter Kram in dem Augenblick tut, wo sein relativer Nutzen aufhört. Erst dann wird er Gegenstand eines Kunstwerks und gewinnt die Eigenschaft der Allgemeingültigkeit". „Kubismus", sagte er, „ist eine Kunst, die sich vor allem mit der Form beschäftigt, und wenn eine Form realisiert wurde, ist sie da und lebt ihr eigenes Leben. Eine mineralische Substanz, die geometrisch geformt ist, hat nichts Vergängliches; sie bleibt, was sie ist und wird ihre Form immer bewahren."

Überspitzter Höhepunkt des fortschrittsgläubigen Rationalismus war der Futurismus, der (im Manifest Marinettis von 1914) dem „Chaos der Sensibilität" die präzise Schönheit des Geometrisch - Mechanischen gegenüberstellte. Grund genug für die Gegenbewegung der „reinen Empfindung" des Kasimir Malewitsch, der zu einer eigenen Beziehung zur Natur fand: „In der Gegenstandslosigkeit ist das wirkliche Leben zu finden". Aber trotz seines Bekenntnisses zur Empfindung heißt es in seinem Manifest des Suprematismus von 1922: „Das Leben muss gereinigt werden von dem Gerümpel der Vergangenheit!"

Anders als die „konkrete" Aufmüpfigkeit ist die Abstraktion als disziplinierte Zurückhaltung ein Ergebnis der Reifung. Zu dieser abstrakten Kunst heißt es im ersten Stijl-Manifest: „Das alte (Zeitbewusstsein) richtete sich auf das Individuelle. Das neue richtet sich auf das Universelle." Individualismus wird mit Willkür gleichgesetzt, Tradition als hinderlich angesehen: „Der Künstler der Vergangenheit dachte zu sehr in Scheinwerten" (J.J.P. Oud).

Die Generation, die die Vergangenheit verachtete, ist inzwischen selber Vergangenheit. Aber wir gehen mit ihr anders um; uns fehlt der Hass, der auch ein Impuls der Kreativität sein kann. Das Neue, das da um 1910 in der Kunst auftauchte, wird trotz seines schicksalhaften Auf und Ab eine Facette der Kunst bleiben. Und der Vorwurf, die Keramik hinke den Ismen hinterher, ist unberechtigt, denn es handelt sich um Grundstimmungen, die immer wiederkehren. Nichts, was heute einer tut, ist als veraltet abzutun.

Dem menschlichen Wesen entsprechend gab und gibt es in der ungegenständlichen Kunst eine geometrische, mehr zur Rationalität und Konstruktion neigende, wie bei Inke Lerch-Brodersen (oben), und eine organische, mehr zur Empfindung neigende Richtung – wie bei Ruth Duckworth (unten).

KONSTRUKTIVISMUS:
DER KLASSENLOSE FORTSCHRITT

Ideale Ideen im materialistischen Zeitalter wollten die künstlerische Kreativität mit der industriellen Produktivität in Einklang bringen. Die Kunst sollte nicht mehr durch Geistigkeit privilegiert sein, sondern sich „für alle" über die Klassenschranken hinweg verbreiten. Das Bauhaus versuchte es, und namhafte Künstler mit unterschiedlichen Auffassungen beteiligten sich an der Verwirklichung dieses Ideals. Diese Bestrebungen waren rational und technikfreundlich. Sie förderten das Eindringen der Technik in die Kunst und deren Berechenbarkeit. „Wir verlassen uns nicht länger auf das Auge", sagte der „Ingenieurkünstler" Wladimir Tatlin, „wir bringen unsere Sinneseindrücke unter Kontrolle".

Als im Bauhaus „Kunst und Technik eine neue Einheit" wurden, sollte Kunst eine Angelegenheit der geschickten rechten Hand und der linken Gehirnhälfte sein. Der Konstruktivismus, der in der Atmosphäre des Mutterhauses verfochten wurde, war für die ausgegrenzte Dornburger Töpferwerkstatt nicht die eigene, begeistert vorgetragene Erfindung aus Fleisch und Blut, sondern er war als etwas Akademisches angenommen; die Ideen sanken nahe an den Gefrierpunkt.

Was davon geblieben ist, das ist einerseits die Kunst im Experimentierfeld der Technologie, andererseits das Design als selbständige Kunstsparte, und schließlich als ein nicht zu verkennendes Erbe des Bauhauses die humane Verantwortung des Produktgestalters. Diese folgte der Handwerksethik auf das Terrain der Industrie.

Das Produktdesign geriet immer mehr in den Modenstreit und in den Konflikt zwischen menschengerechter und marktgerechter Gestaltung. So finden wir heute ein „freies" Design neben einem Industriedesign, das sozio-psychologischen Überlegungen

„Der Konstruktivismus beweist, dass die Grenze zwischen Mathematik und Kunst, zwischen einem Kunstwerk und einer Erfindung der Technik nicht feststellbar ist".
(*El Lissitzky* und *Hans Arp* in: Die Kunst-Ismen, 1914-1924.)

Linke Seite:
Jon Miles Middlemiss:
„Symbol Vessel"
31,3 x 16,5 x 11,3 cm

Mokkakanne des Bauhaus-
töpfers Otto Lindig, 1923.
Foto Bauhausarchiv

„Das Wesen der Grafik
verführt leicht und mit Recht
zur Abstraktion. Schemen-
und Märchenhaftigkeit des
imaginären Charakters ist
gegeben und äußert sich
zugleich mit großer Präzisi-
on. Je reiner die graphische
Arbeit, das heißt, je mehr
Gewicht auf die der graphischen Darstellung zugrunde
liegenden Formelemente
gelegt wird, desto man-
gelhafter die Rüstung zur
realistischen Darstellung
sichtbarer Dinge".
(**Paul Klee**: „Pädagogisches
Skizzenbuch", 1925.)

folgen muss, während das freie „Alternativdesign" sich
immer mehr als ein Teil der modernen Kunst versteht.
Aber damit wird das Ideal des Zusammengehens von
Kunst und Gesellschaft verlassen – aus der Einsicht,
dass die Kunst sich selbst aufgibt, wenn sie sich dem
politisch-ökonomischen System unterordnet. So ist
das freie Design nur noch die Kunst einer Randgrup-
pe, einer Minorität und Opposition.

Klarheit der Formen – ein Standpunkt, den auch der
Werkbund seit seiner Gründung 1907 vertritt – verbunden mit einer geometrisch vereinfachten Bemalung, war das Kennzeichen einer Reihe von konstruk-
tivistischen Spielarten der modernen Kunst. So hatte die Malerei von Piet Mondrian aus der holländi-
schen Stijl-Gruppe einen Einfluß auf die Keramik, und
El Lissitzkij, der wichtigste Theoretiker des Konstruktivismus, der mit dem Bauhaus (über Theo van
Doesburg) in Verbindung stand, führte die mit Lineal und Zirkel konstruierten Kompositionen ein, die
in der keramischen Dekoration immer wieder auftau-
chen und ein Kennzeichen des Niedergangs der Kreativität wurden. In den Niederlanden ist hingegen das
Reinheitsprinzip der klaren Formen, Linien und Farben hochgehalten worden und hat schließlich zur
Minimal Art geführt.

Auf der anderen Seite hat die technische Entwicklung mit ihrem experimentellen Charakter immer
mehr fremde Materialien, wie früher schon Wladimir
Tatlin, einbezogen und so die Materialgrenzen über-
schritten. Aber das künstlerische Experiment, das sich
auf das Material bezieht, ist auf gewisse Kenntnisse
angewiesen. Sie bringen neue Erfahrungen mit sich.

TÄUSCHENDE GEOMETRIE

Andersfarbigkeit und Form aneinanderstoßender geometrischer Flächen bieten so reiche und verlockende Möglichkeiten der Variation, dass sie in der Geschichte der Kunst und des Kunsthandwerks zu hohen Leistungen führten. Man kennt perfekte optische Täuschungen in der Malerei der Antike, Scheinarchitektur, illusionistische Mosaiken auf Fußböden, Wänden und Gewölben – das Trompe l'oeil, die Täuschung des Auges, dem als Wirklichkeit erscheint, was gar nicht wirklich ist.

Das Ornament wird aus geometrischen Elementen gebildet. Durch das Trapez oder durch das Parallelogramm mit ihren schrägen Seiten erhält man eine Dynamik, die das Auge trügerisch in den Raum, in die dritte Dimension, weist. Wenn der verunsicherte Betrachter sich auf das Spiel mit den Dimensionen einlässt, gelingt das Täuschungsmanöver. Der haptische und der optische Eindruck führen zu diametralen Ergebnissen, und darin besteht der Reiz dieser Gefäße.

Man kann die andersgefärbten Massen als Schlicker in ausgehobene Vertiefungen einbringen oder nach der Methode der Millefiori-Gläser in eine Form einlegen; man kann sie als Plättchen auf eine Grundform, das „Kernstück" – wie es bei den Intarsien heißt – aufkleben oder besser die farbigen Tonflächen feuchtplastisch auf den gebauten Grundkörper aufmodellieren.

Das Trompe l'oeil ist uns durch Sehgewohnheiten und Seherziehung bekannt und vertraut, sowohl in der Architektur, als auch in der Tafelbildmalerei. Plinius berichtet über den griechischen Maler Zeuxis aus dem 5. Jahrhundert v.Chr., der Trauben so trügerisch malte, dass die Vögel sie aufpicken wollten. Im phantastischen Realismus der Wiener Schule lebte das Trompe l'oeil wieder auf.

Antje Brüggemann-Breckwoldt: Quadratisches Gefäß, 1996. H. 18 cm.

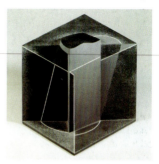

Hasuo Hayashi ist ein Meister der Augentäuschung: „See trough III", 1988, H. 42 cm.

241

KERAMIK UND MUSIK

1987 brachte die britische Post vier Sondermarken zur Studio-Pottery-Bewegung heraus, von denen eine ein Stück von Elizabeth Fritsch aus der Ausstellung „Pots about Music" zeigte. Liz sagte dazu, sie sei zu dieser Gestaltung von der Jazz-Musik inspiriert worden. Vermutlich meinte sie damit weniger die mathematischen Zahlenrelationen des musikalischen Rhythmus' als vielmehr die Einsatzabstände der Töne, die Akzentuierung und Gewichtsverteilung, die Tonhöhen und -tiefen, die Klangfarbe, die Unterteilung nach einfachen Verhältnissen der rhythmischen Wiederkehr von längeren und kürzeren Strecken, im Jazz überlagert von einem individuellen Band eigener Farbigkeit, das durch seinen hellen Fond das Grundmuster übertönt und sich spiralig über das ganze Gefäß windet. Das additive Prinzip des Rhythmus', das schon der griechischen Musik zugrunde lag und das hier bei allen Keramikbeispielen vorherrscht, beruht auf dem divisen Rhythmus in den einfachen Verhältnissen 1:3:9 oder 1:2:4. Aber das ist wohl weniger berechnend, als vielmehr emotional aufzufassen.

So ist auch das Verhältnis der Keramik zur Musik weniger ein mathematisches Kalkül nach dem Muster der Kompositionslehre, als vielmehr eine Übersetzung ins Keramische. Sonst wäre es eine auf die Spitze

Rechte Seite:
Elizabeth Fritsch: „Water of Greenness". Zwei Trauergefäße, das rechte in musikalisch-rhythmischer Gestaltung mit mythologischem Inhalt: „Osiris" Wassergießer, H. 59 cm, „Isis" Tränenkrug, H. 55 cm. Im Osiris-Mythos galt Isis, die Gottesmutter, als besonders zauberreiche, klagende Gottheit, die den Tod, die Ermordung des Osiris beweint, wodurch sie ihn zum Leben in der Unterwelt erweckt. Osiris verkörperte das fruchtbare Land am Nil, das im Wasser ertrank. Das Kind beider, Horus, ist der mythologisierte regierende König. Das Wasser, das über die Horusstele gegossen wurde, besaß Zauberkraft, die es von seinen Eltern bezog. Das Wasser ist alles, was von der einstigen Allmächtigkeit übrigblieb. 1993.

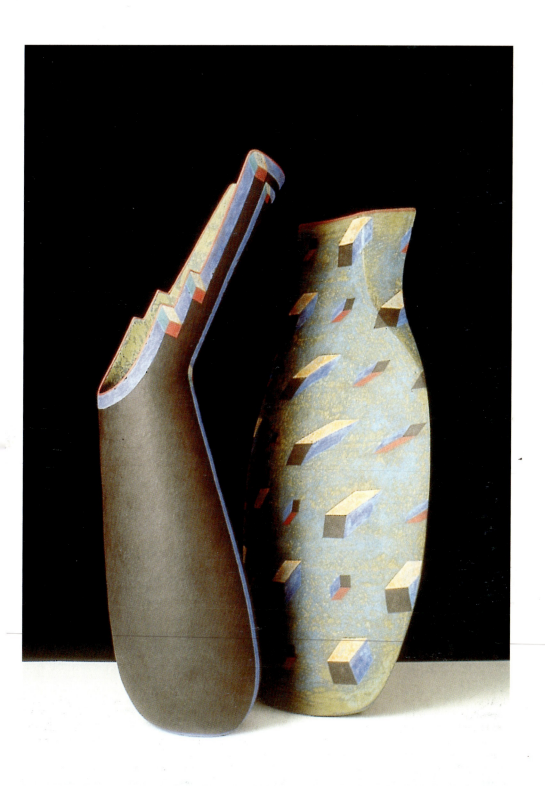

getriebene konstruktive Methode der Gliederung. Es ist mehr ein Leitmotiv zur Veranschaulichung einer rhythmischen Stimmung. Man könnte es auch auf andere Rhythmen übertragen, wie den biologischen oder den geschichtlichen. Insofern erweist sich, was ursprünglich kalkuliert aussah, als ein anregendes Feld der Gestaltung.

Eigentümlicherweise ist die Situation der Musik jener der Keramik sehr ähnlich, wenn man Adornos „Philosophie der neuen Musik" liest. Das gilt zunächst für die Abkehr von der Gegenständlichkeit, die sich in der Musik als Atonalität äußert. Beides ist eine Folge der Defensive gegen eine mechanisierte Kunstware. Durch die Übermacht der kommerziellen Verteilungsmechanismen geriet die neue Musik in eine Isolierung, in der diejenigen, die leben wollen, zu einem „falschen Frieden" gezwungen werden, während das künstlerische Gewissen mit Misserfolg auf dem Markt bestraft wird. Das Altverbürgte ist den selbstzufriedenen Bedürfnissen des Publikums vertrauter. Dann verweist Adorno auf den „Zusammenbruch aller Kriterien für gute oder schlechte Musik" (man könnte bei allen diesen Zitaten anstatt Musik Keramik sagen) und auf das Vorurteil, dass die neue Musik mehr intellektuell ausgedacht, weniger sinnlich wäre als die traditionelle, was er als „bloße Projektion des Unverständnisses" bezeichnet. Von Intellektualismus könne man höchstens bei jenen halbherzigen Modernen sprechen, die eine Mischung aus Reiz und Banalität ausprobieren. Nach Hegel ist „das Tiefere ... darein zu setzen, dass der Komponist beiden Seiten, dem Ausdruck eines freilich unbestimmten Inhalts und der musikalischen Struktur ... die gleiche Aufmerksamkeit widmet". Und diese Struktur kommt nach Adorno aus dem Reichtum „an technischer Verfügung". „Von der Musik", sagt er, „wird die uralte Schuld einkassiert, die in der Trennung des Geistes ... von der Arbeit der Hände gelegen war: die Schuld des Privilegs".

DEKONSTRUKTIVISMUS
UND ZUKUNFT

Das Paradies wiederzugewinnen – darum geht es. Nach den Enttäuschungen des Konstruktivismus sehnt man sich – getreu den Pendelbewegungen der Entwicklung – nach dem Garten Eden zurück, wo Milch und Honig überfließen. In der Gesellschaft ist auch alles anders. Nicht ausgedacht und konstruiert, wie es das real existierende soziale Gewissen wollte, sondern frei. Man spricht nicht mehr von Freiheit, sondern lässt sie wehen, wohin sie will. Und sie will zum Geld. Das Paradies, in dem die Arbeit überflüssig geworden ist und dem süßen Nichtstun Platz macht, ist zur Hölle geworden für die einen. Für die anderen ist es das leistungsorientierte Leben.

„Toya – die Zukunft mit Erde
gestalten".
Koreanische Plastik 2000.

Der amerikanische Kunstkritiker Geoff Bennington, einer der Leute, die den Begriff Dekonstruktion erfunden haben, sagte: „Dekonstruktivismus ist nicht das, was Sie denken", nämlich kein Ismus, der in die Schublade Kunstgeschichte gehört. An künstlerischer Manier gibt es nichts festzunageln; alles ist entfesselt. Und den Tiefsinn muss sich jeder selbst hineindenken, um nicht alles als Leere zu empfinden.

Die Entwicklung, wie sie im 20. Jahrhundert verlief, erlaubt einen Vergleich mit der Natur. Auf die kreative Zerstörung, wie sie in der Arbeit von Peter Voulkos auf Seite 251 zum Ausdruck kommt, folgte der abstrakte Expressionismus (wie bei Richard Shaw, S. 203), mit dem die Keramik als neue Kunstsparte anerkannt wurde. Der Ton nimmt im Feuer einen analogen Verlauf, wie er aus der Wärmekurve der Tonminerale auf Seite 57 ersichtlich ist. Während die Tonerde, wenn sie erhitzt wird, stetig wärmer wird und so der Traditionslinie des Handwerks entspricht, weisen die Tonminerale beim Erhitzen eine kräftezehrende, wärmeverbrauchende Reaktion auf, die der kreativen Zerstörung entspricht, auf die eine Neubildung folgt, bei der neue Energien frei werden. Die

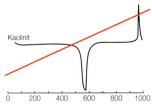

Die Entwicklung der künstleri-
schen Keramik kann als
Analogie zum Verhalten des
Tones gesehen werden, wenn
ihm Energie zugeführt wird.
Während die Tonerde (rote
Linie) sich dabei stetig
erwärmt, zerfallen die
Minerale des Tones beim
Erhitzen, wozu sie Wärme
verbrauchen, und aus den
Zerfallsprodukten bildet sich
ein Kristall, wobei Wärme
abgegeben, also Energie frei
wird. Das entspricht der
künstlerischen Keramik.
Hingegen verläuft die
Entwicklung des Handwerks
wie die rote Linie der
Tonerde in kontinuierlicher
Tradition. Man muss zwi-
schen Ton und Tonerde
unterscheiden. Ton ist ein
Sedimentgestein, das von
Tonmineralen gebildet wird.
Chemisch sind die Ton-
minerale wasserhaltige
Aluminiumsilikate
($2SiO_2 \cdot Al_2O_3 \cdot 2H_2O$), während
Tonerde chemisch
Aluminiumoxid ist (Al_2O_3).
Die Tonminerale wurden,
weil sie so klein sind, erst
nach der Erfindung des
Elektronenmikroskops
erkannt, etwa zur gleichen
Zeit wie sich in der Keramik
die Kunst vom Handwerk
abnabelte. Vorher sprach man
von Tonsubstanz, weil die
Summe der verschiedenen
Tonminerale jene Substanz
bilden, die dem Ton seine
Eigenschaften verleiht.

Neubildung ist ein Kristall, der sich in die Kategorie
Kristalle einreiht, aber nur beim Ton verkommt – wie
eine besondere Kunstrichtung innerhalb der Kunst.
Gefäß und Objekt sind keine gegensätzlichen Alter-
nativen mehr, sondern sie bestehen nebeneinander
in einer natürlichen Ordnung.
Es besteht kein Zweifel, dass das vergangene Jahrhundert die Informationsgesellschaft eingeläutet und
damit einen neuen, wirklich fundamentalen Wandel
in Gang gebracht hat. Es ist die Globalität der über
alle Entfernungen hinweg informierten Welt-
bevölkerung. Aber eine Tüchtigkeit, die nur auf Information, Fleiß und Können beruht, wird uns keine
Höhenflüge bereiten, wenn nicht Kreativität hinzu-
kommt.
Im Großen und Ganzen kann man damit rechnen,
dass die Tendenz zum schnell und leicht erreichbaren Erfolg, die wir heute schon beobachten, zuneh-
men, und den anderen, die es nicht so oberflächlich
haben wollen, Gelegenheit geben wird, sich zu profi-
lieren. Auch die Widersprüche der Konsumgesell-
schaft zeigen sich heute schon. Im aufgeblähten
Verbraucherparadies ist das Warenangebot auf Ver-
schleiß angelegt. Das ist das Problem der marktkon-
formen Gestaltung des Designs und möglicherweise
die Chance des gekonnten Handwerks, dass es nämlich den Konsum seiner Produkte mit Prestigevor-
stellungen verbinden kann. Im Design bildet schon
jetzt das modische Styling den Übergang von der industriellen Gestaltung zur freien Kunst. Alle Gegenstände werden zum Kunstobjekt. Was uns heute
chaotisch erscheint, kann noch chaotischer und tri-
vialer werden. Kurzlebige Moden werden als erfri-
schend empfunden. In dieser Freiheit tummeln sich
viele kleine Avantgardisten, die nach Wertmaßstäben
suchen und von der Gesellschaft als bildende Künstler anerkannt werden wollen. Es bereitet sich ein
neues Zeitalter vor, das von unseren kreativen Ideen
getragen wird.

DER GESCHMACK –
DAS IRRATIONALE URTEIL

Die sinnliche Urteilsfähigkeit ist nicht damit abgetan, dass es sich über sie streiten oder nicht streiten lässt. Sie ist eine Fähigkeit, die entwickelt werden will. Sie ist insofern mit der Kunst verbunden, als Kunst von der Beschäftigung und Auseinandersetzung mit Kunst kommt. Technisches Können hat nichts damit zu tun.

Leibnitz hat darauf hingewiesen, dass intellektuelle Ideen nach ihrer Klarheit beurteilt werden und die verstandesmäßige Erkenntnis von der Deutlichkeit abhängt, mit der die Ideen ausgedrückt werden; dass es daneben aber eine andere Art von Ideen gibt, die sich nicht zur Klarheit bringen lassen, die ihrem Wesen nach verworren und nur den Sinnen zugänglich sind – eine Fähigkeit, die er als Intuition bezeichnete. Der Künstler kann, sagt Leibnitz, nicht immer einen Grund nennen, warum er sein Werk so und nicht anders gestaltet habe.

Intuition ist das Gewahrwerden von Zusammenhängen, die das geradlinige, logische Denken und die sinnliche Erfahrung übersteigen. Man kann sie mit einem Blick eingebungshaft erfassen oder erst nach längerem Training der differenzierenden Urteilsfähigkeit.

Die Frage, ob der Geschmack auf Verstand oder Sinnlichkeit beruhe, angeboren oder erworben, persönlich oder allgemeingültig sei, wurde seit dem 19. Jahrhundert viel diskutiert. Heute vertritt die psychologische Ästhetik die individuellen Verschiedenheiten und die Existenz von Typengruppen. Die soziologische Ästhetik vertritt den Geschmackswandel als Zeitgeschmack und die Funktion verschieden einflussreicher Gruppen. Diese Unterscheidungen der Teilbereiche der Ästhetik sind auch wichtig für die Zusammensetzung von Jurys. Man sollte die Jurierung nur denen anvertrauen, die sich mit der Geschichte und Situation des Kunstgebietes ausein-

Junge Kunst will mit Nachdruck beweisen, dass Kunst nicht von Können im herkömmlichen Sinne kommt. Figur aus dem Zyklus „Freiheit, Zucht und Ordnung" von Susanne Ring, 1996. H. 50 cm.

andergesetzt haben. Gewöhnlich werden Jurys aus Personen verschiedener Richtungen gebildet, um ein möglichst demokratisches Gremium entscheiden zu lassen. Das heißt, dass sich schließlich die Mehrheit durchsetzt, die als Mittelwert aus dem Kompromiss zwischen extremen Standpunkten hervorgeht. Abgesehen davon, dass Mehrheitsmeinungen in künstlerischen Fragen umstritten sind, kann man sich eigentlich aus zwei oder drei eingereichten Arbeiten noch kein gerechtes Bild über den Kandidaten machen. Je mehr von den anwesenden abstimmenden Mitgliedern einer Jury den Bewerber genauer kennen und über sein Gesamtwerk informiert sind, desto größer sind dessen Chancen.

„Im Allgemeinen ist der Geschmack noch immer als etwas Persönliches und seinem Wesen nach Irrationales angesehen worden", sagt Herbert Read. Aber der verhängnisvolle Irrtum besteht darin, dass er als etwas angesehen wird, das man eben als seine Natur, als etwas Unveränderliches, hinnimmt. Verhängnisvoll ist diese Auffassung deshalb, weil sie immer wieder zu Urteilen führt, die nicht auf Sachkenntnis, Erfahrung und Sehvermögen beruhen.

Das Sehenlernen wird oft mit Naturstudium verwechselt und führt dann zur Verständnislosigkeit vielen Kunstauffassungen gegenüber, die nicht auf Naturnähe beruhen. Der Galerist Hans-Jürgen Müller hat in seinem Buch *Kunst kommt nicht von Können* autobiografisch geschildert, wie sich sein Urteil durch den Umgang und „in stummer Zwiesprache" mit Kunstwerken gewandelt und entwickelt hat. Er spricht von „schwer zu fixierenden Kraftfeldern" und von einem „gesteigerten optischen Bewusstsein". „Zeitgenössische Kunstwerke akzeptieren zu können", sagt er, „setzt zunächst einmal Information und kunstgeschichtliche Kenntnisse voraus. Man müsste schon alle menschlichen Vorlieben, Zuneigungen und Schwächen ignorieren, wollte man annehmen, dass die Unvoreingenommenheit stets unberührt bliebe".

NATUR UND KUNST
IM URTEIL UND VORURTEIL

Wir alle sind getroffen von dem Anspruch, der vom Guten und Wertvollen ausgeht, um es zu erhalten oder zu verwirklichen, wo es in unserer Macht steht. Die Meinung ist von der Unterrichtung abhängig. Die Zweideutigkeit dieses Wortes im Deutschen gibt etwas Wichtiges wieder: Man ist unterrichtet, wenn man über Tatsachen und Ereignisse informiert ist, aber auch wenn man geschult ist, also über Sachkenntnis verfügt. Im Grunde genommen wird dies alles von dem Begriff Information beansprucht.

Ursprünglich bedeutete Kunst „Fertigkeit" und „Handwerk". Und von „Kunst" in der Einzahl als Sammelbegriff für alle Kunstarten spricht man erst seit dem Ende des 18. Jahrhunderts. Keramik ist, obschon sie ein altes Handwerk darstellt, insofern eine junge Kunst, als sie noch halb im ursprünglichen Sinn steckt. Ihre Jugendlichkeit äußert sich auch darin, dass sie bisher keinen avantgardistischen Künstler aufzuweisen hatte, der mit der Gesellschaft in Konflikt geraten wäre. Die Töpferkunst ist traditionell auf das Gefällige, Harmonische, Traditionelle bedacht.

In der Kunst ist das Wort „Urteilskraft" wörtlich zu nehmen. Kraft lässt sich nicht erlernen, aber trainieren, wenn sie noch nicht genügend ausgebildet ist. Information und Kommunikation sind Bestandteile dieses Trainings.

Kant und Hegel haben verneint, dass es eine objektive Geschmacksregel gäbe, „welche durch Begriffe bestimmte, was schön sei" (Kant) und erklärt, dass die Kunst, um unser höchstes Bedürfnis auszufüllen, die Reflexion benötige (Hegel). Reflexion ist mehr als Information oder Kommunikation. Sie ist die Zurückwendung des Denkens auf das Werk und macht sich seiner Subjektivität bewusst.

Urteil ist mehr als Meinung. Es ist eine Stellungnahme, die sich rechtfertigen muss.

Literatur

Dufrenne, M. :
„Phänomenologie de la perception esthétique."
Paris 1953.

Hildebrand, A. :
„Das Problem der Form in der bildenden Kunst."
Straßburg 1893.

GLOBALITÄT

„Dadurch, dass wir seit Jahrtausenden mit ästhetischen Ansprüchen in die Welt geblickt und uns in den Unarten des unlogischen Denkens recht ausgeschwelgt haben, ist diese Welt allmählich so wundersam bunt, schrecklich, bedeutungstief, seelenvoll geworden, sie hat Farbe bekommen – aber wir sind die Koloristen gewesen."
(**Nietzsche**: „Menschliches, Allzumenschliches")

Wenn wir „Globalität" hören, denken wir zuerst an die Welt als globales Dorf, in dem die regionalen Besonderheiten verschüttet sind. Erst in zweiter Linie denken wir an die globale, die ganze Welt umfassende Sprache der Kunst.
Und diese wiederum hat den gefährlichen Beigeschmack als universelle, vielseitige, nämlich für alle Arten von Kunst geltende Norm.
Wenn auch die Globalität positive Erwartungen in der weltweiten Anerkennung unserer Leistungen weckt, was auch durch das Internet gefördert wird, so sehen wir doch in der Subjektivität unseren persönlichen Schutz vor der Globalisierung und vor dem Schielen nach dem, wenn auch nicht globalen, Publikumsgeschmack, so doch nach dem Geschmack der Sprachkundigen der globalen Kunstsprache.

Unser regionales Wetter hängt von der Großwetterlage ab, in der sich die Erwartungen immer mehr von allen bis dahin gemachten Erfahrungen entfernen. Und so entfernen sich auch die von der Globalität angefachten Erwartungen von der Bodenständigkeit. Die Erwartungen sind die Triebkräfte der Vitalität.
Unsere Subjektivität sehen wir als Stoffwechsel zwischen Mensch und Natur. Dies ist unser Erfahrungsraum.
Und unser zukunftsorientierte Blick richtet sich stets in eine Vergangenheit, die als Vorgeschichte mit unserer Gegenwart wie durch die Kette einer globalen geschichtlichen Solidarität verbunden ist.
Indem wir uns vergangene Erfahrungen zukunftsorientiert aneignen, bewährt sich die Gegenwart als Traditionsfortsetzung und Innovation, zumal die eine ohne die andere nicht möglich ist. Und beide verschmelzen zu einem geschichtlichen Zusammenhang.

Rechte Seite:
Peter Voulkos brachte in die Sprache der Kunst einen neuen, globalen Ausdruck: Die Zerstörung der Realität des Gefäßes durch gewaltsame Eingriffe. Vase, 1981, H. 100 cm.

250

DER AUSSTELLUNGSWERT

Der Zeitkritiker Walter Benjamin, der 1933 aus Deutschland emigrierte und sich 1940 in Spanien das Leben nahm, um der Auslieferung an die Gestapo zu entgehen, erkannte als Erster (1936) die Zerstörung des „Kunstwerks im Zeitalter seiner technischen Reproduzierbarkeit". In seiner Publikation mit diesem Titel gebrauchte er den Begriff „Ausstellungswert", der uns aufhorchen lässt. Und auch seine Formulierung, dass der ursprüngliche Gebrauchswert „außerkünstlerischen Forderungen unterliegt", ist bemerkenswert. Von diesem Gebrauchswert sondert sich im technischen Zeitalter der Ausstellungswert ab, der dem Kunstwerk eine autonome, aber publikumsbezogene Wirkung verleiht. Die Ausstellung wird zum Schauplatz der künstlerischen Selbstdarstellung. In der Keramik empfinden wir diesen Vorgang als eine Art Emanzipation. Beim Publikum ist es das von Kant formulierte „interesselose Wohlgefallen" des Publikums, während sich der Künstler gern belohnt sieht, wenn er im besten Licht dasteht, wenn das Positive, Ausgesuchte und Besondere herausgestellt wird.

Das ausgestellte Werk wird aus seiner Intimität genommen und im Zusammenhang mit den Massenbewegungen unserer Tage dem Publikum vorgeführt. Dies und der Wunsch, den Aufnehmenden durch Aktualisierung entgegenzukommen, führt zu einer „Erschütterung der Tradition, die die Kehrseite der Erneuerung der Menschheit" ist. „Die Einzigartigkeit des Kunstwerks", sagt Walter Benjamin, „ist identisch mit seinem Eingebettetsein in die Tradition. Diese Tradition selber ist freilich etwas durchaus Lebendiges, etwas außerordentlich Wandelbares".

Der Gang der Keramik durch die Geschichte führte vom Gegenstand eines magischen Kultus zur praktischen Brauchbarkeit und Befriedigung des Luxusbedarfs und schließlich zum allgemeinen Schönheits-

Literatur

Walter Benjamin:
„Iluminationen".
Ausgew. Schriften, herausgegeben von S. Unseld, 1961.

dienst bis zum Aufkommen der Reproduzierbarkeit im technischen Zeitalter. Unter dessen Konkurrenzdruck reagierte die Keramik, wie alle Kunst bereits vorher, mit dem l'art pour l'art – in Wirklichkeit eine l'art pour l'artist – als Idee einer „reinen" Kunst, die jede Gebrauchsfunktion ablehnt.

Der Ausstellungswert wird immer wichtiger gegenüber dem Gebrauchswert. Die quantitative Verschiebung mit dem Eintritt in die industrielle Massenproduktion ist in eine qualitative umgeschlagen. Das Werk wird zu einem Gebilde mit ganz neuen Funktionen.

Als Walter Benjamin seinen Essay schrieb, war an die Keramik als Kunstsparte noch gar nicht zu denken. Seither hat sich manches in der Keramik wiederholt, was er in anderen Bereichen der Kunst schon früher beobachtet hatte, zum Beispiel, wieviel vergeblichen Scharfsinn man auf die Frage gewandt hat, ob Keramik überhaupt Kunst sei.

Der Ausstellungswert hat das Verhältnis des Publikums zur Kunst verändert. Die Lust am Schauen und Erleben hat sich einerseits mit der Haltung des fachmännischen Beurteilers, andererseits mit den Standpunkten des Publikumsgeschmacks verbunden. Viel mehr Menschen, die Zerstreuung suchen, nehmen Anteil, und sie nehmen das Konventionelle kritiklos an, während sie das wirklich Neue oft mit Widerwillen kritisieren. Die bewusste Aufnahme eines Erlebnisinhalts ist selten und erfordert von uns das Nachdenken darüber, wie dieses Ziel zu verwirklichen wäre. Im Grunde genommen ist es seit jeher eine der wichtigsten Aufgaben der Kunst, eine Nachfrage zu erzeugen, für deren volle Befriedigung die Stunde noch nicht gekommen ist.

Andoche Praudel:
„Transports-VI", 1999.
45 x 110 x 85 cm.

Stichwort- und Personenverzeichnis